MW01178162

É POSSÍVEL

SE REINVENTAR
E INTEGRAR
VIDA PESSOAL
E PROFISSIONAL

MEU QUERIDO AMIGO LAURINAR
ESPERO QUE GOSTE DA LEITURA

UM FORTE ABRAÇO.

Fredy Machado
26/04/18

FREDY MACHADO

É POSSÍVEL

SE REINVENTAR E INTEGRAR VIDA PESSOAL E PROFISSIONAL

Benvirá

Copyright © Fredy Machado, 2018

Preparação Luiza Del Monaco
Revisão Mauricio Katayama
Diagramação Bianca Galante
Capa Bruno Sales
Impressão e acabamento Corprint

Dados Internacionais de Catalogação na Publicação (CIP)
Angélica Ilacqua CRB-8/7057

Machado, Fredy –

É possível – se reinventar e integrar vida pessoal e profissional / Fredy Machado. – São Paulo : Benvirá, 2018.
320 p.

ISBN 978-85-5717-216-6

1. Sucesso nos negócios 2. Sucesso 3. Trabalho e família 4. Profissões - Desenvolvimento 5. Assessoria pessoal 6. Mercado de trabalho 7. Autorrealização I. Título

	CDD-650.1
18-0132	CDU-658.011.4

Índices para catálogo sistemático:
1. Sucesso nos negócios

1ª edição, março de 2018

Nenhuma parte desta publicação poderá ser reproduzida por qualquer meio ou forma sem a prévia
autorização da Saraiva Educação. A violação dos direitos autorais é crime estabelecido na lei nº 9.610/98
e punido pelo artigo 184 do Código Penal.

Todos os direitos reservados à Benvirá, um selo da Saraiva Educação, parte do grupo Somos Educação.
Av. das Nações Unidas, 7221, 1º Andar, Setor B
Pinheiros – São Paulo – SP – CEP: 05425-902

SAC | **0800-0117875**
De 2ª- a 6ª-, das 8h às 18h
www.editorasaraiva.com.br/contato

EDITAR 16432 CL 670673 CAE 625444

Aos meus pais, por sempre apoiarem seus filhos em tudo,
ensinando-os os melhores caminhos a seguir.
À minha filha, Eduarda, razão da minha vida.
À minha esposa e companheira Letícia, por me apoiar e
encarar comigo os desafios que a vida nos impõe.
A todos que dispuseram do seu tempo para
dar um depoimento e engrandecer esta obra.
E a cada um dos leitores: que façam bom uso de cada linha e
que sejam felizes e produtivos, sempre com uma vida integrada!

Sumário

Apresentação

Vida pessoal e vida profissional

Conheci o autor, Fredy Machado, hoje meu amigo, por meio da amizade dele com meu filho Alex. Motoqueiros inveterados, apaixonados pela vida e responsáveis por empresas, ambos curtem o equilíbrio da vida pessoal com a profissional. Equilíbrio?

Equilíbrio pode significar muita coisa, menos o movimento de um pêndulo que vai para um lado e para o outro sem parar no meio. Quando para, cessa o movimento, sua razão de ser, de existir.

Fredy nos dá neste livro muitas lições para uma vida profissional equilibrada, saudável, com vistas a obter uma harmonia vital para o sucesso: a integração da pessoa, da família e... dos negócios. É um livro de coaching pessoal, que nos traz à memória o quanto necessitamos de um equilíbrio emocional para viver bem.

Ele mostra que a integração da inteligência emocional com nossos afazeres profissionais nos leva a um estado psicológico positivo, favorável a alavancar todo o impulso profissional. Esse estado afeta positivamente o relacionamento com as pessoas, com a família e com os negócios. O livro mostra ainda o quanto é importante o relacionamento familiar e com os amigos para alcançar os objetivos profissionais e harmonizar seus projetos de vida, fazendo ajustes constantes de trajetória no convívio com seus familiares e demandas profissionais, com vistas a melhorar sua convivência na comunidade.

A melhoria do seu "eu", do relacionamento comunitário e dos afazeres profissionais é atributo extremamente necessário à felicidade. E ela pode ser conquistada!

Os grandes dilemas da vida pessoal e profissional podem ser encarados com muita serenidade. Fredy Machado nos mostra vários caminhos, inclusive o da sua vida pessoal, para lidar com os grandes problemas empresariais de um empreendedor. Sem diminuir suas metas e seus propósitos, você, leitor, verá que é possível atingir um bom equilíbrio entre sua vida pessoal, familiar e profissional.

– Antonio Carbonari Netto,
fundador do grupo Anhanguera Educacional

Prefácio

Tudo é melhor com foco e equilíbrio

Se Frederico Machado não houvesse sofrido um episódio de angina, talvez esta obra que o leitor agora folheia não existisse. Este livro é um exemplo de como um incidente em uma vida humana pode influenciar o comportamento futuro de um indivíduo.

Isso acontece porque, quando experienciamos um fato relevante, nosso cérebro costuma dissecar esse acontecimento, examinando-o em pequenos flashes retrospectivos. Nesse momento, é comum fazermos um balanço dos prós e contras sobre a forma como vínhamos conduzindo nossa vida até então. E não é raro nos abrirmos para necessárias transformações.

É exatamente a exposição desses flashes, e uma reflexão sobre o peso que eles têm na trajetória das pessoas, que forma a linha condutora desta obra. O autor trata de questões de família, de ações de coaching e mentoria, e passa pelo conflito de gerações.

Traz, ainda, uma análise de personagens reais com seus valores, desejos, objetivos, atitudes e estilos e apresenta o impacto que essa maratona de desafios impôs à qualidade de vida de cada um deles. E, por fim, aborda uma filosofia fundamentada na vida balanceada com o objetivo de se obter melhor desempenho em cada atividade.

Esse amplo espectro de abordagens oferece, portanto, uma coleção de oportunidades para que o leitor se identifique com algum fato narrado, ou experiência vivida por algum dos personagens, e colete elementos que permitam, também a ele, encontrar uma narrativa que o leve a uma vida mais saudável.

Ao longo da minha vida profissional, fui agraciado com a boa fortuna de conseguir fazer uma separação, de maneira clara, entre as minhas vidas profissional e pessoal. Se estou em uma atividade profissional, saio fora da minha esfera pessoal. Quando estou longe do trabalho, não misturo meu momento pessoal com o profissional.

O equilíbrio entre essas duas instâncias, nos novos tempos em que estamos, exige uma adaptação. Antes o esforço era o de equilibrar períodos – o período em que se estava no escritório com o que era passado em casa. Agora, o que deve ser feito é balancear as conexões. Ou seja, cuidar para que as conexões profissional e pessoal não se embaralhem. De alguma maneira, é disso que trata este livro.

O autor mostra que tudo pode ser feito melhor e mais rápido, com foco e equilíbrio. A conclusão final, e a sua melhor proposição, é simples e clara: vamos ser felizes.

– Laércio Cosentino,
CEO da TOTVS

Mensagem ao leitor

Conheci o Fredy no Key Executive Program em Harvard. Rapidamente viramos amigos. Amigos não só do cotidiano de duas semanas em Boston, mas amigos de uma vida toda. Acompanhei de perto durante 14 dias o espírito empreendedor dele e sua busca por se atualizar sempre. Focado, muito dedicado, Fredy sempre buscou o relacionamento franco e verdadeiro. De amizade fácil, logo conquistou todos dali e principalmente o corpo diretivo da Harvard Business School.

Eu não estava lá em Harvard quando a ficha dele caiu. Quando de fato ele caiu por conta do estresse e da pressão que estava vivendo. Mas consigo imaginar o quanto deve ter sido duro para ele ver de perto que mesmo todo o esforço do mundo que fazia não era suficiente para atingir seus objetivos. Só mesmo vivendo na pele para saber o quanto foi duro ter que enfrentar tal situação. Mesmo de longe, pois ele morava em Salvador, acompanhei seu drama em entender por que aquilo aconteceu com ele. Algumas semanas depois do acidente, me disse que escreveria um livro.

Assim que tive acesso ao seu livro, fiquei impressionado com a maturidade e a sensatez com que abordou o tema. Conseguiu unir experiência própria com teoria, o que fez com que a narrativa ficasse quente, próxima e real. Não fugiu da cartilha, pelo contrário, com facilidade descreve cada ponto acadêmico de forma lúcida e interessante, sempre aderente ao mundo prático, do dia a dia.

Não conseguia parar de ler. Desfrutei de uma só vez tudo o que estava lá. Durante a leitura leve e gostosa dos capítulos, pude ver como o livro é atual, contemporâneo, mas principalmente inspirador. Não foram poucas as vezes que consegui me projetar no texto, ou refletir sobre alguns amigos, pensando na dura realidade de quem trabalha muito.

É uma bibliografia mais que obrigatória para qualquer executivo que pretende amadurecer e crescer na carreira de forma sustentável e necessariamente balanceada. Mais que um livro, é um tapa na cara!

E, para ser bem franco, não conheço ninguém mais engajado na causa de escrever um livro assim com tanta propriedade. Dessa forma, Fredy, além de equilibrar sua vida, conseguiu perpetuar seu aprendizado pessoal e árduo para mais gente, deixando um verdadeiro legado para aqueles que sofrem da mesma angústia pela qual ele certamente não queria passar.

Recomendo fortemente a leitura. Sua vida vai mudar.

– Marcelo Passos,
vice-presidente de atendimento da DM9DDB

Introdução

Por que este livro foi escrito

O nascimento deste livro se deu após uma gestação de risco. Na verdade, ele foi concebido no leito do atendimento de emergência do Mount Auburn Hospital, em Boston, sobre o qual eu convalescia de uma angina provocada por uma vida corporativa pouco saudável e muito infeliz. Nos meses seguintes, depois que saí do hospital, as ideias começaram a se conectar na minha mente e a obra foi ganhando traços mais definidos: decidi que queria escrever algo que ajudasse as pessoas a não prejudicar a saúde por conta de uma vida corporativa insana. E decidi também tomar importantes e dolorosas decisões – algumas delas nem sempre bem compreendidas por pessoas queridas –, que transformaram a minha vida de maneira profunda. E para melhor.

Por isso, neste momento em que meu primeiro livro sai da maternidade e eu passo novamente os olhos por ele, não tenho nenhuma dúvida de que sou realmente o pai desta criança. E que todas as dores que o antecederam valeram a pena.

O que trago aqui para você, caro leitor, é real, autêntico, honesto. Seu conteúdo traz uma proposta de reflexão na qual mergulhei quando se tornou evidente para mim que minha vida de executivo e minha vida pessoal já não tinham mais nenhuma integração e, como consequência, eu estava me despedaçando.

Não produzi, portanto, uma ficção, um romance. Coloquei no papel uma história genuína, protagonizada não só por mim, mas por muitos outros empresários, executivos e empreendedores – alguns, inclusive, oferecem depoimentos pungentes nas páginas adiante.

Ao lançar esta publicação, no entanto, vou além de apenas contar histórias. Cada página que escrevi foi com o objetivo de contribuir para transformar para melhor a vida das pessoas que hoje estão no mercado de trabalho, ajudando-as a se tornar mais felizes e, como consequência, mais bem-sucedidas e produtivas. E desejo que elas conquistem isso sem ter de passar pela UTI, por casamentos desfeitos, por desentendimentos e solidão, como costuma ocorrer.

Tais infelicidades muitas vezes acontecem porque funcionamos baseados em crenças incorretas e infundadas. No meu caso, até os 38 anos, caminhei guiado pela seguinte convicção: preciso trabalhar muito, ocupar cargos cada vez mais altos e, finalmente, com o dinheiro acumulado depois de tanto tempo, ser uma pessoa feliz. No entanto, descobri da pior maneira possível que essa estrada não levava a lugar algum. Ninguém precisa esperar a aposentadoria chegar para ter uma vida plena e satisfatória. Esse é um pensamento enganoso.

Nos capítulos que se seguem, apresento uma proposta contrária a esse modelo que, embora já claramente falido, ainda está tão presente no mindset da maioria dos executivos e empresários. No capítulo 6, por exemplo, rememoro o dramático acidente que vitimou, em julho de 2015, Bill McDermott, o então CEO da SAP, a líder mundial no desenvolvimento de softwares de gestão de empresas. McDermott caiu de uma escada, e o copo que segurava na ocasião acabou por perfurar um de seus olhos, cegando-o. Mesmo depois dessa tragédia, o CEO parece não ter percebido que deveria reduzir seu ritmo de trabalho e mudar seu estilo de vida. Em entrevista, apressou-se para tranquilizar os acionistas da SAP: "Por mais estranho que isso possa parecer, eu estou feliz... sinto-me mais forte do que antes, mais motivado e mais vivo. Estou completamente disponível para a SAP", afirmou.

Tive a sorte de não ter passado por algo tão terrível como o acidente que vitimou Bill McDermott. Conforme descrevo logo no início do livro, o desconforto e a infelicidade que surgiram na minha trajetória como executivo da empresa da minha família culminaram com a angina que sofri em maio de 2013, enquanto me dedicava a um curso para executivos na Harvard Business School, em Boston (EUA). Sei que soa irônico, mas é exatamente em Harvard onde mais se debate atualmente a necessidade de termos as vidas pessoal e profissional integradas. E parte desse debate eu trago para este livro, nas citações e análises de trabalhos de competentes pesquisadores e pensadores da área ligados à Harvard. Esse assunto também mobiliza especialistas brasileiros, cujas entrevistas exclusivas para este livro estão no capítulo 3.

Se o debate sobre as novas relações de trabalho atrai cada vez mais a atenção dos estudiosos brasileiros, o peso da falta de integração entre vida pessoal e profissional já é velho conhecido de executivos e empresários no Brasil. Nos capítulos 4 e 5 há depoimentos de alguns desses profissionais. Neles, são relatados os desafios que viveram e a maneira como enfrentaram – e muitas vezes superaram – as consequências negativas de uma rotina de trabalho árdua e erosiva. No dia a dia, a vida desses executivos e empresários não estava integrada, impedindo que eles usufruíssem da felicidade que seu talento poderia lhes proporcionar.

A boa notícia é que existem diversas maneiras de enfrentar essa falta de integração entre as várias dimensões da nossa vida. No capítulo 7, discorro sobre as propostas de coach e mentoria que desenvolvi e venho aplicando nos meus atendimentos a executivos e empresários que enfrentam esses desafios. Ainda, da maior relevância, mostro, no capítulo 10, a importância da família como uma força propulsora nesse momento de transição: de uma trajetória desbalanceada e sem integração para uma vida na qual as atividades de casa e do trabalho estejam em sintonia e convivam em harmonia.

As pessoas podem, e devem, primeiro ser felizes, e só depois de essa determinação estar consolidada é que ajustam a vida profissional, para que esta lhes proporcione todo o sucesso que desejam. A felicidade passa, então, a ser parte integrante e central da trajetória de vida, e não mais um mero e incerto apêndice da carreira profissional. E, como o que faz a Terra girar é exatamente a integração de forças, esse estado de felicidade tem repercussões imediatas tanto sobre o mundo corporativo quanto na nossa comunidade. Discorro sobre o efeito multiplicador da felicidade nos capítulos 8 e 9.

Em várias passagens desta obra, faço também uma reflexão sobre o "embate" de valores e propósitos que ocorre entre as diversas gerações que dividem espaço nos escritórios. O assunto, no entanto, é tratado de maneira mais detalhada no capítulo 11, que mostra como esse é um fenômeno de grande importância que está moldando a maneira como se dão as relações de trabalho nos dias de hoje, no Brasil e no mundo todo.

Entre todas as informações que trago neste livro, você, leitor, terá acesso a uma pesquisa exclusiva, idealizada e coordenada por mim, na qual foram ouvidos 344 empresários, empreendedores, executivos e profissionais liberais de diversas regiões do Brasil, entre eles alguns expatriados. Os resultados, como você verá, são preocupantes. Essa camada da sociedade brasileira, que é o mais potente motor do nosso desenvolvimento e inovação, está sofrendo com os males do mundo corporativo atual e vem pagando um salgado preço pela falta de integração das várias instâncias de suas vidas.

Trata-se de um levantamento atualíssimo. Essa pesquisa foi realizada durante o segundo semestre de 2016 e tabulada, analisada e finalizada em meados de 2017. As conclusões desse levantamento tiveram o mérito de reforçar a convicção de que minha missão é fornecer a você informações e ferramentas que lhe permitam fazer um exercício de introspecção, assim como eu o fiz. Esse mergulho em você mesmo é o que, espero, lhe mostrará que é possível ter uma vida plena, na qual as atividades profissionais e pessoais sejam igualmente prazerosas e capazes de tornar você e seus entes queridos pessoas mais felizes.

Me sentirei plenamente realizado se, em algum momento de sua leitura, você sentir que este livro lhe foi relevante.

Boa leitura!

– Fredy Machado, verão de 2018

1

O grande susto

Mesmo morando em um mundo onde as reviravoltas e as incertezas são as únicas regras estáveis, não escapamos de ficar perplexos e confusos quando um evento parece surgir do nada e virar nossa vida do avesso. E ficar do avesso, com vísceras, fraquezas e medos expostos, não é um belo espetáculo. Além de doer bastante. Mas há aí um paradoxo. Como quase todos nós temos grande dificuldade em tomar as rédeas e mudar nosso caminho, mesmo quando ele parece não levar a lugar algum, as trapaças da sorte e as armadilhas que surgem na estrada podem ser nossa melhor oportunidade de virar a mesa, sermos nós mesmos e encontrarmos a felicidade e a realização.

Foi exatamente o que aconteceu comigo.

A sorte me pregou uma peça no dia 24 de maio de 2013, quando eu estava na segunda semana do meu tão desejado OPM, ou Owner/President Management Program, o melhor curso para executivos da Harvard Business School, em Boston (EUA). Logo que acordei, me senti um pouco estranho, com um mal-estar que não conseguia definir. É o estômago, pensei. Afinal, andava comendo mais do que devia e, além disso, exagerando na bebida. Os jantares com os colegas da universidade eram sempre acompanhados por vinho e cerveja. O café da manhã, o almoço e o jantar no refeitório de Harvard eram fartos, e eu os aproveitava bem.

Levantei-me e fui para a sala de aula. Era uma aula interessante, uma discussão de caso, como é praxe nos cursos para executivos. Envolvido, acabei me esquecendo do mal-estar. Naquele momento, não me preocupava nem um pouco com alguns fatos da minha forma física: eu, no auge dos meus 37 anos, estava pesando 135 quilos, 40 acima do ideal; fora fumante por oito anos, tendo abandonado o vício em 2007; sofria com uma gastrite nervosa evoluindo para a fase aguda e estava bem sedentário. Também não me lembrei de que uma semana antes, quando embarquei no aeroporto em Salvador, cidade onde morava na época, para as três semanas que passaria em Harvard, tive uma incontrolável crise de choro ao me despedir da minha filha Eduarda, a Duda, então com 3 anos e meio.

Tudo aquilo, eu sabia, era resultado de um longo e contínuo processo de estresse, algo que vou relatar mais à frente neste capítulo. Mas nem de longe eu poderia imaginar quão profundamente aquele processo de desgaste havia entrado em meu corpo e minha mente.

No almoço, voltei a sentir o mal-estar. Aguentei até o intervalo da aula seguinte, às 15h30, e então corri até o meu dormitório para ter acesso ao meu arsenal de remédios – medicamento para dor de cabeça, ressaca, gastrite, fígado, estômago... tinha de tudo ali. Engoli um ou mais deles. Tentei ler alguns e-mails da empresa do meu pai, na qual eu trabalhava como executivo, mas logo desisti. Deitei na cama e, para a minha grande surpresa, apaguei. Eu, que nunca dormia durante o dia, acordei já quase no final da tarde.

O telefone tocou. Eram meus colegas brasileiros do curso convidando para jantarmos na Harvard Square. Sair para bater um papo e relaxar me pareceu uma boa ideia. Era uma distância de mais ou menos um quilômetro. Para chegar ao restaurante, bastava atravessar a ponte sobre o rio Charles. No entanto, a ideia de caminhar me desanimou. Eu sugeri que fôssemos de carro, mas ninguém concordou. "É tão perto", disseram. Por fim, fomos a pé. Assim que chegamos, eles pediram um vinho, eu dei um gole e não caiu bem. Veio a especialidade da casa, cordeiro. Experimentei, também não caiu bem. Outra garrafa de vinho, outra taça que desceu quadrada.

Comentei com um amigo que estava me sentindo mal, meu braço doía, sentia um aperto no peito e uma angústia estranha.

– Deve ser saudade de casa – ele sugeriu.

Liguei para minha esposa, Letícia, e pedi notícias. Todos estavam bem, ela, meu pai e a Duda. Mas eu só piorava. No caminho de volta, o formigamento no braço aumentou tanto que já não o sentia mais. Voltei a me queixar. Outro colega ouviu e fez um diagnóstico que me alarmou:

– Você está tendo alguma coisa no coração. Já tive isso, e os sintomas eram exatamente esses – disse.

No meio de um filme

Todos se assustaram. Coração? Júlio Serson, um dos amigos que estavam comigo, sugeriu que fôssemos falar com um casal de médicos egípcios que fazia parte de seu living group – grupos de até oito pessoas que, ao longo dos cursos em Harvard, se reúnem para discutir os temas e fazer trabalhos. Eles eram médicos intensivistas. Nada mais adequado. Fomos até lá e desabei no sofá. Logo, Asser Salama, o médico egípcio, veio até mim. Ele tirou minha pressão: 22 por 17. Olhou para o Júlio e chamou Marie, sua esposa. Ela também checou minha pressão e fez uma cara estranha. Eu acompanhava toda aquela troca de olhares, preocupado. Telefonaram para outro colega, um médico canadense que também fazia o curso.

Os três conversavam e olhavam para mim. Eu estava muito agoniado. Então Asser se aproximou, sorridente:

– Tire a camisa, afrouxe um pouco a calça e tome esse comprimido!

Eu me sentia cada vez pior, com dor, nauseado, e cada vez mais apavorado com a falta de ar e a visão meio turva.

– Mas que remédio é esse? – perguntei.

– Aspirina – eles responderam.

Os três continuavam a falar entre si e a olhar para mim.

– Estou tendo um ataque de coração? – perguntei.

Asser se aproximou novamente, sempre sorrindo:

– Fredy, feche um pouco os olhos e descanse, está tudo bem, não vai lhe acontecer nada.

Obedeci e adormeci por uns cinco minutos. Quando abri os olhos, parecia que estava no meio de um filme. À minha volta havia paramédicos uniformizados, um policial e seguranças de Harvard falando em seus rádios. A visão dos paramédicos foi o que aumentou ainda mais meu pânico.

Tiraram minha pressão novamente. Ainda estava alta, e foram logo me perguntando:

– Você tomou alguma droga?

– Não, nenhuma – respondi.

Espetaram meu dedo com uma agulha e me interrogaram novamente:

– Você bebeu?

– Bebi.

– O quê?

– Duas taças de vinho.

Mais um furo no dedo.

– Você toma alguma medicação controlada?

– Não, só remédio para o estômago e para gastrite.

Plic! Mais um furo no dedo. Aquelas agulhadas eram testes, com reativos, para checar as respostas que meu corpo estava dando.

Tudo começou a acelerar ainda mais. Comigo já deitado na maca, fizeram três acessos no meu braço. No elevador, uma confusão. Não cabíamos a maca, eu, com meu 1,92 metro de altura, e os paramédicos.

– Encolhe a perna!

Eu, definitivamente, me sentia em um filme.

– Pelo amor de Deus, avisem alguém!

Eu estava muito confuso, todos os meus colegas já sabiam do ocorrido e também estavam seguindo para o hospital.

De dentro da ambulância, eu ouvia a sirene. Perguntei para a paramédica:

– Eu estou com alguma coisa grave?

– Que a gente saiba, não. Você vai descobrir quando chegar ao hospital.

– Mas eu vou morrer?

– Eu não sei, mas não se preocupe. Se você não morrer, está indo para o lugar certo.

Chegamos ao hospital, entramos pela emergência. Portas batendo. Gente correndo. Tudo muito rápido. Transferiram-me para outra maca e já começaram a me plugar em um monte de aparelhos. O ar--condicionado fortíssimo me deixava congelado.

Algum tempo depois, fui levado de cadeira de rodas para um quarto. Era espaçoso e confortável. Mas ali também o ar-condicionado tentava reproduzir o inverno das estepes geladas da Sibéria, e isso me impedia de dormir, mesmo depois de ter tomado drogas o suficiente para derrubar um elefante. Além do sangue sendo retirado, havia uma máquina que apertava meu braço, registrando minha pressão a cada minuto e meio. Um eletrocardiograma e mais uma bateria de exames completavam o incômodo. Eu nunca havia estado em um hospital antes em uma situação como aquela. Era assustador!

Surgiram as primeiras boas notícias.

– Fredy, meu amigo, a cirurgia foi descartada, felizmente você não está tendo um infarto agudo! – contou-me, entrando no quarto, o sempre sorridente e encorajador Asser Salama, na companhia da minha amiga Elaine Smith e da médica plantonista.

Foi como um raio de sol naquele ar gelado. Não resisti ao fim de toda aquela tensão. Chorei como uma criança desamparada ao receber a notícia.

– Ótimo! Então eu já posso ir embora? – perguntei para a médica que, de maneira seca e técnica, confirmara a notícia de que eu havia escapado de um infarto. – Doutora, como o caso não é cirúrgico nem muito grave, conforme a senhora acaba de dizer, não poderia me dar alta? Depois volto para os exames complementares. É que amanhã vou ter uma aula muito importante de liderança. Eu não gostaria de faltar.

Com a mesma frieza e distância, a médica respondeu:

– Eu até posso lhe dar alta, meu jovem, mas nesse caso não garanto que amanhã você verá o sol nascer!

A sala ficou gelada novamente. Olhei para Asser.

– Mas então é sério?

E ele explicou com mais detalhes. Meu caso não era complicado. Eu havia sofrido uma angina, o que significava um pré-infarto. O mais prudente era continuar fazendo mais exames, que se estenderiam até o dia seguinte.

– Assim você poderá sair daqui tranquilo, com todos os resultados prontos para uma nova vida. – E, então, prosseguiu: – Acredite, depois desse grande susto você terá uma nova vida.

Diagnóstico: infelicidade

"Angina" e "uma nova vida". Essas palavras seriam as catalisadoras de uma poderosa reação em cadeia que transformaria minha vida pessoal e profissional e a maneira como eu passaria a enxergar o mundo e as pessoas. Mas, naquele exato momento, eu não as percebia dessa forma. Ainda não havia vislumbrado a forma exata das coisas que estavam por vir.

A minha ficha não tinha caído. Faltavam ainda dois mensageiros que me ajudariam a mudar minha vida por completo. E eles estavam a poucas horas de distância. O primeiro deles chegou naquela madrugada. Era o médico plantonista. Leu o meu nome:

– Frederico Machado... Esse não é um nome tipicamente americano.

– Não sou americano, sou brasileiro – respondi.

– Então por que estamos falando em inglês? Eu também sou brasileiro.

Não é preciso dizer que surgiu uma imediata empatia entre nós. Além disso, ele era corintiano, como eu. Pedi que me explicasse, numa linguagem compreensível para leigos, o que havia acontecido comigo.

Talvez ainda impressionado por ter encontrado um corintiano naquela madrugada, em um hospital em Boston, meu amigo plantonista lançou mão de uma metáfora futebolística.

– É como se você estivesse jogando futebol e aos cinco minutos de partida tomasse uma pancada dura na canela. Como você é forte e está cheio de estâmina, continua jogando até o fim. No entanto, quando volta para casa, almoça, toma banho e se deita para uma soneca, nessa hora sente como se um elefante tivesse se deitado na sua cama também, bem em cima da sua perna. Só aí, com a canela inchada e sentindo muita dor, você entende a gravidade do que aconteceu. É o mesmo que ocorre aqui. Você provavelmente está vivendo uma vida muito estressante. Ao chegar em um ambiente novo, participando de um curso que lhe entusiasma, você começou a desestressar, desacelerar. E, ao relaxar, seu coração começou a reagir. Você terá de mudar de vida, e, se se comprometer com isso, há uma grande possibilidade de que nada mais volte a lhe acontecer.

Agora, sim, a ficha começava a cair.

Mas ainda havia o outro mensageiro. O que mais me surpreenderia. Ele chegou no fim da manhã, quando eu já estava impaciente para ir embora. Era um médico indiano, radicado há muito nos Estados Unidos. Estava ali para, eventualmente, me dar alta. Falava com voz baixa e calma, sempre com um sorriso no rosto. Pegou a pasta em que estavam todos os meus exames e olhou atentamente um por um. Explicou-me, de maneira técnica, tudo o que havia encontrado de errado na minha saúde. Antes de finalizar, perguntou:

– Você acredita em algo maior que rodeia nossa vida ou é do tipo pragmático?

– Sim, acredito em Deus – respondi. – E, como moro em uma cidade cheia de santos e crenças, tenho também minhas devoções.

Então, ele me disse:

– Sou médico nos Estados Unidos há mais de 25 anos, mas não deixei minhas raízes indianas para trás. Todos os anos vou à Índia e aprendo um pouco mais com meus mestres espirituais. Quero lhe falar do meu diagnóstico, que vai além do que meus colegas certamente relataram. Você está disposto a ouvir?

– Sim, claro, por favor.

Ele me disse para tirar a roupa e ficar apenas de cuecas. Relógio, anéis, cordões e tudo que fosse de metal também deveriam ser retirados. Mesmo um pouco constrangido, fui levado pela curiosidade.

– Caminhe até o final do quarto e volte em minha direção.

Fiz o que ele me pediu e, na volta, parei diante dele. Com um pincel atômico, ele passou a desenhar círculos pelo meu corpo. Em cada área assinalada, explicava alguns sintomas que eu realmente sentia e prognosticava os problemas que eu enfrentaria, caso não tomasse certas providências.

Quando chegou na região peitoral, fez um grande círculo.

– Senhor Frederico, aqui está seu maior problema. Este, sim, pode levá-lo a correr um sério risco de vida, caso não seja propriamente tratado.

Eu pensei comigo: "Mas isto é óbvio, estou gordo e tive uma angina, certamente esta é a região mais problemática". Antes de eu terminar de formular essa descrença mentalmente, ele me surpreendeu com o diagnóstico:

– Seu problema é infelicidade!

O perigo da kritshoola

Quem pensa que a relação entre o estresse e a angina é um fenômeno da agitada vida moderna está profundamente enganado. Por volta do ano 600 a.C. um renomado cirurgião que vivia na região de Benares, na Índia, Sushruta, descreveu a doença, à qual deu o nome de *kritshoola* – que, em sânscrito, significa "dor no coração". Sushruta descrevia fatores emocionais e obesidade entre as causas prováveis da angina. Mesmo há 2.600 anos, já se notava a influência de fatores emocionais na doença. O médico indiano dizia que a kritshoola "queimava o peito", provocando fortes dores que diminuíam se o doente descansasse.

A medicina moderna descreve a angina de maneira semelhante, e identifica a falta de oxigênio no músculo cardíaco como a sua causa mais comum. Já não há dúvida de que ela é provocada por estresse continuado, vida sedentária, tabagismo, diabetes, colesterol alto, hipertensão e obesidade, como já dizia Sushruta tanto tempo atrás.[1]

A revelação

A identificação da infelicidade como causa dos meus problemas me soou tão chocante quanto ser informado que estive à beira de um infarto. Por um momento, senti como se estivesse distante daquela sala, em uma estranha introspecção. "Sim", pensei, "eu realmente estou infeliz". E aquela tomada de consciência foi um grande choque. Nunca havia ouvido algo tão intenso e que fizesse tanto sentido. Eu realmente estava infeliz.

O médico indiano notou a minha perturbação.

– Não fique assustado, isto é mais comum do que você pode imaginar. Muitos outros executivos estão sofrendo do mesmo mal que você. E, com a loucura dos tempos atuais, a tendência não é que isso melhore, a não ser que as pessoas comecem a tomar consciência de que precisam mudar e cuidar mais da própria felicidade.

Tão inesperado quanto ouvir tudo isso foi a rapidez com que tomei uma decisão. Naquele instante, foi como uma epifania, uma revelação. Saí do hospital sabendo o que tinha de fazer, sabendo o que eu queria. A partir daquele momento, estava convencido a direcionar toda a minha energia em uma direção: ajudar as pessoas que só são capazes de mudar o rumo de uma vida infeliz depois de um evento dramático – ou depois de uma trapaça da sorte, como havia acontecido comigo.

Nos anos que se seguiriam, eu teria a confirmação do quanto aquele médico indiano tinha razão ao dizer que a sensação de infelicidade era "mais comum do que se pode imaginar". Era, ou melhor, é uma epidemia. Mais do que isso, a infelicidade, sobretudo a que acomete os executivos e empreendedores, deve ser entendida como uma patologia. Essa definição, que considero bastante precisa, surgiu em uma conversa com uma amiga, a psicanalista Diana Dahre, presidente do Instituto Vida Positiva em São Paulo.

"Há quem considere bonito sofrer", Diana disse. "Primeiro, você tem de sofrer para ter sucesso. Eles dizem, orgulhosos: 'Eu acordo com o sol raiando'; 'Eu trabalho 12, 14 horas por dia'; 'Há dez anos não tiro férias' e até mesmo 'Eu trabalhei até desmaiar, até enfartar, mas agora tenho um patrimônio'". As pessoas veem todo esse sofrimento até com um certo romantismo, acham bonito. Mas, como Diana afirma, "isso é uma patologia, uma doença".

Afirmo, sem nenhuma dúvida, que o episódio da minha angina foi o que de mais relevante aconteceu na minha vida. Se eu gostaria de ter outra angina? Com certeza, não. Evitaria também aquela, se isso fosse possível. Mas ela aconteceu no melhor lugar, no melhor momento e da melhor forma para que eu começasse, finalmente, a tomar as rédeas da minha vida.

A felicidade em baixa nas empresas

Entre setembro de 2016 e janeiro de 2017, realizamos em minha empresa de consultoria a pesquisa "Work-Life Balance, Brasil e brasileiros" com 344 profissionais de alto nível, compreendendo executivos, empresários, empreendedores e profissionais liberais. Participaram pessoas de 21 estados brasileiros e 18 brasileiros expatriados, que vivem em 14 países. Dos respondentes, 66,28% são homens e 33,72%, mulheres. A grande maioria deles, 95,05%, está na faixa etária entre 26 e 60 anos de idade, sendo que mais da metade, 52,03%, possui idade entre 26 e 41 anos.

A pesquisa nos revelou que o nível de infelicidade nas empresas anda bastante elevado, conforme mostram os dados a seguir.

Diante da pergunta "Você gostaria de trabalhar em algo diferente do que faz hoje para ser mais feliz?", aproximadamente 35% dos respondentes, 120 pessoas, responderam categoricamente SIM.

Para a questão "Se lhe restasse apenas um mês de vida, você ficaria satisfeito e feliz com o que fez até hoje?", 13,37% dos pesquisados, 46 pessoas, disseram um enfático NÃO. 37,5% dos respondentes, 129 pessoas, nos contaram que raramente, às vezes ou ocasionalmente se sentem satisfeitos e felizes com o seu trabalho.

E você, caro leitor? Quais seriam suas respostas às questões mencionadas acima?

Este livro não é uma autobiografia. Se nos parágrafos seguintes passo a discorrer sobre a minha história pessoal é porque tenho a convicção de que ela apresenta muitas similaridades com a trajetória de tantos executivos, empresários, empreendedores e profissionais liberais. E é importantíssimo compreender qual é a raiz, a origem do desequilíbrio vital que nos torna tão infelizes e vítimas potenciais de graves problemas físicos e mentais. Tive grande sorte de escapar de um risco real à minha saúde e vida. Muitos não conseguiram.

Mas por que eu estava tão infeliz? E por que tive tanta dificuldade para entender isso?

A resposta é simples. Eu estava passando por um forte desequilíbrio entre minha vida pessoal e minha vida profissional; entre o que eu desejava de fato ser e o esforço infrutífero de contorcer meu corpo, minha mente e meu coração para ser o que os outros esperavam de mim.

Cachorro sai, chega o polo

Como costuma acontecer com a maior parte daqueles que são filhos ou filhas de empreendedores de sucesso, eu – antes de ter a angina – vivi duas vidas: uma em que tentava atender às expectativas do meu pai, que com certeza me enxergava como seu herdeiro natural nos negócios, e outra em que fundava associações e participava de projetos "extraempresa" para comprovar minha capacidade e competência, decorrentes de meus estudos. E meu pai, embora extremamente amoroso, sempre foi uma pessoa rigorosa. Vindo de uma família pobre – e tendo perdido o pai quando tinha três meses de vida –, ele conseguiu se formar engenheiro mecânico e, mais tarde, abrir uma empresa de montagem industrial que, no seu melhor momento, chegou a ter 7.200 empregados diretos. Era, e ainda é, um homem forte e com sonhos bem definidos. E eu, querendo ou não, sempre fui parte de seu sonho.

Foi ainda a sua admirável energia que o fez se destacar no início da carreira, logo depois de se formar na Universidade Federal de Uberlândia. Nessa mesma cidade mineira, ele conheceu minha mãe e conseguiu seu primeiro emprego como engenheiro em uma empresa também de montagem industrial. Admirado por seus chefes, meu pai era enviado para supervisionar obras em todos os cantos do Brasil. A primeira escala foi em Joinville (SC), onde nasci, em 1975. Dois anos depois, Patos de Minas (MG), cidade em que nasceu meu irmão, Luiz

Fernando. A vida cigana não pararia por aí. Nos meus dez primeiros anos de vida, morei em 17 cidades diferentes, até, finalmente, nos fixarmos em Salvador.

Bem, ninguém vive em 17 cidades nos primeiros anos de vida e sai impune. No meu caso, o dano colateral foi não ter quase nenhuma lembrança dos meus anos de infância, amigos ou escola. Não consigo me lembrar se meu pai era ausente ou se faltou a algum dos meus aniversários, por exemplo. O lado positivo dessa vida errante, no entanto, foi ter desenvolvido uma grande capacidade de adaptação e maleabilidade e, talvez de maneira surpreendente para quem não foi dado tempo de fazer amigos, uma grande facilidade em lidar com pessoas e gostar delas.

Entre todas essas chegadas e partidas, a mais dolorosa foi deixar Jundiaí (SP), entre os 9 e 10 anos de idade. Ali eu começava finalmente a criar raízes. Tínhamos uma casa espaçosa, cachorro, pista de bicicross, liberdade de ir e vir entre os vizinhos de bairro. Mas era em Salvador que estava o polo petroquímico de Camaçari e a possibilidade de fazer contratos com grandes empresas químicas e petroquímicas. O lugar perfeito para que meu pai pudesse iniciar sua empresa. Demos o nosso cachorro e nos mudamos para lá.

Na capital baiana tudo era diferente. Vida em apartamento, nada de cachorro, nem brincadeira na rua. Na escola, estranhei a metodologia e o comportamento dos alunos e professores. Eu tinha vindo de um colégio de padres, e essa nova escola não era tão tradicional – me espantava, por exemplo, ouvir os alunos falando palavrão! No entanto, se minhas notas eram medíocres, o relacionamento com os colegas e a liderança que comecei a exercer entre eles mereciam nota dez, com louvor.

Mas fazer amigos e influenciar pessoas não era a única coisa que meus pais esperavam de mim. Eles queriam boas notas e entusiasmo pelos estudos. Por conta do meu péssimo rendimento, fui transferido de escola mais de uma vez, sempre atrás daquelas que tinham a reputação de passar seus alunos de ano em troca apenas do pagamento das mensalidades. Definitivamente, eu não queria estudar. Depois do terceiro ano seguido de reprovação, meu pai entrou em ação da maneira clássica:

– Já que não quer estudar, vai ter de trabalhar. Não vamos sustentar um marmanjo dentro de casa sem fazer nada, isso não dá futuro para ninguém.

Assim, no alto dos meus 14 anos, fui apresentado ao senhor Roberto, chefe do almoxarifado da empresa, que me deu os equipamentos de segurança e falou para eu procurar o senhor Sotero, no caminhão. Passei o dia enchendo o caminhão de entulho. Nos outros dias, comecei a trabalhar como almoxarife, ou tesoureiro. Para meus pais, aquilo era um castigo. Mas, para mim, foi o melhor dos mundos. Adorava almoçar com os operários na sede da empresa. Aprendi a importância de ser simpático e amigável com as pessoas e aprendi a ouvir – e tive a certeza de que todos merecem ser reconhecidos em qualquer função que exerçam. Os operários me ensinaram o que fazer e, muito mais importante, o que não fazer para se tornar um grande profissional e um ser humano digno. Todos os dias ia com o meu pai até a sede da empresa, em Camaçari, a quase 50 quilômetros de casa. Foi ali que se iniciou a minha formação como líder.

Meus problemas na escola, conforme eu entenderia depois, eram provocados pela minha dificuldade em ver utilidade prática nas disciplinas que tinha de estudar. Isso fazia com que me sentisse desinteressado. O que eu gostava era de liderar gincanas, mediar disputas entre colegas, discutir com os professores assuntos polêmicos, como política. Mas, depois da experiência na empresa, tudo mudou. Pode-se dizer que entrei nos eixos, e consegui me formar.

Sinais de alerta

Entrei na faculdade para cursar administração de empresas. Me entusiasmei muito com o curso. Estudava até no horário de trabalho, pois a essa altura já havia assumido algumas funções administrativas. Mas eu entenderia, tempos depois, que foi nessa época que minha vida pessoal e as imposições profissionais começaram a se chocar. E não se tratava apenas de vencer todos os dias a distância e o trânsito entre Salvador e Camaçari. Nas poucas vezes que conseguia sair de férias, era muito comum eu ter de lidar com um enorme sentimento de culpa. Além disso, as longas jornadas de trabalho eram praticamente um hábito.

A falta de balanceamento entre a vida pessoal e a profissional se tornaria ainda mais evidente quando comecei a me desentender com o meu pai em relação à nossa forma de trabalho, principalmente depois que comecei a aprofundar meus estudos em cursos no exterior. Após minha formatura, fiz minha primeira pós-graduação na Cal State Hayward, na Califórnia. Voltei de lá com algumas ideias que queria aplicar na empresa. Quando fui promovido a gerente administrativo financeiro, decidi colocar uma das novidades em prática. Tratava-se de um sistema de avaliação de desempenho, no qual meus funcionários também me avaliariam, dizendo o que achavam do meu trabalho enquanto líder. Meus subordinados adoraram a ideia, e a empresa toda falava sobre isso. Meu pai, entretanto, não gostou nada.

– Essa é uma empresa de engenharia. Ninguém tem que avaliar ninguém. Eu mando você fazer, e você faz. Você manda seus funcionários fazerem, e eles fazem! – ele esbravejou comigo.

Foi nessa fase que trabalhar na empresa do meu pai começou a ser um tormento. Frequentemente, eu me perguntava por que havia voltado para a empresa depois da temporada no exterior. Mas eu sabia qual era a resposta. Se eu não retornasse, teria de ouvir os seus questionamentos: "Se você não voltar, como é que vai ficar isso aqui? E se eu morrer?". Minha mãe diria algo como: "Filho, se você não voltar seu pai vai morrer de desgosto". E, com esse papo de morte para lá e morte para cá, eu tinha medo de carregar uma grande culpa pelo resto da vida.

No entanto, eu definitivamente havia sido tomado pela vontade de aumentar cada vez mais meu conhecimento. Como meu pai sempre dizia que eu estava "viajando na maionese" com o que trouxe dos Estados Unidos, comecei a cursar um MBA em Salvador, para contrabalançar essa possível influência. As conversas com meu pai sempre haviam sido duras na empresa, mas estavam começando a se tornar mais desafiadoras. E a minha determinação de aprender novas práticas ainda estava vinculada a trazer mudanças significativas para a empresa.

Em 2004, aos 29 anos, eu me casei com a Letícia, meu grande amor desde os 16 anos, quando começamos a namorar. Mas, embora nosso relacionamento trouxesse felicidade para a minha vida, os sinais de desequilíbrio se acentuavam. Eu fumava um maço de cigarros por dia, bebia com frequência e deixara de lado hobbies que me faziam tão bem, como as viagens de motos e as lutas marciais.

Foram anos difíceis. Sofria diariamente com o fardo de provar a todos que eu era competente e que não estava na empresa apenas por ser filho do dono. Aliás, era principalmente para ele que eu procurava provar minha competência o tempo todo. Meu pai era, independentemente de todo o seu amor e carinho, meu maior desafio. O workaholic que morava em mim começava a se manifestar com toda energia. Continuava a me sentir culpado quando saía de férias. Não parava um segundo de checar meus e-mails. E, pior, quando tirávamos férias na casa da praia da família, ou mesmo quando passávamos lá um final de semana, não era meu pai quem ia, mas sim meu chefe. Falávamos de trabalho o tempo todo. Se ligava para ele, fora do trabalho, para ter notícias de casa, a conversa imediatamente enveredava para problemas da empresa.

Surge a Harvard

Meu trabalho, embora cobrando um preço alto, trazia algumas recompensas. Comecei a fazer investidas no exterior, procurando ampliar os negócios. Europa, Estados Unidos, China... Percorri vários países até fechar nossa primeira joint venture na Holanda. Ótimo para o ego do executivo, péssimo para o Fredy. Fiz mais de duas dezenas de viagens à Holanda ao longo de um ano. Algumas vezes, cheguei a ir em um dia e voltar no seguinte.

Esse movimento de buscar oportunidades de crescimento fora do país trouxe-me um insight poderoso. Inspirado por meu cunhado e amigo Frederico Guanaes, decidi que deveria escolher, entre as melhores universidades de business do mundo, uma que me permitisse aprofundar de fato meus conhecimentos. Em 2009, fiz meu primeiro pedido de matrícula na Harvard Business School, mas acabei não conseguindo entrar. Insisti. Em 2010 fui aceito e fiz o meu primeiro curso de uma semana na universidade, o Leading Professional Service Firms. Fantástico!

Nesse mesmo ano, em agosto, nasceu minha filha. Muito mais fantástico do que mil cursos em Harvard! Mas minha alegria teria sido maior se Letícia não tivesse enfrentado uma severa depressão pós-parto, que se estenderia por meses angustiantes.

Apesar desses problemas na minha vida pessoal, eu sentia que realmente havia encontrado um grande sentido em cursar Harvard. No ano seguinte, 2011, voltei para outro curso de uma semana, o Authentic Leadership Development, ministrado pelo mestre Bill George e baseado em seu livro *Confie em você – Sua história de vida define sua liderança*. Se eu ainda tinha alguma dúvida do quanto o mundo corporativo pode ser nocivo, cruel e negativo, nesse período em Harvard eu adquiri grandes certezas. Foi um mergulho na minha própria mente. As aulas e os debates com os colegas me ajudaram a me conhecer profundamente e melhor.

Mas mais intenso do que todas as discussões e exposições foi o fato de termos testemunhado, como se fosse um exemplo sinistro do que estávamos estudando, um colega entrando em colapso. Era um executivo que, como muitos dos que estavam ali, vivia para o trabalho. Durante o curso, ele acabou chegando à conclusão de que era um estranho, um desconhecido para os seus filhos, com idades entre 14 e 16 anos. Não os tinha visto crescer e havia perdido momentos importantíssimos da vida deles, como muitos de seus aniversários. Era um claro exemplo que hoje chamamos de burnout. O momento em que a máquina para e trava, com consequências que podem ser irreversíveis.

Não existiam mais dúvidas para mim de que o ritmo de trabalho que eu mantinha, somado às questões que surgiam entre mim e meu pai-patrão, era algo que eu deveria transformar rapidamente. Foi então que uma novidade veio tornar minha trajetória ainda mais desafiante. No início de 2011, quando a economia do país começava a dar sinais de fraqueza, fomos procurados por uma consultoria que representava uma empresa internacional. Eles nos sondavam sobre a possibilidade de nos tornarmos sócios ou mesmo vendermos inteiramente nossa operação.

Naturalmente, a notícia provocou alvoroço entre os sócios. Vender a empresa? Seria um bom negócio? Quanto pediríamos pela operação? Entre todos os sócios – meu pai sempre foi o majoritário, mas havia outros sete com participação no empreendimento –, eu era o único com alguma experiência internacional e que tinha domínio da língua inglesa. Envolvi-me inteiramente nessa negociação. Foi uma operação monstruosa e desgastante, repleta de vaivéns e de grandes expectativas otimistas. No fim das contas, para uma imensa frustração coletiva, o negócio não vingou. As causas: a forte crise que atingiu a Europa e um resultado econômico não muito satisfatório da empresa naquele ano.

Também em casa havia frustração. Meu casamento estava em frangalhos. Minha esposa ainda não havia se recuperado totalmente da depressão pós-parto. E, com a economia apontando o nariz para baixo e começando a perder altura, o aperto financeiro era uma preocupação latente.

Mesmo assim, resolvi mais uma vez fazer um curso em Harvard. Não me arrependi. Fui aceito no Key Executive Program e entendi, durante aquelas duas semanas, tudo que havíamos feito de correto e incorreto na tentativa de venda da empresa. Voltei cheio de ideias novas, para constatar mais uma vez que elas não seriam bem-aceitas por meu pai.

Minha motivação, que já não estava em tão boa forma, sofreu mais um baque. E dessa vez foi bastante sério. Decidi que não iria mais me desgastar tentando fazer valer minhas opiniões dentro da empresa e passei a não me manifestar mais nas reuniões. Entrava mudo e saía calado. Passei a ser um mero executor, embora ainda com um ritmo febril de trabalho.

Quem não cuida perde

Letícia casou-se com Fredy em 2004. Aqui ela fala da experiência de compartilhar a vida com um workaholic. Letícia e Fredy são pais de Eduarda, a Duda, nascida em 2010.

"Para quem foi casada com um workaholic, eu me sinto privilegiada em certo sentido. O Frederico, mesmo trabalhando naquele ritmo exagerado, nunca deixou a família de lado, embora ele próprio repetisse que dedicava pouco tempo para mim e para nossa filha. Por mais distante que estivesse, ele sempre marcava presença, por telefone ou por chamadas de vídeo. Sem a presença do cônjuge, não há um núcleo familiar e tudo se desestrutura, desmorona. Conheci pessoas que não tiveram a mesma sorte que eu. E, em situações como essa, ter filhos não é suficiente para manter firmes o casamento e a família. Quem não cuida perde a família.

Mesmo não tendo experimentado esse sentimento agudo de solidão, o fato de Fredy não ter uma boa relação com o seu trabalho na empresa do pai teve uma repercussão importante na nossa relação.

Eu sofria ao ouvir suas queixas de que suas opiniões não eram devidamente levadas em conta pelo pai. Isso sem falar das vezes que nos reuníamos, de férias, na praia, e os dois discutiam, porque o Fredy queria relaxar e não falar de trabalho. Com o tempo, passei a ter uma postura bem negativa em relação à empresa e, de certa forma, isso afetou um pouco a harmonia da minha convivência com meu sogro. E isso foi um grande problema para nós. Por terem vivido em 17 cidades diferentes durante um longo período de suas vidas, o pai, a mãe, o irmão e o Fredy acabaram por formar um núcleo fechado que se autodefendia. Bastava uma pequena crítica a um deles, e todos se levantavam na defensiva.

Por esse motivo, Fredy parou de comentar coisas do trabalho comigo, uma vez que eu sempre tomava seu lado e criticava seu pai, coisa que o aborrecia. Mas para mim era insuportável ver que seu grande esforço, sua vontade de inovar e melhorar a empresa não eram reconhecidos. Eu não tinha como ficar calada.

Mesmo que ele evitasse se queixar, eu percebia como ele estava infeliz no trabalho. Muitas foram as vezes em que ele chegava mudo da empresa, ia para a varanda, acendia um cigarro e ficava lá pensativo. Eu já sabia: havia tido problemas com o pai. O estresse dele era notório.

Entretanto, mesmo mergulhado no seu silêncio, comecei a perceber que ele estava se movimentando para se afastar da empresa e ter uma vida profissional independente. Confesso que, de início, eu duvidei que ele faria isso. A família era algo tão forte para ele – o pai, a empresa do pai...

Só acreditei quando vi com meus próprios olhos que ele estava realmente fazendo uma faxina na vida dele, buscando outras coisas. Bateu uma insegurança. Se ele está buscando outras coisas, será que vai buscar uma mulher nova também? Só depois entendi que isso não passava pela cabeça dele. Acontece que, naquela época, eu estava saindo de uma depressão pós-parto que se estendeu por mais de um ano e me deixou bastante fragilizada. Mas, durante toda essa provação, Fredy sempre esteve ao meu lado, oferecendo muito amor a mim e a nossa Duda."

Os primeiros coachings

Apesar da situação em que eu me encontrava na empresa, nem tudo eram trevas. Tendo passado por três oportunidades em Harvard, tendo encontrado com pessoas de várias partes do mundo e com elas trocado ideias sobre como a questão do equilíbrio entre vida pessoal e profissional transformara-se em um debate central na vida de poderosos executivos, senti crescendo em mim uma aptidão que trazia desde a adolescência.

Eu tinha o dom – e o interesse – de ouvir e aconselhar pessoas. E, no momento pelo qual estava passando, com tudo o que havia estudado e vivido, sentia que possuía habilidades suficientes para ajudar outros profissionais de modo significativo e consistente. Desde que retornara do curso Key Executive, havia começado a dar palpites em empresas de amigos e a fazer palestras sobre o assunto que mais me fascinava: liderança e gestão de pessoas. Como um movimento natural, comecei a ser procurado para ser coach de alguns empresários e executivos.

Parte deles eram filhos de conhecidos querendo opiniões sobre como trabalhar com o pai – assunto no qual eu era, querendo ou não, especialista –, e outros eram profissionais em transição de carreira. E o que mais me impressionava era o fato de que eu estava auxiliando pessoas workaholics e infelizes em suas escolhas de estilos de vida até mesmo a rever seus projetos pessoais e profissionais para, assim, iniciarem uma nova trajetória. E todas essas pessoas tinham as mesmas angústias e dúvidas que eu experimentava.

Nessa altura, recebi outra boa notícia. Quando voltara de Harvard da última vez, havia recebido a indicação de que poderia ser aceito no OPM, o Owner/President Management Program, com o qual eu há muito sonhava. Fiz a minha inscrição e, alguns meses mais tarde, recebi a resposta positiva. Embarquei para Boston em maio de 2013. O que aconteceu lá está narrado na primeira metade deste capítulo.

A grande mudança

Eu não disse nada para a minha mulher ou para os meus pais sobre a angina até chegar ao Brasil. Guardei tudo para mim por uma semana. Queria dar a notícia pessoalmente. Assim eles me veriam vivo e inteiro e não ficariam tão angustiados. Mas o Fredy que desembarcou no aeroporto de Salvador após aquela temporada em Boston era alguém completamente diferente. O rompimento com a empresa do meu pai e com aquele ritmo de trabalho que eu vinha mantendo era irreversível.

Não fiz nenhum discurso nem anunciei um rompimento súbito. Mas não era necessário. Meu pai entendia o que estava por vir. Afinal, de um jeito ou de outro, ele acabaria "perdendo" o filho. Ou porque eu iria mesmo me afastar da empresa ou porque, se continuasse, não sobreviveria por muito mais tempo. O afastamento definitivo se deu quando a empresa, atormentada pela crise, mudou-se para um escritório menor. Foi como se eu tivesse caído do caminhão de mudanças no meio do caminho.

Após consultar um médico em Salvador, passei a me esforçar para perder peso. Cuidei da dieta e retomei a rotina de atividades físicas. Em 2013, tornei-me um empreendedor em causa própria: virei CEO da MentorYou (startup que acabou não indo para a frente) e, atualmente, sou CEO da F2A Consultoria. Meu trabalho é voltado para o balanceamento de vida pessoal e profissional.

Outra decisão crucial nesse momento foi mudar-me com a minha família e negócios para Jundiaí. A cidade foi escolhida tanto pela sua proximidade de São Paulo, a 60 quilômetros de distância, quanto pela questão afetiva. Entre as 17 cidades em que morei no Brasil, é dali que vêm as minhas lembranças mais felizes.

Atuar como alguém relevante nesse movimento, que é sem dúvida global, em prol de uma vida mais equilibrada tornou-se o ponto focal da minha atuação. Trata-se de um trabalho que é alicerçado sobre uma extensa e competente produção acadêmica e experiências práticas. Entre as vertentes existentes, o Work-Life Balance, ou Integração Vital, é o que me parece mais adequado para os executivos de modo geral, e para os brasileiros em particular.

No próximo capítulo, discorreremos sobre tal conceito. Também serão apresentadas recomendações, pesquisas e reflexões de autores renomados pela Universidade de Harvard, como os professores Boris Groysberg e Bill George. Além desses itens, o leitor poderá identificar a quantas anda a integração de sua vida pessoal e sua vida profissional ao fazer o teste de sua roda da vida.

2
Uma delicada integração

Nas palestras e reuniões de que eu participava antes de 2013 – ou seja, antes da angina –, eu nunca tive o hábito de contar histórias ou parábolas para ilustrar algum ponto de vista que pretendia defender. Eu era sempre objetivo e direto nas minhas intervenções. Mas agora acho que cabe usar uma história. Enquanto ainda me recuperava da minha angina em Boston, ouvi pela primeira vez o conceito de que o passo inicial para balancear vida profissional e pessoal é definir o que para nós é sucesso, ou seja, definir qual é o roteiro para nossa caminhada em direção à felicidade. E então, por alguma misteriosa razão, me veio à lembrança uma história das *Mil e uma noites*. Sim, uma daquelas narrativas contadas pela rainha Xerazade ao sultão Xariar.

Narro a seguir a historieta que, segundo pesquisas que fiz posteriormente, Xerazade teria narrado na 351ª noite em companhia do sultão:

> Mohamed era um homem rico que vivia no Cairo. Por ser muito generoso, perdeu toda sua fortuna, só lhe restando a casa que herdara do pai. No jardim dessa casa havia um relógio de sol, atrás dele uma figueira e depois da figueira uma fonte. Empobrecido, Mohamed teve que trabalhar duro. Um dia, esgotado, dormiu e sonhou que um homem gordo lhe dizia para viajar para Bagdá, onde encontraria um grande tesouro. No dia seguinte,

Mohamed pediu dinheiro a parentes e vizinhos, comprou um camelo e viajou para Bagdá. Enfrentou por meses perigos em desertos, feras, rios e assaltantes. Chegando a Bagdá, exausto, entrou em uma mesquita e dormiu. Enquanto dormia pesadamente, ladrões invadiram uma casa ao lado. Os moradores acordaram e gritaram. Os guardas correram. Viram Mohamed na mesquita. Bateram nele com tanta violência que ele quase morreu.

Dois dias depois, o machucado egípcio acordou na cadeia. O capitão dos guardas lhe perguntou o que fazia em Bagdá. Mohamed contou a verdade:

– Sonhei em minha casa, no Cairo, com um homem que me disse que viesse aqui, pois encontraria um tesouro.

O capitão riu às gargalhadas.

– Homem sem juízo! Todo esse sacrifício por causa de um sonho? Que crédulo estúpido você é! Eu já sonhei três vezes que no Cairo há uma casa com um jardim no qual há um relógio de sol, atrás dele uma figueira e depois da figueira uma fonte e sob ela um tesouro. Ao contrário de você, nunca dei importância a essa mentira. Tome essas moedas, e nunca mais volte a Bagdá!

Mohamed obedeceu. Voltou para casa e desenterrou, sob a fonte de seu jardim (a mesma sonhada pelo capitão), o tesouro. E tornou-se rico novamente.

Por que uma história como essa, contada há mais de mil anos, me veio à mente quando ouvi falar da necessidade de definir o que é um sucesso verdadeiro para nós? Sei bem que a vida não é nenhuma história da carochinha. Mas será que nossa realidade não se parece com o que Xerazade contou sobre o castigado Mohamed? Durante meses, ele enfrentou perigos no deserto, feras selvagens, assaltantes cruéis. Foi espancado. Ficou em coma por dois dias. E, no final das contas, o que ele queria sempre estivera a dez passos de distância, na sua casa, no fundo do próprio jardim.

Essa história funciona perfeitamente como uma alegoria para explicar a dificuldade que temos em definir para nós mesmos o que é esse sucesso no qual investimos uma gigantesca energia e pelo qual enfrentamos riscos assustadores, quando, na realidade, ele pode ser alcançado de uma forma mais simples do que pensávamos.

Mas aqui é preciso voltar um pouco atrás e explicar como essa reflexão sobre a definição pessoal de sucesso surgiu para mim. Logo que saí do hospital em Boston, em 2013, tive uma reunião com o professor de Administração de Negócios do Departamento de Comportamento Organizacional de Harvard, Boris Groysberg. Foi um encontro transformador.

À época, o professor Boris estava finalizando uma pesquisa que havia sido iniciada cinco anos antes, no ano de 2008, e que contava com a participação de 600 alunos do curso de Gerenciamento de Capital Humano da Universidade de Harvard. O tema era o balanceamento da vida pessoal e da profissional. O trabalho impressionava pela abrangência do universo pesquisado. Foram ouvidos no total 3.850 executivos que ocupavam posições de mando; destes, 655 eram CEOs, presidentes ou membros de conselho em grandes companhias. A divisão entre os gêneros era bem equilibrada – 44% mulheres, 56% homens –, e o fato de os respondentes serem de 51 países proporcionava ao estudo uma incrível abrangência.

Foi nessa conversa com o professor Boris que fui apresentado ao conceito de Life Balance, a Integração Vital. Nunca, em meus 38 anos de vida, havia ouvido falar de balanceamento de vida pessoal e profissional. Nesse momento, fiz, ali em Boston, a minha mais importante escolha de vida. Era como se houvesse descoberto em meu jardim um tesouro que eu sempre havia acreditado que estivesse para lá de Bagdá. Para deixar a metáfora redonda, as pancadas dos guardas na mesquita doíam como uma angina, enquanto a pesquisa do professor Boris em Harvard soava como uma surpreendente revelação feita em sonho pelo capitão dos guardas. Sim, definitivamente, Xerazade sabia do que estava falando.

Naquele momento, decidi que meu propósito de vida seria dedicar--me a ajudar executivos, empreendedores e empresários a balancear suas vidas pessoal e profissional. Embora essa mudança não tenha ocorrido de maneira tão imediata, quanto mais mergulhava nesse novo propósito, mais eu constatava que a questão da integração vital caminhava rápido para ser o tema de discussão número um no mercado de trabalho. Nos Estados Unidos, o assunto já era amplamente debatido – e continua sendo.

No Brasil, a questão ainda é incipiente, mas já vem se fazendo cada vez mais presente, como mostra um estudo realizado em 2014 em parceria entre a Escola de Administração de Empresas de São Paulo da Fundação Getúlio Vargas e a PricewaterhouseCoopers, também chamada PwC. Esse estudo – *O futuro do trabalho: Impactos e desafios para as organizações no Brasil*[1] – ouviu 113 organizações brasileiras de diferentes setores com o objetivo de compreender como a evolução das características do trabalho no mundo contemporâneo afeta as organizações no Brasil.

As respostas dadas à pergunta do que era considerado realização pessoal no trabalho mostraram que a integração entre vida pessoal e trabalho já estava no foco da grande maioria dos participantes. O equilíbrio entre a vida particular e a profissional foi apontado por 98% dos respondentes como algo que os deixaria com a sensação de realização pessoal no trabalho. O mesmo percentual de entrevistados afirmou preferir trabalhar em organizações onde a relação com os colegas é boa e existe um contexto colaborativo. A flexibilidade no trabalho também demonstrou ser um fator importante para os que responderam à pesquisa. Quase a totalidade, 95%, afirmou buscar formas alternativas de trabalho, tais como trabalho em domicílio, horários flexíveis e teletrabalho. O mesmo percentual busca flexibilidade tanto na jornada de trabalho quanto nos contratos de trabalho.

Outro levantamento, "What Women Want @ Work" [O que as mulheres querem no trabalho], realizado pela rede social de networking profissional LinkedIn com 5.300 profissionais do sexo feminino em 13 países durante o ano de 2013, indicou uma mudança consistente do que tais trabalhadoras consideram como sucesso no trabalho. Há dez anos, apenas 39% das mulheres afirmavam que sucesso no trabalho é encontrar o equilíbrio correto entre trabalho e vida pessoal. Agora essa fatia aumentou para 63% das respondentes. O LinkedIn detectou ainda outra mudança de paradigma importante. Considerando as respostas dadas pelas respondentes em todos os países pesquisados, a fatia de mulheres que considera que ter sucesso é receber um alto salário diminuiu dos 56% registrados há dez anos para os 45% atuais.

As pesquisas da FGV-SP e do LinkedIn engrossam o número de trabalhos que revelam as mudanças sistemáticas pelas quais o mundo corporativo vem passando, de uma profundidade nunca antes vista. E, sintomaticamente, entre os integrantes desse universo registra-se uma grande quantidade de infelicidade. Entre todos esses trabalhos, o que mais me causou impacto foi aquele coordenado por Boris Groysberg, não somente pela sincronicidade com o desafiante momento pessoal que relatei no capítulo anterior – ou seja, minha infelicidade no trabalho somada aos dias de recuperação após a angina –, como também pela riqueza de insights e informações que ele trazia.

A pesquisa foi publicada em março de 2014 na *Harvard Business Review*, revista mensal editada pela própria faculdade. O levantamento estatístico foi capa da edição e ilustrado com a imagem de um elefante equilibrando-se sobre uma bola. Achei uma boa sacada do editor, uma vez que o equilíbrio entre trabalho e vida pessoal exige tanto esforço e concentração quanto o elefante deve ter precisado para posar para a foto. No entanto, não me senti tão à vontade com o texto que acompanhava a imagem: "Esqueça do equilíbrio – você tem de fazer escolhas". Não concordo inteiramente com isso. O equilíbrio é possível, não é algo para ser esquecido. É possível ser feliz na empresa e em casa. A questão é saber dosar essas duas dimensões. Mais à frente, vou explicar por que acho que esse balanceamento existe e está ao nosso alcance. Os elefantes equilibristas estão aí para nos mostrar que nada é impossível.

Além de tabular as aflições e angústias pelas quais passam os profissionais em consequência do desequilíbrio entre o tempo e a atenção que dedicam ao seu trabalho e à sua vida pessoal, a pesquisa de Harvard foi precisa ao indicar cinco fatores primordiais para ajudar a construir uma vida corporativa mais saudável.

Esses fatores são os seguintes:

1. definir o que é sucesso para você;
2. usar a tecnologia disponível a seu favor;
3. construir uma rede de suporte formada por pessoas especiais no trabalho e em casa;
4. decidir por ser transferido de cidade, estado ou país de uma maneira seletiva;
5. ter uma atitude colaborativa com o seu cônjuge.

Considero tão relevantes esses pontos que acredito que deveríamos fazer uma tatuagem com essas cinco dicas, para que nos lembremos sempre delas.

O que é sucesso para você?

Entre os cinco fatores, certamente o primeiro é o mais importante: definir que sucesso queremos para a nossa vida. Até onde quero chegar? Quanto é suficiente? Quando devo parar de querer mais? Essas são perguntas que temos muita dificuldade em responder. Costumamos cair na armadilha da definição pasteurizada de sucesso disseminada pelas revistas de negócios e de celebridades. Essa concepção comum ensina que ter sucesso é ter coisas, e, quanto mais se tem, melhor. Não é possível alguém dizer que venceu sem ser convidado para os mais importantes eventos; sem morar em uma cobertura tríplex; sem ter o próprio jato; sem ser capa de revista; sem viajar todo mês para o exterior; sem ter o nome citado em colunas sociais; sem ser sempre requisitado para entrevistas sobre os mais diferentes assuntos; sem ser casado com uma mulher linda e jovem ou um homem atlético e encantador.

São poucos os que conseguirão conquistar tudo isso. E um número ainda menor de pessoas conseguirá pisar no freio antes de bater de frente com todos os sofrimentos, doenças e a solidão que podem surgir nessa busca desenfreada por um sucesso que, na verdade, é uma fantasia que pertence mais aos outros do que a você mesmo. O grande desafio é saber quando parar. Costuma acontecer dessa maneira: você se forma na faculdade, e então sente que precisa absolutamente fazer um mestrado. Depois o doutorado e em seguida tornar-se Phd...

Quando a questão é dinheiro, aí se perde qualquer possibilidade de controle. Ganhar 100 mil reais por mês é maravilhoso; mas por que ganhar 100 mil reais se eu posso ganhar 1 milhão? É só apertar mais o passo, se esforçar e trabalhar ainda mais para isso, pensamos, mesmo se já estivermos no fim das nossas forças.

Na verdade, não há nada de errado em querer ganhar 1 milhão de reais por mês, ou 2 milhões. Aliás, um dos princípios básicos ao se definir sucesso para si mesmo é saber que as metas são mutáveis, e que elas de fato quase sempre mudam ao longo do tempo: o milhão de hoje pode parecer pouco daqui a algum tempo, e então ganhar 2 milhões passará a ser a nova meta. O que é essencial é sempre fixar seus objetivos com um planejamento prévio, fazer escolhas deliberadas – isso eu quero, disso aqui eu vou fugir –, e não reagir de maneira impulsiva diante dos fatos novos que surgirem, como costumamos fazer.

A ausência desse planejamento na vida profissional costuma custar caro, causar desequilíbrio e deixar todos infelizes e ansiosos por alguma mudança. Algumas pesquisas já colocam a insatisfação e a inadequação dos profissionais com o seu trabalho como uma epidemia. Uma inquietante prova disso surgiu em um grupo de discussão com 407 profissionais do interior paulista reunidos pela Staut RH. Os resultados são alarmantes. Uma fatia de 92% dos entrevistados aceitaria uma nova proposta de emprego. Do total, 63% trabalha entre 9 e 11 horas diárias e outros 23% trabalham de 12 a 15 horas diárias. Um pouco mais da metade, 51%, já foi acometida por estresse, síndrome do pânico, depressão, hipertensão e outras mazelas.

Caso recebessem uma nova proposta de emprego que proporcionasse melhor qualidade de vida, 93% aceitariam a oferta. E 53% disseram que trocariam de emprego sem ganhar nada a mais, desde que obtivessem mais qualidade de vida. Mais do que isso, 18% deles concordariam em receber até mesmo uma remuneração menor. Se você pensava que a vida no interior era mais tranquila que nas capitais, é melhor se informar direito.

Dois banhos por dia

Quando o ator argentino Ricardo Darín, conhecido sobretudo por seu papel no filme *O segredo dos seus olhos*, revelou em uma entrevista[2] que havia recusado um convite do diretor inglês Tony Scott para ser o ator principal em um de seus filmes, o fato foi considerado tão inusitado que a entrevista foi reproduzida por meses seguidos no Facebook. Tony Scott dirigiu sucessos de bilheteria como *Top Gun – Ases indomáveis*, *Um tira da pesada II* e *Dias de trovão*. Um convite dele poderia lhe abrir as portas de Hollywood, algo comparável a ganhar um grande prêmio na loteria.

– Como você recusou um papel em Hollywood? – perguntou o entrevistador, chocado.

– Isso não me seduz. Hollywood não é tudo isso que falam, é uma fantasia – respondeu Darín.

– Mas você ganharia mais dinheiro!

– E daí? Para que serve mais dinheiro do que eu já tenho? – diz o ator.

– Para viver melhor — retrucou o entrevistador.

– Melhor do que eu vivo? Eu tomo dois banhos quentes por dia. Estou indo bem no teatro, trabalhando com gente genial, as pessoas me abraçam na rua, tenho um carro potente. Minha mulher e meus filhos são incríveis. Sou um cara muito privilegiado, tenho mais do que preciso, tenho muita sorte. Sou o mais feliz que se pode ser. A ambição pode te levar a um lugar muito escuro, muito desolador – ponderou Ricardo Darín.

Esse lugar escuro e desolador costuma surgir em casa, na família. Não devemos ter a ilusão de que poderemos agir da maneira que bem entendermos na vida profissional sem que isso traga repercussões para a nossa vida pessoal, incluindo as pessoas queridas que fazem parte dela. Essas duas vidas, a profissional e a pessoal, como gêmeos siameses, compartilham órgãos e funções vitais. Se uma delas fica doente, a outra sofre as consequências imediatamente. Se uma é maltratada, a outra sente a dor.

Algumas declarações dos profissionais entrevistados pela equipe de Boris Groysberg foram reproduzidas na edição da *Harvard Business Review*. Para um dos entrevistados, ser bem-sucedido no equilíbrio entre o trabalho e sua vida pessoal é poder passar ao menos três dias da semana em casa com a família. Três dias por semana é muito ou pouco? Caso esse tempo disponível não tenha sido minuciosamente combinado com o cônjuge, isso pode deixar de ser uma conquista importante, como ele parece acreditar, e se tornar o início de um casamento infeliz, que, por sua vez, irá gerar uma família infeliz.

A pesquisa mostrou que homens e mulheres costumam ter visões diversas da qualidade do tempo que dedicam à família. Um dos entrevistados afirmou: "Os dez minutos que eu dedico aos meus filhos à noite são 1 milhão de vezes melhores do que os dez minutos que dedico a qualquer atividade no trabalho". Com ironia, os autores da pesquisa comentam que "seria difícil imaginar uma mulher se parabenizando por passar dez minutos por dia com seus filhos, mas um homem pode considerar esse comportamento exemplar".

Outro testemunho eloquente de como a overdose de trabalho interfere diretamente com a família surgiu em outra pesquisa, esta brasileira, que, ao longo de dois anos, ouviu 1.228 homens de negócios – 263 deles presidentes, vice-presidentes e diretores de grandes empresas que foram entrevistados pessoalmente, enquanto 965 altos executivos responderam a um questionário. Realizada em 2009, a pesquisa trouxe conclusões inquietantes. Desse total, 58% afirmaram que consideram que seus cônjuges estão descontentes com o ritmo excessivo de trabalho deles. Outros 54% se declararam insatisfeitos com o tempo que dedicam à vida pessoal. E, entre os executivos, um percentual ainda maior, 84%, se diz infeliz no trabalho.

Em uma entrevista concedida à *Época Negócios*,[3] a psicóloga Betania Tanure, coordenadora da pesquisa, professora da PUC-MG e antiga diretora da Fundação Dom Cabral, em Minas Gerais, afirmou ter ficado abismada com o desconforto que os executivos sentiam com o próprio trabalho. Em alguns casos, contou, as entrevistas acabaram se convertendo em sessões de desabafo que duraram horas, sendo necessário retomá-las outro dia. Para grande parte desses executivos, não parece haver uma solução simples para esse impasse entre a família e os negócios. Eles acreditam que não há como trocar de emprego, diminuir o ritmo e passar a se dedicar a uma atividade que lhes dê mais tempo para conviver com seus familiares. Se fizessem isso, dizem, ganhariam menos dinheiro e, aí, a família iria se queixar da queda no poder aquisitivo. O que pode ser mais angustiante do que sentir que não há saída?

E-mail na madrugada

A pesquisa de Betania Tanure registrou, ainda, que 76% dos entrevistados acessam o e-mail profissional fora do horário de trabalho, um discutível hábito também registrado pelo levantamento feito por Boris Groysberg, de Harvard. A recomendação de que a tecnologia disponível seja usada a nosso favor é o segundo dos cinco fatores apontados pelo professor Boris como decisivos para uma vida corporativa mais equilibrada.

Estamos vivendo uma época tão curiosa quanto única na história da comunicação humana. Nunca fomos consumidores tão ávidos de novas tecnologias de comunicação e ao mesmo tempo jamais nos queixamos tanto quanto agora das mudanças que esses novos dispositivos trouxeram para nossa vida. E-mail, Facebook, Twitter, WhatsApp, celular, Instagram e dezenas de outras mídias digitais, que vêm sendo criadas em um ritmo mensal, tornaram-se itens tão insubstituíveis em nosso dia a dia como nossos sapatos ou calças. Mas, ao contrário da maneira como nos relacionamos com nossos sapatos e calças, não sabemos ao certo quando devemos usar ou jogar para longe essas formas de comunicação. Com tantas possibilidades à mão, não é de admirar que alguns ultrapassem as fronteiras do saudável e do bom senso. Faz lembrar aquela icônica cena de Charles Chaplin no filme *Tempos modernos*, na qual seu personagem, de tanto apertar parafusos em uma linha de montagem, acaba enlouquecendo. Com duas chaves de boca na mão, sai pela fábrica perseguindo qualquer coisa que lembre um parafuso, inclusive botões nos vestidos das mulheres. Nos atuais tempos modernos, as pessoas também podem enlouquecer com a tecnologia. Ouvi relatos de líderes que enviaram e-mails para seu time às 2 horas da manhã de um feriado e, às 8 horas do dia seguinte, ligaram para seus subordinados cobrando as ações que havia solicitado. A maioria deles nem fazia ideia do que lhes estava sendo pedido. Existe algo mais chapliniano do que isso?

Um levantamento realizado em 2012 pela Pricewaterhouse-Coopers mostrou que 41% dos jovens participantes da pesquisa "Geração do Milênio no Emprego" preferem se comunicar por meio eletrônico em vez de pessoalmente ou por telefone. E 59% deles afirmam que levam em conta o fornecimento de tecnologia moderna pelo empregador quando consideram trabalhar em algum lugar. Além disso, querem cada vez mais acesso a instrumentos modernos que facilitem o trabalho. Outro estudo, também de 2012, esse encomendado pelo Google, entrevistou 3.500 empregados do

Reino Unido, da França, da Alemanha, do Japão e dos Estados Unidos e revelou que apenas 12% deles estavam satisfeitos com a tecnologia disponível no trabalho. Tudo bem, teremos que nos reconciliar com as novas tecnologias gostando ou não, uma vez que ninguém considera a possibilidade de haver uma marcha a ré na História e voltarmos a falar com as pessoas por meio de telegramas ou cartas. Mas precisamos interiorizar uma etiqueta civilizada para o uso dessa parafernália eletrônica.

"Decidir quando, onde e como estar acessível para o trabalho é um desafio cada vez maior, particularmente para os executivos que têm famílias", registra a pesquisa feita por Boris Groysberg. Não tenho dúvidas de que usar a tecnologia pode ser extremamente benéfico quando é necessário trabalhar fora das horas convencionadas para isso. Há casos em que é preciso fazer um *call* urgente em um final de semana, ou enviar um e-mail que você havia esquecido quando está na praia. Mas, se isso virar um costume, você se tornará um escravo dessa tecnologia e passará a estar disponível para o trabalho 24 horas por dia, sete dias por semana. E, acredite, pois falo por experiência própria, você se permitirá ser encontrado nos momentos mais inconvenientes.

A pesquisa de Harvard colheu depoimentos diferenciados, quase antagônicos, sobre a relação dos trabalhadores com esses meios digitais de comunicação. Alguns têm uma resposta pronta e dura para quando os filhos reclamam que o iPhone fica apitando durante o jantar: "Se não fosse o meu iPhone, eu não poderia estar aqui em casa junto com vocês", relatou um entrevistado. Outros têm uma postura radical. Quando estão em casa se obrigam a não checar mensagens e e-mails e não atendem o telefone. Por outro lado, quando voltam para o trabalho, concentram-se e não ligam para casa e evitam responder aos chamados dos filhos. O melhor, como em todas as coisas, é seguir o caminho do meio, embora, é preciso admitir, a maioria dos profissionais ainda não saiba bem por onde ele passa.

Conselheiros particulares

Se no momento atravessamos uma região ainda não mapeada como essa, precisamos com certeza de uma rede de suporte, seja profissional ou informal, de pessoas que estejam nos bastidores para nos orientar nos momentos de decisão. Esse apoio é essencial não apenas para lhe ajudar quando sua carreira já estiver em pleno voo, mas também para planejar sua decolagem e seus futuros destinos.

Essa estratégia de manter grupos de apoio foi apontada como essencial por uma considerável parte dos 3.850 executivos entrevistados pela equipe de Harvard e, em alguns momentos, como a responsável pela sobrevivência de suas carreiras. Tais redes não surgem naturalmente, têm de ser construídas e mantidas. As pessoas que você vai escalar para integrá-las não serão as mesmas no time de apoio profissional e no de apoio pessoal, mas não há pré-requisitos para a escolha dos integrantes. Eles não têm de ser especialistas em sua área de atuação, não precisam ter uma consistente formação acadêmica nem necessariamente precisam ser seus amigos ou mesmo mais velhos e experientes do que você. O essencial é que você confie no desejo legítimo que eles têm de ajudá-lo e na assertividade do conhecimento específico que eles possuem.

Por mais natural que possa soar a ideia de contar com o auxílio de outras pessoas para turbinar sua carga de sabedoria na hora de tomar decisões críticas, há muitos que resistem a se valer da ajuda alheia. Grande parte dos que chegaram ao topo das companhias costuma ter a ilusão de que podem resolver tudo sozinhos. Sentem-se como o Super-Homem ou a Mulher-Maravilha. Mas o mundo corporativo esconde um pedaço de kriptonita em cada gaveta e, debaixo de cada mesa, uma legião de seres do mal. A grande maioria das pessoas, mesmo os mais festejados CEOs, não é capaz de resolver tudo sozinho.

Já se falou muito sobre a solidão dos presidentes de empresa, principalmente nos momentos de crise. Não há lugar mais solitário no mundo do que a sala do presidente de uma organização quando há um momento de crise. Ninguém quer ficar do seu lado. Comitês de crise e salas de guerra podem ser montados, mas no final a decisão é só dele. Essa é a dura realidade, mas ela pode ser enfrentada com mais segurança quando se tem o apoio de um time hábil e confiável.

O professor de liderança e gestão para cursos executivos de Harvard, ex-CEO da Medtronic e Senior Fellow da Harvard Business School, Bill George, também autor de vários best-sellers, ministrou um curso sobre liderança autêntica em 2011, do qual eu participei. Ele também defende a necessidade de montarmos times de suporte. Podemos comparar essa equipe de apoio aos conselhos que as grandes empresas mantêm. A empresa tem seu conselho financeiro, conselho fiscal, de administração, conselho tributário... e eles funcionam. Algo similar pode e deve ser feito pelas pessoas físicas: ter quem lhes dê conselhos para suas diferentes experiências e necessidades.

Eduardo Villela, book advisor que me orientou durante todo o processo de escrita e publicação deste meu livro, com quem desenvolvi uma relação de confiança, pode integrar minha rede de apoio quando eu for considerar a possibilidade de lançar um segundo livro. O diretor financeiro da minha antiga empresa será meu conselheiro para assuntos financeiros, aquele que irá me orientar em meus investimentos. Mesmo que eu opte por escrever meu livro com a ajuda de outro profissional ou não remunere meu conselheiro financeiro pelos bons resultados dos investimentos, não estarei sendo desleal com eles. Não há dinheiro envolvido nos grupos de suporte, e seus integrantes sabem disso. Esse time existe para orientar. Os conselhos das empresas não agem, só aconselham; eles dão recomendações, e não diretrizes, e quem decide se deve ou não seguir essas sugestões é você.

Tais conselheiros também se fazem necessários dentro do ambiente de trabalho. Alguns entrevistados pela equipe do professor Boris relataram que só foram capazes de superar contratempos causados por graves problemas de saúde, sejam esses seus ou de familiares, por terem contado com o apoio compassivo de chefes ou colegas.

Como não é possível separar o que somos no trabalho da nossa existência privada, esses grupos também são essenciais para nos dar suporte na vida pessoal. A professora de ioga (por que não?) pode ser alguém habilitado para lhe dar apoio emocional e boas sugestões quando, por exemplo, você e seu cônjuge atravessarem uma crise. Dificuldades com superiores ou colegas de trabalho, que podem transformar nosso dia a dia em uma enorme provação, podem ser superadas se contarmos com o apoio desses conselheiros que, além de terem empatia por nossos problemas, estão a par do que se passa conosco quando estamos no trabalho.

Muitas pessoas relutam a tratar de assuntos da vida pessoal com terapeutas, apesar de estes serem profissionais treinados especificamente para esse serviço; no entanto, podem sempre encontrar alívio para suas dúvidas com esses grupos de suporte. Não há restrições quanto à pauta a ser tratada nesses grupos. Assuntos conjugais, conflitos existenciais, finanças familiares, problemas de saúde, mudança de empresa, de cidade ou de país, enfim, todos os desafios que podem nos amedrontar ou desanimar. Como registrou a *Harvard Business Review*: "O inesperado pode sabotar até mesmo as mais bem planejadas carreiras". Não há como fugir do imponderável, mas pelo menos desse modo podemos contar sempre com bons conselhos para nos ajudar a nos adaptarmos aos escorregões da existência.

Um convite na bagagem

A referência feita no parágrafo anterior a uma eventual mudança de cidade ou país não foi apenas um exemplo abstrato. Essa é uma questão que surge de maneira cada vez mais crítica no universo corporativo por dois motivos. Primeiro, porque a economia está cada vez mais globalizada e já não leva em conta as fronteiras físicas e políticas dos países, o que faz com que os cidadãos sejam sempre potenciais expatriados. Em segundo lugar, as relações familiares, felizmente, se transformaram de maneira irreversível. É difícil imaginar, nos dias de hoje, o homem provedor chegando em casa e comunicando à esposa e aos filhos: "Façam as malas, pois no próximo mês vamos mudar de continente". A esposa tem seu trabalho e uma carreira a seguir e os filhos não querem deixar o colégio e os amigos. Mesmo que a viagem fosse para o mesmo país, o conflito seria certo.

A tentação de aceitar um posto fora do país é grande, precisamos reconhecer. Além de entendermos que passar uma temporada imerso em uma cultura que não é a nossa seja algo intelectualmente enriquecedor, existem recompensas salariais, tais como os bônus, além de outras vantagens como moradia, carros e supermercados subvencionados, o que torna tal oportunidade extremamente atraente. E ainda mais: aqueles que aceitam o desafio de viver fora da sua cidade ou país costumam ser vistos como pessoas de mente aberta, sofisticadas, donas de habilidades diferenciadas e sempre dispostas a aceitar desafios. Ou seja, um convite internacional dá prestígio e faz brilhar o currículo.

Mesmo considerando tudo isso, estar pronto para ir a qualquer parte do mundo na semana seguinte é algo que talvez apenas os mais jovens em início de carreira, em geral ainda solteiros, são capazes de fazer com facilidade, conforme aponta a pesquisa de Harvard. Na medida em que as famílias se formam, o assunto é tratado com cautela e muita reflexão. Os resultados da pesquisa apontam que um em cada três entrevistados recusou uma colocação fora do país por não querer relocar sua família. Outros 28% também disseram não a essas ofertas "para proteger seus casamentos".

Quando os dois cônjuges trabalham, a decisão de "proteger o casamento" costuma surgir porque o que está em jogo é que uma preciosa oportunidade profissional para um pode ser um atraso de carreira para o outro. Se no final quem ganha é o jogador que está com as passagens na mão, não é incomum que o casamento termine se desfazendo ou saia seriamente danificado. Afinal, é duvidosa uma parceria feliz e harmônica quando uma das partes está feliz, empregada e com boas perspectivas e a outra amarga um atraso significativo ou estagnação em sua carreira.

Ser seletivo na escolha de mudanças de cidade ou de país é fundamental para manter a harmonia consigo próprio e com seu companheiro. Se os filhos já tiverem chegado, esse cuidado deve ser redobrado a fim de evitar problemas comportamentais e de infelicidade que possam ocorrer no futuro. A idade deles também é um fator a ser considerado antes da mudança.

Entre a maioria pesquisada naquele estudo de Harvard, há um consenso: casais com filhos de até 10 anos de idade têm uma maior mobilidade, já que crianças pequenas são mais "maleáveis". No caso de filhos adolescentes, os pais preferem fixar residência em um único local, o que transmite segurança emocional para os filhos. Afinal, eles já estão formando seus círculos de amigos e aprendendo a se deslocar pela cidade, além de já estarem acostumados com a escola em que estudam. Minha experiência pessoal valida essa informação. Entre todas as 17 mudanças de cidade que enfrentei em minha infância, a mais dolorida foi exatamente aos 10 anos, quando saímos de Jundiaí, em São Paulo, para morar em Salvador, na Bahia.

Um agravante surge no caso das mulheres expatriadas, já que alguns países são culturalmente desafiadores no trato do gênero feminino. Esse fator fez com que muitas executivas desistissem de um plano de carreira internacional, ou mesmo de viagens a trabalho para locais onde as diferenças culturais são extremas. Uma das entrevistadas afirmou que, quando trabalhava no Oriente Médio, era obrigada a ir às reuniões acompanhada de colegas homens para conseguir ser ouvida com credibilidade.

Sem parceria não funciona

Decidir se uma oferta para um posto internacional deve ou não ser aceita é apenas um dos possíveis itens na pauta de discussões de um casal. A pesquisa de Harvard mostra que o sucesso de um casamento, independentemente do arranjo que essa união tenha, está diretamente ligado ao estabelecimento de um acordo entre as partes quanto aos resultados profissionais e pessoais a serem alcançados. Isso engloba qualquer decisão capaz de repercutir na vida do outro. É como se o casal estivesse em assembleia permanente, debatendo como chegar a um ponto comum em cada nova circunstância. E as circunstâncias variam desde as de maior impacto, tais como uma transferência de cidade, a mudança para uma casa maior ou a decisão de ter um filho, às questões mais corriqueiras, como administrar o orçamento da casa, passear com o cachorro, planejar as próximas férias, decidir quando trocar o carro ou as fraldas do bebê.

Em algumas culturas, como a brasileira, os homens têm dificuldade em dividir as tarefas domésticas com as mulheres. Nos Estados Unidos e em alguns países europeus, a premissa de que as tarefas domésticas são uma exclusividade feminina talvez nem seja compreendida, caso alguém a comente. Ali, todos são responsáveis pela manutenção da casa e dividem igualmente os trabalhos domésticos necessários. Portanto, as pesquisas que tratam das diferenças de gênero nunca mostram um gráfico indicando quem deve ou não lavar os pratos, algo que no Brasil poderia ser uma informação relevante.

De todo modo, ainda que se mostrem de maneira mais sutil em alguns lugares, as diferenças entre os gêneros persistem. De acordo com a pesquisa de Harvard, os homens, enquanto executivos, parecem receber mais apoio de suas mulheres do que o contrário. As mulheres executivas manifestam seu reconhecimento pelos maridos ou parceiros que "entendem" as demandas de seu emprego e não se queixam quando as horas de trabalho se estendem além do normal. "Em outras palavras", afirma a pesquisa, "os executivos masculinos exaltam suas parceiras por fazer contribuições positivas para a carreira deles, enquanto as executivas mulheres exaltam os parceiros por não interferirem na sua".

Os dados tabulados dos respondentes de Harvard mostram diferenças um pouco mais significativas. Entre todos os entrevistados, 88% dos homens são casados, comparado com 70% das mulheres. Entre os casados, 60% dos homens têm cônjuges que não possuem um trabalho fixo em período integral fora de casa, ao passo que apenas 10% dos maridos das executivas não trabalham em período integral. Os homens têm em média 2,2 filhos, enquanto a média entre as mulheres é de 1,67.

A já citada pesquisa feita pelo LinkedIn, "What Women Want @ Work", feita com 5.300 profissionais mulheres em 13 países, indica que 74% das mulheres, a maioria acima de 35 anos, acreditam que é possível conciliar uma carreira profissional gratificante com relacionamentos e filhos. Entre as brasileiras ouvidas, 68% não têm intenção de desacelerar suas carreiras após terem filhos, um percentual maior do que os 43% da média geral de mulheres focadas em sua carreira, que afirmam planejar diminuir seu ritmo corporativo quando tiverem filhos. É também animador saber que 77% das mulheres em todo o mundo estão fortemente otimistas e confiantes sobre as oportunidades futuras que se abrem para elas.

O "impossível" é possível

Confesso que, entre as conclusões da pesquisa comandada por Boris Groysberg, uma me deixou especialmente chocado e cético. De acordo com os dados levantados pelos 600 entrevistadores – alunos do segundo ano da Harvard Business School –, todos os 3.850 executivos e líderes entrevistados, de certo modo, concordavam que ter uma boa vida em família, ter hobbies e ter uma carreira de sucesso ao mesmo tempo era algo "impossível".

Como eu disse no começo do capítulo, embora tal integração não seja algo simples de ser conquistado, atingi-la é uma questão de saber dosar o montante de energia que se investe em um campo ou outro. E isso é possível. Se eu pensasse o contrário, não teria lançado este livro. Só o escrevi porque acredito que é possível ter uma vida profissional de sucesso juntamente com uma vida familiar saudável e gratificante. Esses executivos afirmam que tal vida balanceada não lhes permitiria competir e ter sucesso em um mercado de trabalho global; o presente livro demonstra a minha crença de que tal equação tem uma solução.

Acreditar nisso não é uma visão ingênua de que no final seremos todos felizes. Em minha intensa e estressante vida de executivo, testemunhei a dificuldade que a maioria desses profissionais tem em saber exatamente qual é o sucesso que almejam. Pouquíssimos são capazes de definir a altura da montanha de dinheiro que pretendem acumular ou imaginar a extensão do reconhecimento que esperam receber. Nessa incapacidade de julgamento, acredito, está a variável que explica o desconforto e a infelicidade que sentem e, sobretudo, a falta de confiança no fato de que é possível mudar o rumo da vida sem prejudicar ao mesmo tempo seus sonhos profissionais e a conquista do amor, do respeito e da felicidade que todos nós, humanos, almejamos.

Parte significativa dessa certeza eu adquiri com o programa Authentic Leadership Development, que, como já mencionei, cursei em Harvard em 2011. Ele foi ministrado pelo professor Bill George. O curso dá ênfase à formação do líder autêntico, tema que desenvolvo em maior profundidade no capítulo 6. O líder autêntico é alguém que tem uma forte noção ética, cuja motivação ao liderar pessoas em uma organização se apoia no propósito de trazer benefícios e relevância para a comunidade. O que o move não são ganhos individuais ou a conquista de uma boa reputação, mas o desejo de ser relevante.

Nesse modelo, preconizado pelo professor Bill George, seus valores e princípios devem estar bem definidos e claros para você mesmo. Além disso, como também constatou a pesquisa de Harvard, é necessário ter um time de suporte para todas as áreas da sua vida. Manter uma mente aberta para sugestões e ter sensibilidade para as mudanças de rumo necessárias são também características desse líder. Bill George usa a existência de uma bússola interna como analogia para a necessidade de sermos fiéis aos nossos princípios: o Norte – daí o conceito de "True North" (Norte verdadeiro, legítimo) – para o qual ela aponta é o nosso caráter, os valores que temos. Não tirar os olhos dessa bússola nos permite manter o caminho que escolhemos e, assim, ser autênticos, coerentes e confiáveis ao longo da nossa jornada profissional.

Em seu curso, Bill George também discorreu sobre a importância de integrar a vida pessoal e a profissional. Esse é o grande segredo para garantir o sucesso de todos que trabalham. Em seu livro *Confie em Você – Sua história de vida define sua liderança*, Bill George fala sobre John Donahoe, que decidiu dividir-se entre um cargo que exigia muito tempo e energia e seu casamento com Eileen Donahoe, uma juíza federal com um importante cargo no governo do então presidente Barack Obama.

Como sua esposa tinha um horário fixo de trabalho, John Donahoe – que durante 17 anos foi CEO do eBay, um dos maiores sites de e-commerce do mundo – levava os filhos diariamente à escola. Mesmo tendo recursos para contratar um motorista particular, fazia questão de manter o vínculo familiar. Por força desse compromisso diário, nunca chegava ao trabalho antes das 10 horas da manhã. Donahoe ficou surpreso ao constatar que os clientes não se incomodavam com esse "atraso" e, pelo contrário, valorizavam sua decisão em dar atenção aos filhos.

É por ter me convencido que essa integração é possível que não estou de acordo com a conclusão dos executivos entrevistados pelo professor Boris Groysberg de que não dá para ter sucesso nos negócios e usufruir de uma vida pessoal de qualidade e recompensadora.

Da minha parte, sempre fui extremamente ligado à família e àqueles que me são próximos. Tenho dificuldade em entender como alguém pode não ter uma vida integrada e aspirar a ser um verdadeiro líder. Na minha opinião, isso não existe. Se ele não consegue liderar nem a própria vida pessoal, até quando será um sucesso para a empresa?

Pessoas sozinhas

Não acredito que alguém possa viver inteiramente sozinho. Mesmo quem está solteiro e solto pelo mundo está à procura de alguém, de amigos e relações em que haja intimidade, confidências, cumplicidade. Tudo isso faz parte da natureza humana. Na medida em que nossas decisões, quando temos cargos de mando, têm o poder de impactar a vida de outras pessoas, relacionar-se com elas e ter expectativas em relação ao próximo são ações que nos permitem desenvolver apreço pelos demais e, assim, pesar as consequências de nossas ações. Eu não confiaria um negócio meu a alguém que fosse completamente sozinho. Nessa possível parceria, acredito que faltariam os componentes insubstituíveis do respeito e da confiança que devem permear todas as nossas relações.

Ouço dizer que para as empresas não faz diferença se alguém leva uma vida equilibrada ou se tem princípios éticos. O que as corporações querem é alguém que traga bons resultados, dinheiro. A isso, respondo que as empresas podem até ter gostado de gente assim no passado, mas não gostam mais. Os últimos anos foram ricos em exemplos de que essa visão foi fortemente abalada. Basta lembrar os escândalos que foram revelados no Brasil, com o pagamento de propinas de empresas a certos setores do governo para conquistar obras públicas, e examinar os resultados obtidos por parte dessas empresas envolvidas, algumas delas gigantes da área de energia e construção. Os danos provocados à contabilidade e à imagem dessas empresas certamente demandarão anos para serem sanados – se é que essas organizações voltarão a ser um dia o que eram no passado.

Embora tenha ocorrido no ano 2000, o escândalo da Enron Corporation, uma companhia americana de distribuição de energia e comunicação, ainda será lembrado por muitas décadas como um dos mais funestos exemplos das consequências de uma gestão desonesta e tóxica. A empresa falsificava seus balanços para esconder pesadas dívidas, iludindo os investidores que compravam suas ações pensando tratar-se de uma empresa saudável. Nos Estados Unidos, o investimento em ações é a espinha dorsal dos planos de previdência privada. Mesmo pessoas de recursos modestos investem na Bolsa e garantem assim uma renda pessoal significativa. O escândalo, além de provocar a falência da empresa, que chegou a faturar US$ 101 bilhões por ano, arrastou a Arthur Andersen, uma empresa multinacional de auditoria que validava seus balanços falsificados.

Tais desastres financeiros aconteceram por conta de uma gestão tóxica. Não havia à frente dessas empresas lideranças autênticas, que tivessem um compromisso ético e o propósito de serem significativas e trazerem benefícios para as pessoas. Por trás de maus executivos, como os da Enron, sempre costuma ter alguém que passa por uma grande falta de integração entre as diversas instâncias de suas vidas.

Clayton Christensen é professor na Harvard Business School e autor de vários best-sellers sobre inovação empresarial e gestão. Em um deles, *Como avaliar sua vida?*, ele divide suas reflexões em três linhas:

1. encontrar a felicidade na carreira profissional;
2. encontrar a felicidade nos relacionamentos;
3. ficar fora da prisão.

Não são muitos os livros que recomendam que os executivos evitem serem presos. Nos dois primeiros itens, o professor discorre sobre a importância de se buscar um propósito na vida profissional que vá além de simplesmente adquirir poder e dinheiro. Também enfatiza a importância de manter os relacionamentos pessoais e familiares como uma prioridade, tese que desenvolvo em detalhes nesta obra.

Já em relação ao terceiro ponto, sobre como não ser preso, Clayton Christensen ensina que, na maior parte das vezes, os executivos ou empresários que tomaram decisões fora da legalidade e acabaram vivenciando consequências catastróficas, como nesse caso da Enron, eram pessoas consideradas íntegras e sérias, e não desonestos contumazes. O que está na gênese de tais fatos, ele diz, é que a pessoa toma a decisão de fazer algo ilegal "só daquela vez", considerando que o risco ou o custo daquele ato desonesto será insignificante.

De acordo com Christensen, as pessoas sabem que estão fazendo algo incorreto, mas acabam enganando a si mesmas, argumentando que naquele momento estão diante de uma situação particular que é atenuante. "Vai ser só desta vez", dizem. Mas isso é uma ilusão, conforme explica: "Isso suga você, e você não vê para onde aquele caminho o está conduzindo ou o custo que aquela escolha acarretará". Essas pessoas quase sempre começaram suas carreiras com uma paixão verdadeira por aquilo que estavam fazendo, mas então surge aquele "só desta vez" que acaba por destroçar sua vida profissional.

Os cinco potes

Durante os exercícios mentais que fizemos com o professor Bill George, comecei a perceber quais eram meus valores e as motivações que me mobilizavam no trabalho e na instância pessoal. E, como consequência, como poderia me valer deles para ter uma vida integrada. Em seu livro, o professor exemplifica a maneira de atingirmos esse balanço com a imagem de cinco potes:

1. os valores e princípios;
2. as motivações;
3. a equipe de apoio;
4. a vida integrada;
5. o autoconhecimento.

O que se deve fazer, ensina Bill George, é procurar equilibrar todos esses potes, preenchendo-os de maneira equânime. Nenhum deles deve estar mais cheio do que os outros, do contrário o conjunto ficaria desequilibrado e rolaria por terra. O pote que estiver mais cheio ou mais vazio é que estaria causando o desequilíbrio, quebrando a harmonia da sua vida.

No meu caso, percebi que, naquele momento, tudo em minha vida estava desalinhado com meus valores. Naquela época, minha motivação era ser o maior executivo do Brasil e ter minha foto na capa de uma revista de repercussão nacional. Isso me fazia deixar de lado meus princípios, embaralhar minhas motivações e não desenvolver meu autoconhecimento. Equipe de apoio? Nem pensar, quem me daria apoio para um projeto como esse? Quando fiz o curso, descobri que eu não estava sendo autêntico comigo mesmo, que estava trabalhando muito e era infeliz fazendo o que eu fazia. Não conseguia ver um propósito naquilo que eu estava executando à custa de tanta energia. E, assim, não estava enxergando meu verdadeiro Norte.

Minha desconexão com os valores em que eu realmente acreditava e minha dificuldade em me desvincular de um trabalho que quase já não me dava mais prazer prevaleceram ainda por um tempo. Mesmo tendo experimentado insights importantes nos cursos que fiz em Harvard, em especial o do True North, acabei me rendendo à rotina e à falta de coragem. Nesse estado de literal desnorteamento, elos importantes começam a ser quebrados, o que se torna um convite a graves problemas de saúde, entre outras ameaças. Foi o que aconteceu comigo. Dois anos depois do curso, em 2013, sofri a minha angina.

Como já dito no capítulo anterior, meu pré-infarto me mostrou de maneira clara que eu não fazia ideia de como balancear a vida pessoal e a profissional. Sentir tão perto do meu ouvido o deslocamento de ar produzido pela foice inescapável daquela senhora de preto me deu motivação suficiente para passar a estudar maneiras de ajudar pessoas que, assim como eu, estavam com a vida desequilibrada. Logo surgiram oportunidades de falar mais profundamente sobre temas que me eram trazidos por conhecidos e, depois, por pessoas recomendadas por esses conhecidos.

Não exagero quando digo que foi a partir desse momento que passei a sentir que essa nova escolha fazia sentido e que, finalmente, eu começava a enxergar um propósito em minha trajetória profissional, pelo qual valia a pena dedicar minhas energias e habilidades.

A importância do Life Balance parecia cada vez mais clara para mim. E é sobre ele que falaremos, de maneira mais aprofundada, no próximo capítulo. Nele também traremos testemunhos de executivos e executivas que superaram momentos de desequilíbrio, algumas vezes doloridos, e retomaram a vida com muito mais alegria e produtividade.

Teste – Roda da Vida

O teste "Roda da Vida" nos permite fazer um raio-X das grandes áreas de nossa vida. Com ele, você saberá como estão seus níveis de satisfação nas várias dimensões de sua vida. Após tê-lo realizado, você terá plena consciência dos pontos em que precisa melhorar.

Para realizar o teste, siga o roteiro abaixo:

1. Escolha os oito itens mais relevantes para você da lista "as diferentes áreas da vida" (apresentada abaixo).
2. Dentro do modelo de roda apresentado ao lado, organize-os em sentido horário e crescente.
3. Adote o centro do círculo como 0% e as extremidades como 100% em termos do quanto você está satisfeito com cada um deles.
4. Utilize cores diferentes para cada gomo do círculo; isso lhe dará uma melhor visualização do gap a ser trabalhado.

As diferentes áreas da vida

1. Boa forma/saúde
2. Carreira

3. Riqueza/dinheiro
4. Crescimento pessoal/espiritual
5. Diversão/recreação
6. Amor/amigos/família
7. Ambiente físico/lar
8. Criatividade/autoexpressão
9. Estilo de vida/posses

Teste – Roda da Vida

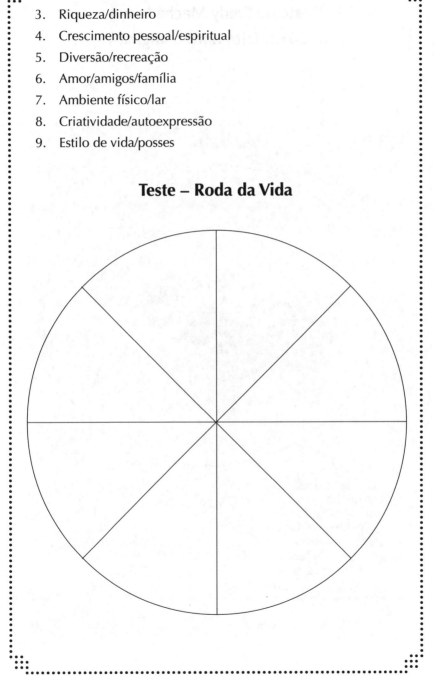

Teste de Fredy Machado em 2013, feito após a angina

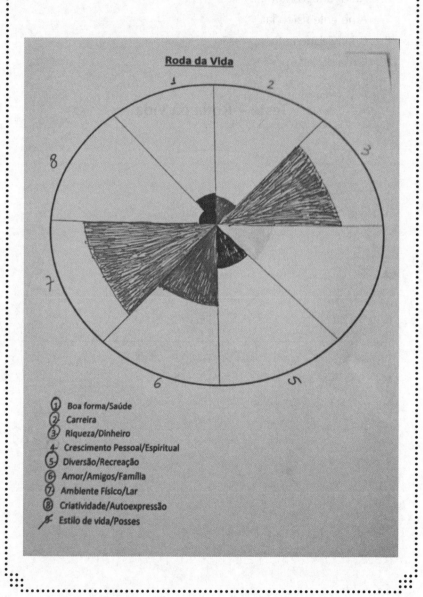

Roda da Vida

① Boa forma/Saúde
② Carreira
③ Riqueza/Dinheiro
④ Crescimento Pessoal/Espiritual
⑤ Diversão/Recreação
⑥ Amor/Amigos/Família
⑦ Ambiente Físico/Lar
⑧ Criatividade/Autoexpressão
⑨ Estilo de vida/Posses

3
O caminho para sair do formigueiro

Entre todas as fábulas de Esopo, o contador de histórias que viveu na Grécia Antiga há 2.600 anos, *A cigarra e a formiga* talvez seja a mais conhecida. Em sua versão clássica, a história se passa em um país que tem estações bem demarcadas e um inverno bastante rigoroso. Tudo começa no verão, quando a cigarra passa os dias cantando alegre e despreocupadamente, enquanto as formigas passam apressadas ao seu lado, trabalhando duro para guardar provisões para a época em que o frio intenso e a neve, que em pouco tempo vão chegar, destruirão qualquer possibilidade de se encontrar alimento.

Começa, então, o inverno, e a cigarra, que não tinha nenhuma reserva de alimento, bate à porta do formigueiro pedindo abrigo e comida. Esopo criou um desfecho cruel para a história. Quando abre a porta, a formiga pergunta de maneira sarcástica à cigarra:

– Mas o que você fez durante todo o verão, enquanto nós estávamos trabalhando?

Tremendo de frio, a cigarra responde:

– Eu estava cantando.

E a formiga:

– Ah, estava cantando? Pois agora dance.

E bate a porta deixando a cigarra cantora morrer congelada.

Certamente você já ouviu essa história. Talvez com uma conclusão mais adocicada, na qual as formigas aceitam dar abrigo à cigarra em agradecimento à música que ela produzia, deixando menos árdua a rotina de trabalho no formigueiro, a qual não contava com feriados nem finais de semana. Mas o fato menos conhecido é que essa fábula vem provocando polêmica há muitos séculos.

Isso acontece porque o ensinamento moral mais evidente da história é aquele que aponta como grande virtude o trabalho duro e o planejamento do futuro. E, do lado reverso, mostra como os imprevidentes e os que se divertem de maneira insensata, como fez a cigarra durante o verão, sempre acabam se dando mal. No entanto, desde quando essa fábula passou a ser amplamente difundida, surgiram críticas à postura adotada pela formiga, que foi taxada de malvada e egoísta por muitos autores. Mais tarde, o ensinamento moral dado por Esopo seria colocado sob a suspeita de propagar a ideia de que o trabalho de artistas – e a indústria do entretenimento – seria uma atividade menor, e até mesmo dispensável, para a sobrevivência da sociedade.

Acredito que essa história, retratada nas mais variadas versões, em verso e prosa, representada em quadros, esculturas, óperas, sátiras políticas, músicas e filmes, ainda tem fôlego para continuar a ser contada por mais 2.600 anos. Polêmica é o que não vai faltar. E talvez a próxima surja exatamente como consequência do assunto que tratamos neste livro: a integração entre a vida pessoal e a profissional.

Ser menos formiga e mais cigarra

Se aqui alertamos para todos os riscos que ser formiga em excesso – ou seja, trabalhar exageradamente – traz para a saúde física e mental, afetando a felicidade individual (talvez por isso a formiga estivesse tão mal-humorada quando a cigarra bateu na sua porta), também não podemos esquecer, figurativamente falando, que há invernos, tempestades e trovoadas pela frente. Ou seja, ser 100% cigarra e levar a vida só cantando debaixo da sombra das árvores não é um comportamento sustentável a longo prazo. Mas estou convencido de que, entre os dois personagens, a formiga é quem deveria observar com mais atenção o comportamento da cigarra, não o contrário.

É sempre bom repetir: neste mundo, poucos podem passar sem trabalhar. Não estou propondo a ninguém, portanto, que simplesmente deixe seu trabalho. Além disso, a vida profissional pode ser fonte não apenas de dinheiro, mas também de alegrias e realizações relevantes. O que é necessário, portanto, é que haja uma integração entre a vida no trabalho e a pessoal. E isso tem de ser feito agora, nada de esperar a aposentadoria chegar. Quem poderia ser feliz enfurnado o dia inteiro em um formigueiro, carregando folhas para lá e para cá, sem saber exatamente o sentido daquilo? Esse é um estilo de vida que provavelmente trará inúmeras frustrações – e, quem sabe, algumas doenças.

Nem sempre é fácil perceber – ou admitir – que há um desequilíbrio ou uma falta de integração entre os diversos aspectos da nossa vida. A aparente prioridade do trabalho sobre todas as demais instâncias da vida é um conceito que está muito arraigado em nós, principalmente se já passamos dos 25 anos de idade. Esse pensamento faz uma distinção radical entre ser formiga ou ser cigarra, e acredita que quem está certa é a formiga. Ou você é uma formiga previdente e sensata, que faz do trabalho sua principal atividade de vida e espera chegar à aposentadoria para fazer o que realmente gosta, ou você é uma cigarra, que leva a vida numa boa, sem se preocupar com nada, e que vai acabar morrendo de frio e de fome no final.

Entre uma coisa e outra, claro, há o caminho do meio, no qual as vidas profissional e pessoal podem conviver sem atritos. Em geral, usa-se a expressão "equilíbrio" entre a vida no trabalho e fora dele. Trata-se da tradução direta da expressão em inglês Work-Life Balance. Mas acredito que o termo ainda mais certeiro seja "integração", na medida em que integrar significa incorporar elementos em um conjunto, formando um todo harmonioso. Talvez, ao usarmos "equilíbrio", possamos criar o entendimento de que devemos dividir de maneira igual o tempo que dedicamos ao trabalho e às nossas questões pessoais, como se as duas coisas fossem completamente separadas, estanques. Em geral é dessa maneira que muitas organizações enxergam a vida pessoal e a profissional, como duas variáveis que competem entre si em uma equação cujo resultado final tem de ser zero. Ou seja, um ganho em uma dessas áreas – por exemplo, a pessoal – significa uma perda na profissional e vice-versa.

Esta última interpretação foi apresentada pelos pesquisadores Stewart D. Friedman, Perry Christensen e Jessica Degroot em um trabalho publicado em 1998 na edição de novembro/dezembro da *Harvard Business Review*. O artigo, intitulado "The End of the Zero-Sum Game" [O fim do jogo de soma-zero], descreve uma tendência das empresas quando tratam dos possíveis conflitos que podem surgir entre a vida privada e a profissional de seus funcionários. De acordo com os autores, nas empresas mais tradicionais, os líderes tentam decidir de que maneira a vida pessoal e a profissional dos empregados devem se integrar e encaram qualquer proposta de balancear essas duas áreas como se fosse mais um daqueles programas internos do RH que, no final, não devem ser levados tão a sério. Em outras palavras, eles não enxergam a real profundidade dessa nova visão de vidas integradas e não percebem que ela é capaz de mudar toda a perspectiva da empresa e da sociedade.

Por outro lado, de acordo com a mesma pesquisa, já há uma nova geração de líderes que propõe outra abordagem, na qual funcionários e gestores colaboram mutuamente para alinhar objetivos pessoais e de trabalho de modo que tanto as empresas quanto seus colaboradores sejam beneficiados. Tais líderes entendem que a vida pessoal não compete com a profissional, mas, sim, que deve existir uma complementariedade entre as duas. Essa postura muda a perspectiva para ganha-ganha e, conforme comprovaram os três pesquisadores, já foi capaz de trazer um retorno favorável para ambas as partes.

O artigo vai além e aponta três princípios comuns que esses novos líderes costumam adotar:

1. **Diálogo aberto:** A liderança deixa claro a todos os empregados quais são as prioridades de negócios da empresa e também os incentiva a expressar de maneira transparente suas principais preocupações e interesses pessoais. Com isso, procura identificar em que ponto o trabalho e as prioridades de vida dos empregados se encontram. O objetivo principal, nesse caso, é criar um diálogo aberto e honesto entre as duas partes e chegar a um consenso que permita criar uma forma de trabalho que contemple tanto os objetivos profissionais quanto pessoais.

2. **Pessoas inteiras:** Esses líderes reconhecem os empregados como "pessoas inteiras", ou seja, com papéis, responsabilidades e prioridades dentro e fora do ambiente de trabalho. Também entendem que as habilidades e o conhecimento desses funcionários são úteis tanto para suas funções profissionais quanto para deveres pessoais.

3. **Análise constante:** Uma checagem sistemática de como o trabalho está sendo realizado e o incentivo constante aos empregados para trazerem sugestões de melhoria também são atitudes que se destacam entre esses líderes. Essas melhorias são direcionadas para dar maiores possibilidades de atender aos objetivos pessoais dos empregados.

Mas se com essa abordagem os empregados trabalham de maneira mais eficiente; se as soluções inovadoras surgem em maior quantidade – e com melhor qualidade – do que nas empresas convencionais; se a lucratividade e a produtividade aumentam; e se todos ficam mais felizes, por que os três princípios que acabamos de detalhar não são adotados de maneira ampla no mercado de trabalho?

Temor e desconhecimento

De acordo com o artigo publicado na *Harvard Business Review*, há várias razões para que os líderes não adotem essa postura. Talvez uma das principais seja a visão tradicional a que muitos líderes ainda estão presos: de que a produtividade está subordinada diretamente à quantidade de tempo que as pessoas passam em seus postos de trabalho e não à quantidade de energia que os colaboradores colocam na execução de suas tarefas. Outros não acreditam que conhecimentos e habilidades adquiridos fora do ambiente de trabalho possam trazer qualquer benefício para o trabalho formal. E há ainda aqueles que têm medo de que, ao concordarem, por exemplo, com uma jornada de trabalho mais flexível para algum empregado, isso possa despertar queixas ou ciúmes de outros funcionários que também alegariam ter direito ao mesmo tratamento. No entanto, os autores do artigo acreditam que tais temores e o desconhecimento das vantagens de se promover uma vida mais integrada nas organizações tendem a cessar, na medida em que essas práticas passam a demonstrar as vantagens que proporcionam.

Estou convencido de que esses benefícios já podem ser percebidos e, por isso, já estamos dando os primeiros passos nesse longo processo de transição. De um lado há um número crescente de executivos de sucesso que estão diminuindo seu ritmo de trabalho – ou mesmo abandonando seu antigo estilo de vida – para passar mais tempo com a família e dedicar-se a projetos pessoais que consideram significativos para a comunidade. Mas, infelizmente, do outro lado ainda há um número grande de líderes que sofrem com o burnout, por conta do excesso de trabalho e das rigorosas cobranças por resultados.

A psicóloga americana Christina Maslach, da Universidade de Berkley, na Califórnia, é pioneira em pesquisas e estudos sobre burnout. Ela define essa síndrome como um quadro de exaustão emocional, que faz com que as pessoas passem a se comportar de maneira diferente do usual, em geral marcada por grande negatividade.

Quem passa por uma crise de burnout, de acordo com Christina Maslach, costuma apresentar algumas características comuns, conforme se segue:

- fadiga crônica;
- raiva em relação àqueles que geram suas demandas;
- elevado grau de autocrítica quando atendem a essas demandas;
- cinismo, negatividade e alto nível de irritabilidade;
- sensação de estar sitiado, preso em um lugar sem saída;
- um poço de emoções represadas pronto para explodir.

Quando chegam a esse ponto de sofrimento, essas pessoas tentam escapar das suas responsabilidades no trabalho de várias maneiras, e todas com um potencial de produzir ainda mais negatividade. É comum o abuso de drogas, o alcoolismo e a ausência por dias seguidos no trabalho alegando problemas psicológicos. A síndrome do pânico também é recorrente. Há casos em que o funcionário desenvolve até mesmo uma atitude de dupla personalidade, tornando-se frio e reativo com uns e mais sociável com outros.

A experiência mostra que existe uma sucessão recorrente de eventos na vida dos executivos e dos gerentes cujas trajetórias pessoal e profissional não estão integradas que pode desembocar em um quadro negativo. Os fatos se dão mais ou menos assim: já no início da carreira, um número relevante deles fica à beira do burnout. Se continuam trabalhando excessivamente, ao entrar na fase mais madura, por volta dos 40 anos, começam a se sentir realmente desconfortáveis e infelizes com a vida que estão levando. E é justamente nessa fase que os casamentos terminam e o relacionamento com os filhos se deteriora. Na convivência com outras pessoas, não é raro que esses líderes passem a assumir uma postura rígida e fria. Caso esse profissional não consiga mudar o rumo que sua vida está tomando, sua personalidade pode se transformar por completo, adquirindo comportamentos hostis e antissociais.

Trabalho e vida pessoal em desarmonia: alguns sinais claros da falta de integração vital

Os resultados abaixo, revelados pelo estudo "Work-Life Balance, Brasil e Brasileiros", conduzido pela minha empresa de consultoria com 344 executivos, empresários, empreendedores e profissionais liberais, devem ser analisados com cuidado por você, leitor(a).

- "Eu levo trabalho para casa com frequência": 25,58% dos respondentes, ou seja, 88 pessoas, responderam "verdadeiro" a essa afirmação. Já 30%, 105 pessoas, disseram que às vezes ou ocasionalmente levam trabalho para casa.
- "Eu me culpo por não me sentir capaz de fazer tudo o que tenho para fazer no trabalho e em casa": 30% dos respondentes, 105 pessoas, admitiram ser verdadeira essa afirmação para eles.
- "Eu me preocupo que minha vida pessoal e minhas responsabilidades com a casa e a família estejam sendo negligenciados": mais de 39% dos pesquisados, 135 pessoas, concordaram com tal afirmação.
- "Eu me sinto culpado quando saio de férias e, por isso, não me desconecto 100% do meu trabalho": quase 25%, 85 pessoas, reconheceram a afirmação como verdadeira.

Agora, pare um instante, analise as afirmações no contexto de sua vida e responda se elas são verdadeiras ou falsas para você.

Caso considere pelo menos uma dessas afirmações como "verdadeira", você já terá um sinal claro de que suas vidas pessoal e profissional estão desbalanceadas. Diante disso, é chegada a hora de refletir e tomar alguma atitude, pois, do contrário, sua saúde física e psicológica, bem como a qualidade de seus relacionamentos em casa e na empresa, tendem a se deteriorar com o passar do tempo. Nesse caso, recorrer a um processo de coaching ou mentoria pode ser de grande valia.

Alguém poderia argumentar: OK, o burnout é algo terrível, não há como negar, mas nós trabalhamos melhor quando estamos submetidos a alguma tensão e pressão, não é verdade? Este é um ponto polêmico. Em uma conversa com o médico Victor Sorrentino, especialista em cirurgia plástica e nutrologia, tratamos exatamente desse assunto. De acordo com o dr. Victor, autor do livro *Segredos para uma vida longa*, costuma-se falar de um tipo de estresse bom, que tem até nome, "eustresse", o qual nos estimularia a trabalhar e a empreender, dando um necessário senso de urgência às tarefas nas quais devemos nos engajar.

Mas o médico tem reservas quanto às boas qualidades do "eustresse". "Ele não é tão bom assim. O estresse é como se estivéssemos utilizando demais a máquina que é seu corpo e sua mente", ele diz. "Se alguém passa o dia inteiro trabalhando no que ama – e muita gente ama verdadeiramente trabalhar – ou correndo uma maratona, o corpo vai cansar. Nós não fomos feitos para essa batalha intensa, de estar o tempo todo em atividade."

A linha que separa esse "bom estresse" do burnout é muito tênue, na opinião desse especialista. De novo, boa parte dos executivos trabalha em um ritmo superintenso por "amar tudo isso", mas independentemente disso o organismo deles entrará em um modo de sobrevivência, conforme explica Sorrentino. É como se esse organismo se tornasse seletivo: se o executivo exige que ele se envolva no trabalho, ele se envolve; mas se o proprietário desse corpo decide que agora é hora de fazer uma atividade física, ou algo prazeroso, o organismo empaca e diz: "Esse tipo de estresse eu não quero, não".

Um bate e volta até a Holanda

Felizmente, acho que consegui pisar no freio antes que toda essa sequência de atitudes negativas comprometesse mais seriamente minhas atitudes e relações. No meu caso, a exemplo de muitos outros executivos, a síndrome de burnout se expressou por meio de uma angina, que poderia ter sido fatal. Hoje, olhando para trás, vejo claramente que todos os requisitos para que isso acontecesse já estavam colocados sobre a mesa.

Quando penso sobre a vida que levava antes do burnout, nunca deixo de me surpreender com o fato de que muitas das atitudes que eu tomava como sendo normais eram, na realidade, completamente incompatíveis com uma vida física e emocionalmente saudável. Na época, havíamos criado uma joint venture com uma empresa holandesa para trazer inovação e tecnologia para o mercado brasileiro. Como eu era o responsável pela negociação, participava das reuniões de conselho com certa periodicidade. Essas reuniões aconteciam ora no Brasil ora na Holanda. Por diversas vezes, repeti o trajeto e a viagem que narro a seguir: saía de Salvador às 23 horas e chegava às 13 horas na cidade no interior da Holanda onde aconteceria a reunião com a empresa. Participava da reunião até as 17 horas, aproximadamente. Voltava para Amsterdã, dormia no hotel do aeroporto e, no dia seguinte, às 5 da manhã, tomava o avião de volta para o Brasil.

Nessas viagens, eu passava mais tempo em aviões do que em solo. Chegando de volta a Salvador, na manhã seguinte eu já estava no escritório trabalhando. Se precisasse fazer essa mesma viagem hoje, após o meu burnout, o roteiro seria completamente diferente. Mas o que eu fiz não é um comportamento exclusivo meu, é algo que ocorre na vida de vários outros executivos pelo mundo. Muitos passam dezenas de dias dormindo dentro de seus jatos particulares. Muitas das vezes precisam tomar suplementos e medicamentos para suportar o ar pressurizado e o jet lag – o cansaço, a desorientação e as dores de cabeça provocados pela mudança rápida de fusos horários. Nem mesmo o super-homem suportaria um ritmo de vida assim.

Apesar de se falar muito sobre os efeitos do jet lag, ele não é o maior problema que, cedo ou tarde, esses executivos acabam tendo de enfrentar. O número de condições adversas vem aumentando na medida em que o mundo empresarial está girando a uma velocidade cada vez maior. A frequência com que empresas fundem operações, desenvolvem novos produtos e serviços e ampliam sua atuação para novas regiões do planeta é crescente. E isso coloca seus executivos e gerentes sob uma grande pressão para que adquiram novos conhecimentos e desbravem mercados ainda desconhecidos. A síndrome do expatriado, o empregado que tem de deixar seu país e sua cultura, também é bastante conhecida e cresce junto com a globalização da economia.

Todo esse quadro de exigências objetivas e subjetivas favorece o desenvolvimento de doenças que são comuns nas organizações modernas e colocam sérios desafios diante delas. No longo prazo, esse quadro negativo pode determinar a falência de muitas corporações como consequência do desinteresse das novas gerações em fazer parte de estatísticas tão desfavoráveis. E quem pode dizer que os jovens estão errados em querer distância desse estilo de vida?

Ao longo de minhas pesquisas e observações, pude perceber que existe uma grande variedade de doenças que são provocadas pelo estresse do mundo corporativo. A seguir, aponto algumas delas e os efeitos que provocam na vida pessoal e na profissional:

- **Alcoolismo e tabagismo:** Todo mundo sabe dos efeitos negativos produzidos pelo uso abusivo de bebidas alcoólicas. Menos conhecido é o fato de que o vício em álcool pode ser consequência da liturgia que cerca alguns cargos, principalmente os de maior poder e visibilidade, nas organizações. São aqueles postos de trabalho em que a presença dos executivos é bastante solicitada em eventos corporativos nos quais bebidas alcoólicas são quase que mandatórias; e, às vezes, um cigarro e um charuto também se fazem presentes. Beber, fumar e participar desses encontros torna-se quase um rito de passagem para executivos e integrantes da média gerência serem aceitos nos grupos em que circulam os diretores e CEOs, que são de fato os que dão as cartas nas organizações. Como reuniões dessa natureza são frequentes, esses hábitos acabam ultrapassando os encontros protocolares. Quando você menos espera, já está louco para chegar o momento do happy hour e tomar uma bebida e relaxar. Daí, está a um passo de perder o controle sobre você mesmo.

- **Drogas:** O abuso de drogas pesadas também se tornou uma prática comum em empresas de grande pressão e demandas emergenciais. Muitas vezes, a coragem para tomar uma decisão capaz de trazer riscos para a empresa ou para a própria carreira é adquirida com a ajuda desse artifício. Há drogas que estimulam artificialmente a sensação de poder e de energia. Tais substâncias, entretanto, cobram um alto preço do funcionamento mental e físico. Em casos extremos, podem até mesmo provocar a morte por overdose.

- **Ansiedade:** Uma doença silenciosa que vem assolando homens e mulheres em escritórios e fábricas, a ansiedade talvez seja a mais típica resposta sintomática a uma vida profissional carregada de pressões. Trata-se da frequente e angustiada antecipação dos fatos que irão acontecer, seja essa previsão baseada em uma análise coerente ou em pura fantasia. Ela costuma se manifestar em noites mal dormidas e em um estado mental atormentado que faz com que homens e mulheres abusem dos ansiolíticos – medicamentos tranquilizantes – para conseguirem sentir algum alívio diante das aflições que os acometem.

- **Obesidade:** O que a obesidade e o excesso de peso têm a ver com o mundo corporativo? Tudo! Muitos gerentes e executivos encontram na comida uma forma de fuga para suas decepções e dificuldades em enfrentar desafios no trabalho e na vida pessoal. Além disso, o excesso de tarefas e a pesada carga de trabalho competem com a hora das refeições. Como resultado, esses executivos costumam se alimentar pessimamente. É comum que essas pessoas troquem até mesmo a água que deveriam tomar regularmente por refrigerantes, chás e cafés, geralmente ricos em sódio e açúcar. A obesidade, então, é uma consequência que traz consigo graves problemas de saúde, como diabetes, pressão alta, cardiopatias, dificuldades de locomoção e problemas respiratórios.

- **Síndrome do pânico e depressão:** Esses dois quadros estão sendo cada vez mais relacionados a uma vida pessoal e profissional de má qualidade. A síndrome do pânico é um transtorno de ansiedade que provoca um temor persistente e recorrente da morte e costuma ser acompanhado por sintomas físicos, como taquicardia. Já a depressão é um distúrbio mental no qual estão presentes quadros de profunda tristeza ou desgosto. A depressão é algo distinto de tristezas e melancolias justificáveis. Para ser classificado como um distúrbio depressivo, é preciso que esse quadro de baixa autoestima, desinteresse por atividades antes consideradas prazerosas, pouca energia e sofrimento sem uma causa definida persista por pelo menos duas semanas.

Disfunções como estas que acabamos de listar – ligadas a dificuldades provocadas pelo descompasso entre o que o trabalho e o desempenho profissional exigem de uma pessoa e suas necessidades e expectativas pessoais – são temas cada vez mais debatidos na nossa sociedade.

Trazemos a seguir reflexões e propostas de grandes especialistas de diferentes backgrounds e formações sobre a necessidade urgente da integração das vidas pessoal e profissional.

Força verdadeira

Bill George, professor de liderança e gestão na Harvard Business School

Executivo de sucesso, professor nos cursos executivos de Harvard e autor de vários livros sobre liderança, alguns deles best-sellers, Bill George tem uma carreira de sucesso tanto no mundo corporativo quanto na academia. Sua trajetória vitoriosa como CEO da Medtronic, uma das maiores produtoras globais de equipamentos médicos, que enfrentava graves dificuldades à época em que George assumiu sua gestão, é considerada um feito exemplar de adequação de uma organização às novas exigências de mercado por meio da mudança da cultura empresarial.

Nas inúmeras entrevistas que concede e palestras que ministra, Bill George sempre reforça a ideia de que o bom líder é muito mais aquele que descobre e desenvolve suas verdadeiras forças internas do que alguém que tenta se tornar uma pessoa diferente para se adequar ao cargo que ocupa. O professor Bill George, que considero meu mentor, me concedeu esta entrevista com exclusividade:

"A pergunta sobre como eu integro vida profissional e vida pessoal é quase sempre uma das primeiras que surgem nas palestras que dou a grupos de jovens executivos. E para essa mesma pergunta eu tenho várias respostas. Uma delas é a enorme importância de as pessoas falarem sobre a sua vida pessoal aos colegas de trabalho. É preciso ser mais humano, mais real. Dividir experiências, conversar sobre suas famílias, sobre as coisas que se faz fora do ambiente de trabalho talvez seja o primeiro passo para começar a quebrar as barreiras entre o trabalho e a vida pessoal.

No entanto, para mim, a grande questão que devemos nos colocar é: 'Eu consigo ser a mesma pessoa em todos os diferentes ambientes nos quais transito, no trabalho, em casa e com os amigos? Eu consigo ser uma pessoa por inteiro em todas as situações e revelar mais sobre mim mesmo, estar aberto para os outros e dividir coisas com eles?' Penso que, ao conseguir responder 'sim' para essas perguntas, pode-se considerar que a essência da vida integrada foi atingida. É importante deixar de lado a grande competitividade que existe no mercado e nas organizações que nos impede de nos aproximarmos das outras pessoas e também pontuar claramente nossos medos e dúvidas para nossos colegas e líderes.

Essa nova postura é bem presente na nova geração, os millennials (nascidos entre 1980 e 1995), que estão mudando tudo. Quando são confrontados com um estilo de vida em que as pessoas trabalham excessivamente, com longuíssimas jornadas de trabalho e sem tempo para a família ou para os filhos, os millenials afirmam que têm uma vida para ser vivida e a querem agora. Não têm a menor vontade de esperar por 20, 30 anos de trabalho para só então começar a aproveitar a vida. Além disso, essa geração tem uma grande mobilidade, um forte desejo por mudanças e está confiante de que poderá encontrar trabalho em qualquer outro lugar. E esse comportamento da nova geração está mudando rapidamente os ambientes corporativos.

Pessoalmente, considero que não exista um equilíbrio ideal entre trabalho e vida pessoal. Nunca conseguiremos um balanceamento perfeito entre os vários aspectos das nossas vidas, nos diferentes momentos, trabalhos, lugares pelos quais passamos. Eu prefiro usar o termo 'migração do trabalho e vida'. Estamos sempre migrando de um contexto para outro. Como você, nas migrações que você tem de fazer na sua vida, quando muda de ambientes, faz para continuar sendo a mesma pessoa, independente do meio em que está? Para mim, esse ponto é essencial: eu consigo manter meu eu autêntico em situações diferentes, no lugar de tentar ser uma pessoa diferente em cada lugar que estiver? Precisamos nos fazer essa pergunta a todo momento.

E mais: eu sou mesmo capaz de continuar a desenvolver cada um dos aspectos da minha vida? Afinal, em que eu acredito? O que é de fato importante para mim? Como quero que seja minha vida pessoal, minha vida familiar, minha vida junto à comunidade? Se tentarmos nos moldar, usar máscaras diferentes, em cada ambiente, não demorará muito para termos um burnout. É inevitável, os problemas de saúde vão nos abater.

E, embora um grande número de pessoas tenha decidido mudar a vida apenas depois de sofrerem um burnout ou terem passado por alguma doença decorrente de seu estilo de vida, eu não acho que seja inevitável correr tal risco para só então começar a transformar a maneira de encarar o trabalho e a vida pessoal. O que é preciso é que as pessoas pensem cada vez mais sobre como estão levando a vida e reconheçam que precisam realizar mudanças e que são capazes de transformar sua existência. No entanto, elas sempre vão precisar que aqueles que estão à sua volta as encorajem e apoiem nesse processo, que não é simples de ser encaminhado.

Há maus líderes e condições ruins de trabalho em vários setores da economia. Mas uma das minhas maiores preocupações é com o que acontece no mercado financeiro, com os profissionais que trabalham no mercado de capitais. Ali está uma das versões mais perversas de pressão sobre os empregados. Há muita mentira e manipulação de números, e os líderes dessa área acabam não dando importância para o lado humano de seus funcionários, não param para pensar no impacto a longo prazo que suas posturas irão gerar. É como se eles também perdessem totalmente o seu lado humano. E eu me preocupo muito com isso.

As relações de trabalho, e as pessoas que estão no mercado, têm de mudar para que suas vidas profissional e pessoal entrem em harmonia. Isso não precisa necessariamente ocorrer depois de um acontecimento dramático, como um burnout ou um problema cardíaco, por exemplo. É preciso reconhecer que uma nova relação de trabalho é urgente, e precisa começar agora. Essa transformação é algo que uma pessoa pode decidir fazer por si só, embora sempre seja bom ter outros junto de nós, nos apoiando e encorajando. A escada que leva ao sucesso está dentro de nós mesmos, nas respostas a perguntas como: 'No que eu acredito? O que é importante para mim?'. Esse entendimento é fundamental para que nos tornemos uma boa pessoa, ou seja, alguém que busque o autoconhecimento e viva genuinamente de acordo com seus valores. Se não formos uma boa pessoa, não seremos bons líderes.

Reconhecidamente, o mundo corporativo dos dias atuais convive com várias doenças, como alcoolismo, depressão e a síndrome de burnout, que já mencionei. Penso que as pessoas não investem suficientemente no seu dia a dia em práticas que poderiam de certa maneira prevenir esses males e proporcionar uma maior resiliência diante desses desafios. Há várias coisas que podem ser feitas para diminuir esses problemas. Eu, por exemplo, medito há 41 anos, e isso tem um profundo efeito calmante sobre mim. Posso meditar em vários lugares, inclusive durante as viagens que faço de avião. Eu considero muito importante que se tenha um momento de introspecção. Aqueles 20 minutos em que você se afasta de toda mídia social, de toda parafernália eletrônica, desliga o celular e se encontra com você mesmo.

A melhor resposta para as pressões externas você encontra olhando para dentro de si mesmo. Mas muito frequentemente me deparo com líderes que estão olhando e respondendo a estímulos externos com motivações também externas. Na minha opinião, esse é um grande erro. Dessa maneira, eles não vão entender de fato qual é seu verdadeiro Norte, o que de fato é importante para eles, a que vieram a este mundo.**"**

Decidir pela felicidade

Denise Sales Moreira, psicóloga

Radicada em Salvador, a psicóloga Denise Moreira foi testemunha, na condição de profissional, de dois momentos de grande relevância na minha vida. Em 2012, eu procurei por ela, junto da minha esposa Letícia, interessado em uma terapia de casal. Pouco tempo antes, havia nascido nossa filha, Eduarda. Nós queríamos ajuda para superar um quadro de depressão pós-parto da Letícia, o qual estava afetando nosso casamento.

Em um segundo momento, fui novamente até a Denise para pedir ajuda individual. Eu havia acabado de passar pelo episódio da angina e me angustiava com minha situação profissional na empresa do meu pai. A sensação era de que eu precisava colocar um ponto final na minha jornada profissional na firma familiar. Entretanto, esse rompimento ainda soava para mim como algo difícil e distante. Nesse quadro, Letícia e eu decidimos interromper a terapia de casal, pois eu me preparava para uma decisão que traria profundas repercussões na minha vida e também na da minha família.

"Em junho de 2013, logo após Fredy sofrer uma angina, durante uma temporada na Harvard Business School, começamos nosso trabalho. Lembro-me como se fosse hoje de receber um Fredy com um ar pesado, a expressão de quem estava carregando o mundo nas costas. Ele entrou destroçado no meu consultório. Na época, o Fredy se desdobrava para tentar resolver os problemas de todo mundo. A obrigação de gerir um filho que não era seu – no caso a empresa do pai – estava acabando com ele. Seus olhos não tinham nenhum brilho e ele parecia completamente desequilibrado no que se referia ao tripé mente, corpo e espírito. No trabalho, as coisas mais o frustravam do que o empolgavam.

Fredy entrava no meu consultório com as mesmas questões que outros empresários e executivos que atendo traziam. Eles simplesmente se esquecem que existem limites para nossa capacidade de realização, nossa capacidade física e mental. No final de algum tempo, o corpo dá sinais de cansaço e acaba disparando o alarme quando seus limites são ignorados.

Na sua grande maioria, os empresários e executivos focam suas energias em duas coisas: sua capacidade técnica e intelectual e sua possibilidade de realizar coisas. E o limite para sua realização é o da sua ambição. Movidos por esse impulso autocentrado, eles acabam por não pensar na família, no exemplo que deixarão para os filhos e no mal que fazem a tantas outras pessoas, além de a si próprios.

É como se estivessem cegos pela vontade de ter, comprar e exercer o poder. Esses empresários e executivos vivem protegidos por uma carapaça forjada ao longo dos anos passados no ambiente corporativo. Trabalham com assuntos que não fazem sentido para si mesmos, que não lhes oferecem nenhum propósito ou missão na vida, e adoecem por viverem assim.

Foi um quadro semelhante a esse que detectei no Fredy. Para ele, como para outros que tinham trajetórias semelhantes, nem mesmo os momentos de diversão e relaxamento eram vividos de maneira integral. Com o celular ligado, recebendo ligações, lendo e-mails, se sentiam culpados por estarem se distraindo e deixando de lado as preocupações do trabalho. A estratégia usada com o Fredy foi a de desenvolver um novo sentido para sua vida. Alinhar objetivos de saúde, família e incentivá-lo a resgatar uma vida que fosse de fato sua. O objetivo principal era que ele voltasse a ser feliz, e a felicidade é uma vontade interna que depende única e exclusivamente da própria pessoa, de ninguém mais.

E foi exatamente isso que, afinal, Fredy fez. Procurou a felicidade com as próprias mãos. Com o passar do tempo, o propósito de vida dele e sua missão foram ficando mais claros. Após meses de trabalho, nasciam seus próprios filhos: os projetos de escrever este livro, ministrar palestras, dar consultoria, mentoria e coaching. Ele tomou as rédeas da sua vida e assumiu a responsabilidade de ser feliz."

Nômades digitais

Angelique Slob, diretora de felicidade (Chief Happiness Officer) na pinQ consult

Angelique nasceu na Holanda e, embora não se apresente dessa maneira, é uma nômade digital. Os nômades digitais têm um estilo de trabalho e de vida que vem crescendo nos últimos anos (veja mais detalhes sobre eles no capítulo 6). São pessoas que não possuem vínculos permanentes com empregadores, trabalham por projeto e se valem das facilidades tecnológicas para trabalhar de qualquer local do planeta em que haja um computador e uma conexão de internet disponível. Angelique presta assessoria a organizações, executivos e empresários por intermédio da pinQ consult, uma empresa de consultoria fundada por ela e na qual tem o cargo de diretora de felicidade. Seu propósito é ajudar seus clientes a ter sucesso "criando culturas organizacionais que valorizem e incentivem a liberdade de ação e decisão dos profissionais; suas conexões e relacionamentos genuínos com seus líderes e pares; e o trabalho com propósito", como explica em entrevista concedida com exclusividade para este livro.

"Quando comecei a falar para as pessoas sobre como é ser um nômade digital, elas olhavam para mim e diziam coisas como: 'O quê? Você está louca? Isso não existe'. Na verdade, muitos continuam a me dizer isso. Eu respondo a elas que, sim, isso existe, e em todo o mundo. É algo que ainda não está 100% presente, mas já há muita gente que trabalha dessa maneira. E eu prefiro chamar esse modelo de "nômade de trabalho", no qual os profissionais vivem, viajam e trabalham de qualquer lugar do mundo. Essa nova maneira de trabalhar naturalmente exigirá que as empresas transformem sua cultura e criem novas soluções práticas para poder lidar com a grande quantidade de liberdade que esses talentos passarão a exigir. Algo bem diferente do que existe hoje, em que as pessoas todos os dias saem de casa, trabalham, trabalham, trabalham até voltarem para casa à noite e irem para a cama, talvez assistindo à tevê por duas a três horas antes de dormir. No dia seguinte, fazem a mesma coisa novamente.

Mas, apesar de já existirem outras formas de se trabalhar, para muitas pessoas ainda é difícil entender que a felicidade agora é algo que pode ser medido, que afeta a produtividade e potencializa o lucro das empresas. Fui funcionária da área de recursos humanos por um período e vi tantas pessoas que, apesar de trabalhar muitas e muitas horas seguidas, não tinham uma eficiência proporcional ao tempo que dedicavam ao trabalho. Então, por que trabalhar tanto? Vi pessoas ficando doentes, sofrendo burnouts, fazendo politicagem para subir na empresa. Também conheci muitas pessoas insatisfeitas e infelizes por não conseguirem conquistas materiais, como um carro, por exemplo. Eu muitas vezes me perguntava: 'Mas por que isso é tão importante assim para você?'.

E há ainda todo esse sistema corporativo, que está sempre checando a sua performance. Espera-se que as pessoas se encaixem em formatos preconcebidos que sejam incompatíveis com as características dos seres humanos. É como se as pessoas fossem meros meios de produção, e não pessoas de verdade. Mas, em meio a tudo isso, há gente que quer ser dona do próprio destino, trabalhar com autonomia, começar o próprio negócio e fazer seus próprios horários.

Minha missão profissional é ajudar as pessoas a se tornarem mais independentes desse grande sistema que as tratam como se fossem apenas recursos necessários ao funcionamento de uma engrenagem. Felizmente, essa visão sobre o trabalho está mudando. Como eu costumo dizer, trabalho não é mais um lugar ao qual nos deslocamos diariamente, trabalho é algo que a gente faz. E ele pode ser feito de qualquer lugar do mundo, basta ter uma conexão de internet disponível. Ou seja, os escritórios não são mais necessários. Estamos na era da liberdade. Eu acredito que as pessoas são capazes de realizar grandes coisas, desde que tenham liberdade. As companhias do futuro que souberem lidar com essa liberdade que a tecnologia proporciona serão capazes de atrair os melhores talentos de qualquer lugar no mundo; serão destaques em inovação; e aumentarão o engajamento de seus empregados e seus resultados; além de economizar muito dinheiro por não precisarem mais alugar espaços físicos para seus escritórios.

Quando trabalhava em empresas tradicionais, eu frequentemente me chocava com a estrutura que negava liberdade aos colaboradores. Isso fazia com que pessoas de 50 anos de idade, por exemplo, tivessem de pedir licença aos seus chefes para irem ao dentista. Por querer contribuir com a melhora da cultura organizacional das empresas, decidi voltar para a universidade e estudar sociologia, gestão de pessoas e novas formas de organização do trabalho. Com esse conhecimento, somado aos meus 15 anos de carreira corporativa em recursos humanos e à minha visão de como será o trabalho no futuro, criei a pinQ consult, empresa a partir da qual eu ajudo, por meio de treinamentos que podem durar de um dia a seis meses, líderes e executivos a criar o local de trabalho do futuro."

Não há uma receita de bolo para a felicidade

Elaine Saad, gerente geral da Saad Rh e presidente nacional da Associação Brasileira de Recursos Humanos

Psicóloga com uma longa carreira em recursos humanos, Elaine Saad acompanha de perto as transformações pelas quais estão passando as relações no mundo corporativo. Em função da sua posição na ABRH, ela tem uma visão bem clara de como o Brasil está se aproximando de uma encruzilhada em que ficarão face a face uma nova maneira de se trabalhar – que é uma tendência mundial – e o modo como são regulamentados os acordos trabalhistas no país. Diferente dos países em que as jornadas de trabalho vêm se dando de maneira cada vez mais flexível, os acertos entre empregador e empregado brasileiro que propõem horários de trabalho menos rígidos ou são indiferentes ao local em que as tarefas serão feitas, como acontece nos home offices, esbarram em uma legislação trabalhista rígida e desatualizada.

No entanto, além das questões legais e de uma cultura sindical que ainda está tentando absorver esse novo cenário, Elaine Saad também chama a atenção para o fato de que não se deve tomar como certo que todos os colaboradores estarão ansiosos para se engajar em uma vida profissional em que haja horários mais flexíveis ou mesmo em que o local de trabalho seja algo fluido, como propõem os nômades digitais.

"Existem pessoas que trabalham das 7 às 18 horas e não se sentem estressadas, ao passo que outros profissionais, depois de fazerem uma jornada das 8 às 17 horas, sentem-se arrasados quando o trabalho termina. Não há uma correlação direta entre um bom emprego e a felicidade. Há outras variáveis que afetam esse resultado final. A condição física do profissional é uma delas. Não adianta sua cabeça funcionar perfeitamente bem se o seu corpo não a acompanha. Além disso, a personalidade de cada um está diretamente relacionada à maneira com que a pessoa se portará diante da rotina de trabalho.

Conheço jovens que, mesmo estando empregados em uma empresa cobiçada, que pague bons salários e possua um plano de progressão estabelecido, não hesitarão em sair do emprego se acharem que sua vida está insatisfatória. Esses jovens não querem ser um pai ausente, não querem uma vida limitada, apenas ganhando dinheiro, porque entendem que a vida é composta por outras coisas que valorizam fortemente.

Há hoje muitos departamentos de RH nas empresas que não entendem completamente o que os jovens das gerações mais novas querem para a vida privada e profissional. Talvez nem eles mesmo saibam exatamente o que querem, mas definitivamente estão certos daquilo que não querem. E, do ponto de vista da psicologia, saber o que alguém não quer já é um passo importante à frente. Entretanto, acredito que não exista uma receita de bolo. Cada um tem de procurar seu próprio caminho para a felicidade."

Tratar seres humanos com respeito é fundamental

Vicky Bloch, psicóloga e professora no núcleo de empresas familiares do Instituto Brasileiro de Governança Corporativa

Há mais de três décadas, Vicky Bloch trabalha junto de altos executivos como coach e counsellor. Entre outras ocupações, ela já lecionou em cursos de especialização em Recursos Humanos na FGV e na FIA. Hoje em dia, nas consultorias que realiza, enfatiza a necessidade desses líderes de refletir sobre suas motivações no trabalho, de se autoconhecerem e terem um propósito de vida. Segundo afirma nas entrevistas que concede, a falta de propósito é hoje um dos grandes males que afeta as organizações em todos os seus níveis hierárquicos.

Em uma dessas entrevistas, concedida à *Época Negócios*,[1] Vicky Bloch compara esse cenário empresarial a uma imagem de quase terror: "É como um avião lotado, comandado por um piloto que não lembra mais o destino de pouso, nem fala o idioma da tripulação". Mas, além de desenvolver um trabalho bem-sucedido e profundo com foco nos líderes e na alta gerência, ela também traz em seu currículo trabalhos em que o público-alvo somava dezenas de milhares de trabalhadores em instituições de grande porte como bancos, laboratórios multinacionais em atuação no Brasil e fabricantes de bens de consumo líderes de mercado.

Essas pessoas estavam prestes a perder seus empregos ou por estarem diante de um processo de demissão voluntária ou porque as unidades em que estavam trabalhando seriam fechadas ou realocadas para outras cidades. Cabia, então, a Vicky Bloch e a sua equipe prepararem-nos para que se mantivessem confiantes e positivos diante dessa situação e, ao mesmo tempo, encontrassem novos propósitos de vida que, além de garantirem suas necessidades econômicas, os fizessem se sentir confortáveis e felizes.

"Em várias dessas experiências das quais participei (na época o meu escritório estava trabalhando junto com a DBM), ajudei pessoas que haviam sido demitidas a se recolocarem no mercado. O trabalho era feito de forma individual, ou seja, a empresa demitia, a gente recebia a pessoa e a reconstruía. O profissional ficava com a gente até ter uma nova atividade. Esse compromisso ia até o nível gerencial, daí para baixo não conseguíamos fazer, porque o custo era muito alto. Foi então que decidimos montar outra lógica. Criamos seminários e passamos a gerenciar os centros de orientação de carreira para auxiliar funcionários em diversas empresas. Nós literalmente nos instalávamos dentro da empresa, que nos pagava por seis ou oito meses para que esse centro de orientação ficasse aberto e em funcionamento. Era nesses centros que aconteciam os seminários, além de ficarmos ali abertos a todo momento para prestar ajuda. O Sebrae também chegou a fazer algumas ações em conjunto com a nossa empresa.

Um processo marcante para nós foi o atendimento a um dos maiores bancos do país, na época em que a corporação abriu um processo de demissão voluntária. Ajudamos a orientar 17 centros de atendimento por todo o país e treinamos ex-funcionários do próprio banco para atenderem àqueles interessados em se desligar do emprego. Foi emocionante ver o empenho deles em se desdobrarem para orientar na recolocação, tirar as dúvidas e acalmar angústias – que não deviam ser pequenas – dos que pretendiam abandonar aqueles empregos para se lançarem em novas iniciativas.

Fizemos seminários e produzimos materiais orientando sobre os passos mais seguros a serem dados. Pudemos verificar, mais tarde, que aqueles que não foram aos seminários nem seguiram nossas sugestões não tiveram tanto sucesso quanto os outros. Muita gente comprou franquia, abriu pousada, emprestou dinheiro para o primo... Exatamente tudo aquilo que dizíamos para não fazerem. Um dos nossos materiais, inclusive, era um manual apontando os cuidados que deveriam ter dali em diante: 'Não faça isso, não faça aquilo, não faça aquilo outro', mas teve gente que fez.

Deixar as pessoas felizes e com o sentimento de que foram tratadas de maneira respeitosa era algo fundamental para nós.

Outro cliente que atendemos foi uma grande indústria farmacêutica. Por uma questão estratégica, a empresa iria transferir uma de suas fábricas para outra cidade. E, diante dessa grande mudança, nem todos os empregados poderiam ser mantidos. Você não pode ter empregados insatisfeitos e com raiva de seus líderes em lugar nenhum, mas em uma fábrica de medicamentos, em que a mudança de um miligrama de um componente em um remédio pode ter consequências catastróficas, o processo precisa ser feito com um cuidado muito maior. Nessa empresa, entre outras providências, tivemos o cuidado de incluir também as esposas e familiares nos programas de recolocação. A coisa toda funcionava da seguinte forma: a esposa do funcionário, por exemplo, podia vir ao centro de atendimento e começar a desenvolver uma atividade profissional que também poderia contribuir para a renda familiar, caso seu marido não conseguisse outro emprego logo.

Foi um trabalho incrível. Quando o processo todo tem um objetivo bem definido, os resultados são fantásticos. E dar esse tipo de incentivo, segurança e reconhecimento deixa todos felizes. Os funcionários não são mais apenas números na empresa. São pessoas que merecem atenção e respeito. E os resultados das corporações que adotam essa visão costumam ser excelentes.

Já no caso de uma grande fabricante de eletrodomésticos, conseguimos que a empresa concordasse em avisar que iria fechar uma unidade – e consequentemente dispensar empregados – um ano antes de o encerramento de fato acontecer. Então, durante aquele período nós já começamos a trabalhar. Para aqueles que recebiam uma nova oportunidade antes desse prazo, a empresa facilitava o seu desligamento. Com as nossas ações para recolocá-los no mercado, em quatro meses de programa, 90% daqueles que estavam no grupo dos que seriam dispensados já tinham um trabalho novo. É muito eficiente quando o processo é feito de maneira correta."

A hora da fita métrica

Ruy Shiozawa, presidente do Great Place to Work Brasil

Na década de 1980, o jornalista americano Robert Levering recebeu um convite para escrever um livro sobre as melhores empresas para trabalhar nos Estados Unidos. Levering, que já acumulava grande experiência na cobertura jornalística de assuntos ligados à área de recursos humanos, respondeu ao convite com um categórico "não". Na época, ele afirmou que, do ponto de vista dos empregados, não havia nenhuma empresa boa para se trabalhar nos Estados Unidos. Os editores insistiram e, então, Levering cedeu e começou a fazer uma pesquisa. Para sua surpresa, descobriu várias empresas que eram consideradas ótimos locais de trabalho por seus empregados.

Levering viu ali uma oportunidade. Em 1991, fundou a Great Place to Work, que passou a produzir rankings apontando as empresas com bons ambientes de trabalho, além de oferecer serviços de pesquisa, consultoria e capacitação com foco na melhoria de ambientes corporativos. Em 1996, o Great Place to Work e sua metodologia foram trazidos para o Brasil. Foi firmada uma parceria com a revista *Exame*, que publica, desde 1997, a lista das "Melhores empresas para trabalhar no Brasil". Ruy Shiozawa, atual presidente do Great Place to Work Brasil, juntou-se à empresa em novembro de 2008, e nos concedeu o seguinte depoimento:

"Há vários fatores que podem fazer com que a ideia de que é preciso equilibrar ou ter integradas as vidas profissional e pessoal não esteja ainda no topo das prioridades das pessoas e das empresas. Mas, entre eles, certamente não está a discordância de que essa é uma atitude correta e desejável. Afinal, quem pode dizer que é ruim ter uma vida equilibrada, ter mais tempo com a família, fazer o que se gosta e levar uma vida saudável? Ninguém nunca vai discordar disso! Então, se todos nós dividimos a mesma opinião em relação a isso, por que a procura por essa integração de vidas não acontece em maior escala? Uma das poucas respostas possíveis é que esse equilíbrio, esse bem-estar, ainda não é mensurável de maneira clara e direta como os demais aspectos de gestão de empresas.

Essa tese fica mais evidente quando examinamos o que deve ser gerido em uma organização. São quatro pontos. O primeiro deles é a gestão financeira. Nenhuma empresa será bem-sucedida sem uma boa gestão financeira – e, aliás, tem de ser muito boa; se for mais ou menos a organização certamente morrerá no meio do caminho. O segundo ponto é a gestão de clientes. Se ela não for efetiva a empresa também não vai resistir. O cliente vai embora e a empresa perde sua razão de existir. O terceiro item também é imprescindível, uma competente gestão interna e de processos.

E, então, chegamos ao quarto pilar, que é a gestão de pessoas, na qual se encaixa o esforço em ter uma vida pessoal e uma vida profissional integradas. Eu nunca conheci uma organização que dissesse: 'Aqui, as pessoas não são importantes'. Nenhuma empresa nunca dirá isso. No entanto, essa dimensão, a da gestão de pessoas, não é tratada com a mesma relevância das outras três. Toda empresa tem muitas ferramentas, muita metodologia, muitas técnicas, muita consultoria para todas as atividades; mas para o item pessoas, não. E isso é um grande erro.

Podemos examinar um exemplo muito simples: a rotatividade de empregados. Esse é um problema que custa muito dinheiro para as organizações. Para exemplificar, vamos imaginar que uma empresa vai ao mercado e contrata uma equipe de cinco pessoas. Depois de um ano, três pessoas da equipe vão embora – e isso é algo totalmente factível, que já vi acontecer em algumas organizações. É óbvio que a saída de três funcionários será um problema para a empresa, e também é óbvio que lhe custará dinheiro. Mas, se examinarmos o orçamento dessa empresa, onde é que aparece esse gasto? Ele não está em lugar algum, não está escrito em nenhuma seção do balanço. No orçamento, podemos encontrar o custo do aluguel, o custo da tecnologia, da água, da matéria-prima, mas a rotatividade de pessoal não estará lá. Se a gestão de energia elétrica estivesse gastando 20% a mais, seria um escândalo. Mas, se fizermos um cálculo de que apenas 80% da equipe que trabalha na organização está engajada, isso significa que há uma perda de 20% do custo da equipe. Então, se eu me escandalizo com gastos excessivos em outros pilares, por que posso me dar ao luxo de desperdiçar 20% do meu investimento sem fazer nada? Se pegar o custo da folha de pagamento e ver quanto representa 20% dela, será possível verificar que esse é um dispêndio muito alto para ser ignorado.

A resposta é que esse gasto desperdiçado com pessoal não é tangível, pois não há métricas claras para medi-lo. No Great Place to Work trabalhamos exatamente para deixar claras essas métricas e esses indicadores que poderão permitir ao gestor identificar fatos como uma rotatividade crescente ou o baixo nível de engajamento dos seus empregados. Mas, de novo, como para um grande número de organizações esses custos com pessoas parecem algo intangível – que não dá para medir – elas adotam soluções simplistas. Olha-se a folha de pagamento e pensa-se: hummm, um milhão de reais com funcionários? O custo está alto, vamos cortar 20%. Vocês oito ficam, vocês dois vão embora.

Há empresas que fazem isso todos os anos. Elas promovem os empregados, a folha torna-se cara e aí a empresa corta outros empregados. Joga-se no lixo o valor da experiência e do treinamento das pessoas. Eu já fui cortado assim algumas vezes. Em uma empresa em que trabalhei por quatro anos, nos três primeiros eu fui o executor do corte e, no quarto, eu fui cortado. Se a empresa mede quedas em percentuais de outras áreas e toma suas decisões sobre esses números, deveria fazer o mesmo na gestão de pessoal, que, ao contrário do que se pensa, pode ser também medida de maneira precisa."

Uma liderança que tem ainda de crescer

Joel Dutra, professor livre-docente e pesquisador da Faculdade de Economia, Administração e Contabilidade da Universidade de São Paulo

Um dos mais respeitados e requisitados consultores em gestão de pessoas do país, o professor Joel Dutra já esteve à frente de pesquisas importantes sobre as relações de trabalho no mercado brasileiro. Uma delas, que se estendeu de 2007 a 2011 na prestigiosa FEA, a Faculdade de Economia e Administração da USP, mostrou que os brasileiros que estão no mercado de trabalho têm diferentes visões, de acordo com sua idade, sobre a importância da integração de suas vidas profissional e pessoal.

Quando se considera, por exemplo, a geração X brasileira, formada por pessoas que nasceram entre o final dos anos 1960 até 1985 (na Europa e nos Estados Unidos considera-se que ela tem seu limite nos anos 1978/1979), as pesquisas mostram que os X acham interessante a ideia do equilíbrio entre as várias instâncias de sua vida, mas isso não é, em si, um valor que eles cultivem. "Esse pessoal trabalha feito condenado, e esse excesso de trabalho acaba produzindo endorfina e gerando prazer", explica o professor. "Com isso, eles se entregam exageradamente ao trabalho, deixando de lado outros aspectos da sua vida."

Já os jovens que estão entrando agora no mercado de trabalho enxergam essa integração como um valor de grande importância. "Acreditamos que essa geração irá contaminar aquelas mais velhas sobre a importância de se ter uma vida integrada", afirma Joel. No entanto, de acordo com o professor, essa transmissão de valores se dará por uma estrada acidentada. "Há uma hostilidade grande nas organizações em relação a essa geração, principalmente nas empresas públicas, que têm dificuldades em entender a maneira com que esses jovens encaram a duração da sua jornada de trabalho", diz o professor. Ele também acredita que se trata de uma disputa entre gerações. A geração X tem uma relação de amor e ódio com os mais jovens. Amam porque veem uma pessoa com coragem de fazer algo que eles nunca ousaram fazer, mas também odeiam pelo mesmo motivo, pois vê-los fazer assim faz com que eles se lembrem o quanto falharam em procurar um caminho que lhes trouxesse mais felicidade no trabalho.

Joel Dutra testemunhou, em uma reunião da qual participou em Brasília no Ministério Público do Trabalho, uma mostra desse "conflito de gerações". Em meio à conversa, esse tema foi levantado quando um dos participantes, um funcionário do Ministério com pouco mais de 40 anos, queixou-se: "Esses jovens não querem nada com nada, chegam aqui às 9 horas e vão embora às 15 horas, trabalham só seis horas, enquanto nós ficamos até às 18 ou 19 horas". Também estava na sala exatamente um desses jovens ao qual o outro participante se referia, e este prontamente respondeu: "De fato, nós vamos embora às 15h porque temos mais coisas para fazer na vida, mas, nessas seis horas que passamos aqui, focamos toda nossa atenção nas atividades que temos para fazer, ou seja, trabalhamos sério, o que não vemos os outros fazerem". Outras pessoas também interferiram e a conversa continuou. Para Joel Dutra, aquele debate teve um importante significado: "Esse é um tema que está efervescendo, está crescendo dentro da nossa realidade. E isso acontece por conta dessa geração que tem isso como valor e começa a incomodar, a questionar a organização tradicional do trabalho".

"Se é verdade que as diferentes visões sobre o que deve ser uma vida integrada variam de acordo com a geração de origem das pessoas, o interesse em ter uma vida equilibrada está presente em todas as diferentes camadas socioeconômicas às quais elas pertencem. Sabemos disso porque, quando fazíamos nossa pesquisa, nós nos perguntávamos se essa preocupação com uma vida equilibrada era algo que atingia apenas as classes A e B. Constatamos que não; esse é um assunto que mobiliza todas as classes econômicas. A maior diferença entre as classes

A/B e C/D dizia respeito ao desejo de segurança, em ter um emprego duradouro e estável, que é uma aspiração daqueles oriundos das classes C e D.

Nas últimas décadas, houve um fenômeno no mercado de trabalho brasileiro que também explica as diferentes posturas das gerações em relação à vida profissional. De 1978 a 2005, a oferta de profissionais era maior do que o número de empregos disponíveis. A geração X sofreu com isso e, talvez por esse motivo, tornou-se mais competitiva e senhora de seus espaços. Mas isso mudou a partir de 2006, quando a oferta de empregos aumentou, e a nova geração que então chegava ao mercado tinha diante de si muitas possibilidades de emprego. 'Ah, isso aqui não está bom, eu vou para outro lugar', era o que os jovens de então poderiam dizer. Essa possível mobilidade favoreceu o surgimento dessa preocupação em encontrar trabalhos que pudessem proporcionar um maior equilíbrio na vida deles. E essa tendência continua.

Mesmo que atualmente estejamos enfrentando crises econômicas que diminuem as possibilidades de trabalho, essas dificuldades são conjunturais. Daqui a pouco, voltaremos a crescer e, com isso, estarão de volta todas as dificuldades impostas pela falta de gente no mercado. Então, teremos mais uma vez um ambiente muito favorável para que as pessoas se tornem mais exigentes em relação à organização. E, então, a questão será: as organizações estão preparadas para adotar uma maior flexibilidade no trabalho, que é uma das exigências para a integração das vidas no trabalho e pessoal? Provavelmente não, porque os dirigentes das empresas têm uma cabeça mais conservadora.

A cultura brasileira é essencialmente autoritária e paternalista. Nas relações de trabalho, isso se reflete quando a organização oferece para as pessoas provimento e segurança, mas em troca querem que as pessoas se curvem às suas exigências corporativas. É uma relação patológica, não uma relação sadia. Existe uma infantilização no relacionamento entre as partes. As empresas consideram que o empregado precisa ser cuidado, que ele não sabe das coisas, mesmo que isso não seja dito explicitamente. Toda lógica, inclusive de gestão de pessoas, vai nessa direção. Então a empresa é provedora, ela tem o controle sobre as pessoas. Isso está muito enraizado na nossa cultura. Embora eu considere que essa mudança de visão irá ocorrer, sei que não será algo fácil, simples. Ainda que tomemos a Europa e os Estados Unidos como exemplo, muitas das coisas que funcionam por lá não se encaixariam aqui com a mesma velocidade. Portanto, esse discurso de equilíbrio entre vida e trabalho terá de ser adaptado para nossa realidade.

Nas pesquisas de que participei ou das quais tive conhecimento, veio à luz um perfil bem delineado dos líderes empresariais brasileiros. De modo geral, essas lideranças têm quatro dificuldades que terão de ser superadas para que cheguemos a um novo patamar de modernidade. A principal dificuldade que suspeitávamos que existiria seria a de delegar tarefas, mas descobrimos que o problema número um é a incapacidade de lidar com a diversidade. Geralmente, o líder quer trabalhar com pessoas iguais a ele, então acaba por montar uma equipe de iguais. Só que ele esquece que a diversidade é um importante fator para a criatividade e o desenvolvimento de estratégias vencedoras.

A segunda dificuldade é, agora sim, delegar. Esse é outro ponto desfavorável a essas lideranças, algo que já havíamos detectado em outras ocasiões. A questão do diálogo é o empecilho número três. O líder não dialoga com a equipe, não tem conversa. E, normalmente, ele não faz isso simplesmente porque não sabe fazer. E o quarto ponto – que nos surpreendeu bastante – é a dificuldade em fazer alianças. Normalmente, a pessoa se fecha em seu feudo e assume uma postura de defesa, mesmo não tendo consciência disso. Portanto, tem-se muita ineficácia nas interfaces funcionais, no contato com outras áreas, criando buracos por onde entra a ineficiência. As pessoas não conversam, não interagem, não constroem alianças, portanto, é claro que o ambiente corporativo criado dessa maneira tem um reflexo sobre os empregados, afetando a sua disposição e motivação."

No próximo capítulo, falaremos como os executivos pensam e lidam com a integração de sua vida pessoal e sua vida profissional. Traremos exemplos de executivos que decidiram e conseguiram deixar para trás carreiras promissoras em termos materiais, mas que não estavam de acordo com seus propósitos, valores e aspirações.

4

Executivos diante da encruzilhada

Na língua japonesa existe uma palavra, *karoshi*, cuja tradução direta é "morte por excesso de trabalho". O termo passou a ser usado há relativamente pouco tempo no Japão, mais especificamente a partir da década de 1970, quando o número de mortes provocadas por infartos e derrames relacionados ao excesso de trabalho entre japoneses jovens começou a alarmar as autoridades do país e a receber a atenção mundial.

O interesse internacional pelo assunto, além de tornar a palavra *karoshi* conhecida, contribuiu para quebrar o encanto que os métodos de produção japoneses, responsáveis pelo forte desempenho da economia do país, despertavam em todo o mundo. Os próprios japoneses se alarmaram tanto com os riscos de em algum momento serem vítimas de *karoshi* que, a partir de 1987, o Ministério do Trabalho japonês passou a publicar estatísticas sobre a "morte por excesso de trabalho". De acordo com os dados oficiais, de 50 a 60 pessoas morreriam anualmente por trabalharem demasiado no Japão.

Outros departamentos governamentais apresentam números bem mais alarmantes. De acordo com a Agência de Planejamento Econômico do país, cerca de mil mortes anuais provocadas por infartos e derrames no Japão estariam relacionadas ao excesso de trabalho,[1] mais de duas por dia. Mas há outros fantasmas que assombram os trabalhadores japoneses, como a exaustão relacionada à vida corporativa, que também provoca profundos transtornos psicológicos. Entre eles, não são raros os casos de suicídio entre homens e mulheres causados pela exigência exagerada das horas de trabalho nas organizações.

Um desses casos recebeu uma atenção especial da mídia mundial. Na noite de Natal de 2015, a jovem publicitária Matsuri Takahashi, de 24 anos, saltou da janela do apartamento em que morava, em Tóquio, após deixar mensagens na sua rede social afirmando "querer morrer" e estar "física e mentalmente destroçada". Matsuri trabalhava há sete meses na Dentsu, a principal agência de publicidade do Japão. Chegava a fazer jornadas de 20 horas diárias, trabalhava nos finais de semana e fazia até 105 horas extras por mês.

Desculpas e pedido de demissão

Suicídios provocados por pressões no trabalho infelizmente não são raros no Japão, mas o caso de Matsuri Takahashi comoveu o país. Autoridades governamentais decidiram processar a Dentsu pela morte da jovem. Um ano depois, em dezembro de 2016, o presidente da empresa, Tadashi Ishii, responsabilizou-se publicamente pela tragédia que vitimou Matsuri, pediu desculpas à sociedade e anunciou sua saída do cargo.[2]

O Japão não está em outro planeta. É um país habitado por seres humanos com desejos e frustrações idênticos aos nossos. Portanto, o que aconteceu com Matsuri e com os outros milhares de empregados que também têm doenças provocadas por uma vida pessoal e uma vida profissional não integradas são fatos que se repetem em todos os lugares.

O que é mais raro, no entanto, é que um caso de *karoshi*, burnout, exaustão – ou qualquer outro nome que esse problema de saúde relacionado ao excesso de trabalho possa receber – provoque a demissão de um executivo de uma grande empresa, como aconteceu com o

CEO da Dentsu, Tadashi Ishii. Tenho a convicção, no entanto, de que casos como esse, em que o comando da empresa é responsabilizado por abusos no trabalho, serão cada vez mais comuns. Isso porque, na medida em que as novas gerações começam a chegar a cargos executivos relevantes, torna-se cada vez mais intolerável o descaso pela saúde física e emocional dos empregados. Esses novos dirigentes trarão com eles, de uma maneira irreversível, essa nova visão de que se deve harmonizar as relações de trabalho e as pessoais.

O Japão ainda carrega uma forte tradição de dedicação ao trabalho. Os empregados ali veem as organizações e seus colegas como algo semelhante a uma família. Em uma reportagem da revista inglesa *The Economist* sobre o assunto, um empregado em uma empresa de TI afirmou que poderia até se recusar a fazer horas extras, sem que sofresse qualquer retaliação, mas não suportaria a culpa de saber que, caso ele não trabalhasse longas horas a mais, algum colega teria de fazer isso em seu lugar.[3]

No entanto, a realidade imposta pelo corpo humano é a de que, independentemente de trabalharmos um número de horas excessivo porque amamos o que fazemos, porque essa é a tradição do nosso país ou porque somos obrigados a nos envolver com tarefas que nos parecem sem sentido, o resultado costuma ser o mesmo. Forçar o corpo e a mente além dos limites físicos que temos resultará em um burnout, um infarto, um derrame, ou nos tornará deprimidos e sem esperanças, vulneráveis a pensamentos e atitudes autodestrutivas.

Mas o que a experiência mostra é que nossa grande mola propulsora continua sendo ganhar e acumular dinheiro. Ainda é aquela velha fórmula do passado, repetida por gerações: você tem que trabalhar muito duro para obter sucesso; se você tiver sucesso, terá dinheiro; se você tiver dinheiro, aí, sim, você será feliz. Acreditamos nisso e passamos a trabalhar sem limites, ficando sujeitos a todos os males já mencionados.

A essa pressão por ganhar dinheiro como condição para a felicidade somam-se outras exigências que parecem mostrar que somos condenados a viver uma vida infeliz desde pequenos. Considere, por exemplo, que aos 18 anos, quando mal se está saindo da adolescência, você já é obrigado a escolher sua profissão. Se escolher errado, será uma infelicidade duradoura. Logo depois, outra condenação: você já tem de escolher com quem irá casar. Mais uma obrigação vem na sequência: é preciso comprar a casa própria.

Essa sequência de "você tem de..." está tão arraigada na nossa mente que temos a falsa impressão de que somos nós que estamos fazendo essas escolhas por nossa espontânea vontade. Esse é um determinismo cultural que não conseguimos separar da nossa mente e, assim, passamos a considerar como uma coisa natural. É como se estivéssemos sempre andando com antolhos, aquelas peças de couro que são colocadas ao lado dos olhos de burros e cavalos para reduzir a sua visão lateral, obrigando-os a olhar só para a frente. Com esse bloqueio, não conseguimos olhar para os lados e enxergar outras possibilidades.

Dinheiro e estabilidade

Como falamos – e falaremos – ao longo deste livro, as novas gerações já não estão mais seguindo essa receita. Hoje, elas dizem: "Primeiro eu quero ser feliz, quero trabalhar com o que eu gosto; daí vou ter sucesso, e é então que o dinheiro vem". Os executivos que estão atualmente numa faixa de idade de 40 a 55 anos, no entanto, ainda rezam pela antiga cartilha na qual não está escrito que ser feliz é algo possível agora. Eles acreditam que devem ganhar dinheiro agora e só assim serão felizes no futuro.

Mas, quando se fala de dinheiro, há aí uma sutileza. Não se pensa exclusivamente em ter dinheiro para consumir desenfreadamente. De novo, o componente cultural é um importante fator que deve ser levado em conta quando pensamos na compulsão que temos em acumular dinheiro. Ainda que muitas pessoas se interessem pelo consumo em si, impulsivo e fútil como ele pode ser, outra grande parte é levada pelo desejo de ter bens que garantam uma certa estabilidade.

O melhor exemplo disso é o sonho da casa própria. As pessoas trabalham a vida inteira para ter casa própria, para se sentirem seguras. Por isso, muitos se conformam em ter que ficar imóveis em um lugar como se fossem um poste durante 20, 30 anos, que é em média o tempo que se leva para pagar uma casa. E, com isso, tanto sua vida econômica quanto a pessoal vão ficar vinculadas àquele emprego chato e sem graça, porque é necessário pagar a casa própria. Outras despesas também engessam a mobilidade econômica das pessoas, como o impulso de querer trocar de carro todos os anos. Uma pesquisa realizada em 2014 pela Connected Car Industry Report para a Telefónica mostrou que o brasileiro, entre todas as nacionalidades, é o que troca de carro no menor intervalo de tempo, em média 1,7 ano, enquanto os ingleses e americanos mantêm seus automóveis por pelo menos três anos.[4]

Talvez para terem a segurança de que terão a casa própria com uma garagem em que sempre haverá um carro novo, as pessoas da geração entre 40 e 55 anos procuram ficar no mesmo emprego pelo maior número de anos possível. Algo similar a isso pode ser visto ainda hoje com a grande procura por empregos públicos, dos quais até há algum tempo era praticamente impossível ser demitido, por menos produtivo que se fosse. Cunhou-se até uma nova "ocupação" no país, a dos concurseiros, pessoas que passam às vezes anos tentando conseguir uma colocação em uma repartição ou empresa pública, independentemente do setor econômico a que ela pertença.

Quando fui fazer minha pós-graduação em 2000 na Cal State, na Califórnia, fiquei surpreso ao ouvir os professores falarem da grande mobilidade que tinham os talentos americanos, que mudavam de empregos com facilidade. "Se você não está satisfeito no seu emprego e possui outras oportunidades, por que não mudar de emprego?", eles diziam. Eu pensava comigo: *Como é que o sujeito vai e muda assim de emprego?*. Isso nos anos 2000, ou seja, mais de uma década e meia atrás. Eles discorriam mais sobre o assunto: "Oportunidade há em todo lugar. Se você é bom no que faz, deve trocar de emprego quantas vezes forem necessárias até se sentir bem em algum lugar". Aquilo foi um choque muito grande para mim, porque no Brasil a cultura vigente é a de que você deve ficar 30 anos na mesma empresa.

Uma maior mobilidade

Embora essa mentalidade conservadora ainda se faça presente e a busca por estabilidade e segurança profissional ainda exista, mesmo que isso algumas vezes signifique uma vida pouco feliz e frustrante, eu tenho a clara percepção de que em determinado momento começou a surgir com força uma nova mentalidade entre os brasileiros, independentemente da faixa etária. O que seria essa mudança? Seria algo como a convicção de que é possível mudar, em qualquer momento, o rumo da sua vida. Começaram a surgir na mídia, com cada vez mais frequência, histórias de pessoas que haviam perdido o emprego no qual ficaram por vários anos ou de executivos que simplesmente decidiram que não queriam mais continuar desenvolvendo a mesma atividade e que tomaram a iniciativa de abrir um negócio próprio ou mudar inteiramente de área de atuação.

Talvez um impulso para isso tenha surgido na época em que grandes empresas estatais brasileiras começaram a ser privatizadas ou a promover programas de incentivo à demissão voluntária. O auge das privatizações se deu logo após o fim do período da ditadura militar no Brasil, em 1985, e se estendeu com força até 2006, quando organizações que pertenciam aos estados ou à União em todos setores da economia passaram à iniciativa privada. Não foram poucas as pessoas que aceitaram se desligar dessas grandes empresas, nas quais tinham um emprego garantido, e com o dinheiro da rescisão se aventuraram em negócios próprios (no capítulo anterior, a consultora Vicky Bloch fala da sua experiência nesse contexto).

Esse acontecimento certamente teve um grande impacto sobre a visão que os brasileiros tinham sobre estabilidade no emprego. Mesmo quem não se envolveu diretamente nesses programas de demissão voluntária testemunhou essa mudança de paradigmas. "Puxa, então existe gente que abre mão de um emprego estável e se aventura no mercado?", admiravam-se.

Nos tempos atuais, tenho testemunhado pessoas de diversas faixas etárias, dos 30 aos 60 anos, tomando a iniciativa de buscar novos rumos profissionais. Os motivos que os levam a fazer isso são diversos, tais como explorar suas próprias potencialidades, se livrar de chefes ou sócios com os quais não têm mais afinidade, o desgaste físico ou psicológico ocorrido em decorrência da falta de integração entre as vidas profissional e pessoal. Eu mesmo me encaixo nessa terceira possibilidade. Foi a partir do burnout que eu sofri que decidi deixar de lado a vida de executivo para me dedicar a colaborar com outros profissionais para que estes conseguissem uma vida mais integrada.

Há ainda altos executivos que decidiram que era a hora de procurar outro caminho quando as empresas que lideravam passaram a seguir rumos diferentes daqueles com os quais eles se identificavam. Exemplo disso é o executivo Ricardo Galvão, que, aos 52 anos, decidiu que não estava mais alinhado com a empresa na qual teve uma atuação decisiva para a obtenção de resultados excepcionais. Essa empresa associou-se com um grupo maior que interferiu profundamente nas políticas internas de gestão de pessoas que Galvão havia desenvolvido. Diferenças de ponto de vista começaram a surgir e reverberaram de maneira negativa sobre seu bem-estar, levando-o a se afastar. Sua entrevista pode ser lida mais adiante, neste mesmo capítulo. Foi um gesto de destemor e fidelidade aos seus princípios.

Reinventar-se é um precioso ativo

A vida corporativa traz muitas mudanças súbitas e potencialmente perigosas para os executivos. Mas, ao examinarmos esses episódios, pode-se perceber que quando se tem um propósito claro, um sentido para a vida, cria-se mais resiliência. A possibilidade de se reinventar torna-se maior e não será qualquer tropeço que irá derrubá-lo para sempre. Se o executivo conhece a si mesmo, ele será muito provavelmente um líder autêntico e não abrirá mão de fazer o que gosta. Isso é ter uma vida integrada, nas suas dimensões profissional e pessoal. No momento em que surgir uma situação desafiadora, ele estará apto a reconhecer as emoções e sentimentos que permeiam sua mente, tendo assim todos os recursos necessários para conseguir se reinventar.

A capacidade de se reinventar quando necessário é o principal e mais precioso ativo de quem tem uma vida integrada. É uma indiscutível vantagem em um mundo que está sempre em transformação, como é caso do mundo corporativo. Mas não é somente ele: nós também estamos mudando a todo instante. Coisas que nos fascinam e nos mobilizam em um momento podem não nos dizer muita coisa em um instante seguinte. Nosso corpo muda, nosso sistema inteiro muda. Mas, se você possui essa capacidade de se reinventar, de mudar de direção e adaptar-se, nenhuma mudança vai deixá-lo derrotado ou sem energia. É simples assim. Você tem conhecimentos, acesso à informação, você conhece seus limites, sabe aonde quer chegar, tem confiança no seu potencial. Tudo isso forma um instrumental importante para permitir que uma pessoa se adapte às mudanças sem perder a essência do que considera importante em sua vida.

Parágrafos atrás, comentei como o processo de privatização das empresas estatais que vem ocorrendo com intensidades diferentes nas últimas três décadas trouxe à atenção das pessoas que o empreendedorismo é uma atitude que pode proporcionar bons resultados e realizações. Mas acredito que mais recentemente, talvez a partir do início da atual década, duas mudanças de visão a respeito do que se espera da vida se instalaram de maneira intensa entre as pessoas economicamente ativas.

Sou ou não sou feliz?

A primeira dessas novas visões é a de que as pessoas estão sentindo urgência de ser felizes. Dito assim parece uma platitude, mas de certa forma as pessoas começaram a olhar para si mesmas e para a forma como conduzem sua vida e passaram a se perguntar se são ou não de fato felizes. Se a conclusão é negativa, iniciam uma autoanálise: "Por que eu não sou feliz? O que eu estou fazendo que me deixa infeliz? O que eu posso fazer para mudar isso e tornar-me feliz?". Parece que ficaram para trás aqueles tempos em que, mesmo quando não nos sentíamos bem, encolhíamos o ombro e dizíamos: "A vida é assim mesmo, o que se pode fazer?". As pessoas não querem mais serem infelizes, pois isso pode de alguma forma matá-las, levando seu corpo ou mente ao sofrimento. Cada vez há menos espaço para o conformismo.

Outra mudança diz respeito à grande necessidade que as pessoas passaram a sentir de se autoconhecer. Não é por acaso que os processos de mentoria nunca foram tão populares como nestes tempos atuais. As pessoas querem e precisam de alguém que as oriente, e não somente nos assuntos relacionados ao trabalho. A terapia, a psicanálise, a psiquiatria e todas essas dinâmicas vêm sendo procuradas de maneira crescente. As pessoas fazem ioga, tornam-se vegetarianas, fazem retiros. Antes, havia basicamente duas religiões para escolher, o catolicismo e o espiritismo, e hoje há várias religiões, cultos e práticas que recebem cada vez mais adeptos.

Há, portanto, cada vez mais gente buscando felicidade e autoconhecimento. Isso se reflete nas decisões relacionadas ao trabalho. As pessoas não querem mais uma vida pessoal e uma vida profissional descasadas, que não estejam integradas. Nesse raciocínio, acredito que é assim que devemos encarar essa grande transformação que está em curso. O desencanto com o trabalho da maneira com que vem sendo praticado há décadas passa mais por essas razões do que pelas mudanças do mundo do trabalho em si. Ou seja, não é necessariamente uma questão de que hoje há um número de atividades cada vez maior, ou de que a tecnologia facilite um estilo de vida mais livre. Tudo isso é de grande importância, mas o motor principal é que as pessoas querem ser felizes e entender o seu papel neste mundo.

Mesmo diante desse novo movimento que a cada dia atrai mais adeptos, muitos executivos protelam o momento de dar um passo à frente e arrebentar com as correntes que os tornam infelizes. Essa insegurança deve ser bem compreendida. Ela é resultado da armadura formada por crenças que nos atrasam e nos prendem a posturas antigas. Alguns precisam de um grande esforço para quebrar essa carapaça. E mais: esse trabalho de romper com aquilo que torna difícil uma vida pessoal e uma vida profissional integradas exige que todas as pessoas que o rodeiam, sejam elas sua família, seus amigos ou aqueles que dependem do seu trabalho, também façam um esforço para aceitar essa nova realidade que os executivos estão querendo viver.

Trabalho sempre vai ter

Sei por experiência própria como os comentários das pessoas próximas podem ser duros de ouvir. Sofri um forte bullying quando resolvi mudar toda a minha vida. "Você está maluco? Vai viver do quê? Como vai manter sua casa, sua esposa, sua filha? Isso que você vai fazer não vai dar dinheiro!" Mas o que significa exatamente a frase "isso não vai dar dinheiro"? De quanto dinheiro se está falando? Eu trabalhava que nem um louco. Eu tinha uma parte de uma empresa, um emprego, era tudo perfeito. Tinha tudo, mas resolvi fazer o que eu gosto.

Hoje faço o que gosto e ainda assim estou ganhando dinheiro. Muito dinheiro? Não. Mas ganho o suficiente para me fazer feliz e pagar a vida que eu quero ter. Trabalho sempre vai ter, será uma demanda constante e até crescente. O que está desaparecendo é o emprego tradicional, na forma que nós conhecemos nos últimos anos. Quando somos atacados por temores ou as críticas dos outros nos afetam, é porque é difícil tirarmos aquela armadura que sempre vestimos, ou tirarmos as máscaras que usamos no mundo corporativo. Continuamos a usar diversas máscaras. Mas, felizmente, estamos perdendo a vontade de fingir ser algo que não nos diz nada de bom.

Em uma palestra que fiz na Flórida, em Boca Raton, em novembro de 2016, alguém na plateia me perguntou: "OK, você mudou de vida, procura uma vida mais integrada, mas continua trabalhando muito, como é isso?". Respondi que eu não via problema nisso por saber que era algo passageiro, que assim que eu me estabilizasse nesse novo momento iria certamente colocar um ritmo satisfatório na minha vida. Além disso, eu fazia algo em que acreditava e, portanto, era muito menos estressante que um emprego no qual eu me sentia infeliz fazendo coisas que não tinham nenhum sentido para mim.

Depois, de volta ao hotel, refleti de maneira mais profunda sobre essa questão. Qual é a nossa maior dificuldade? É exatamente colocarmos um limite para as coisas. Se você gosta de chocolate, por exemplo, e não coloca um limite para você mesmo de, por exemplo, comer uma barrinha por dia, ou a cada dois dias, você pode ter péssimas experiências com o chocolate. Logo estará comendo 10, 15 barras e ficará enjoado, com o colesterol alto, açúcar no sangue, e por aí vai.

Com o executivo e o empresário costuma acontecer algo parecido. Eles não colocam um limite para o que querem. "Quero ter uma casa própria, quero ter um carro de luxo, quero ter um iate, quero comprar a empresa do concorrente." Quando atingem esse objetivo, querem ainda mais coisas, pois não colocaram nenhuma meta, nenhum limite para seus desejos. Eles trabalham até a exaustão, arruínam sua vida e a de sua família e ainda ficam frustrados no final.

De volta ao hotel, a pergunta que me foi feita da plateia me fez refletir sobre o que é satisfatório para mim. Vamos a um exemplo prático: se eu consigo vender uma palestra minha a 15 mil reais, quantas palestras quero fazer num mês para ter uma vida boa, confortável e que me permita ter uma existência balanceada? Eu adoro dar palestras. Meu desejo seria fazer palestras de segunda a segunda, nos 30 dias do mês. Mas, se eu fizesse isso, iria me matar, como aconteceria com aquele chocólatra. Isso me destruiria, pois eu teria que viajar de um lado para o outro o tempo inteiro.

Dessa maneira, não conseguiria conviver com minha filha, não conseguiria conviver com minha mulher, não conseguiria conviver com meus amigos. Não me exercitaria fisicamente, não me divertiria. Então o que eu quero fazer? Fazer duas palestras por semana no máximo. Pronto, já coloquei uma meta. Quero isso e vai ser muito bom. Vou ganhar dinheiro, conviver com minha filha, fazer minhas viagens de moto e é isso.

Mas, como diz aquela citação célebre, o preço dessa liberdade é a eterna vigilância. Um exemplo disso é essa mesma palestra que fiz em Boca Raton. A plateia estava cheia, e as pessoas que me convidaram ficaram felizes com o resultado. Foi tudo lindo, mas sacrificante. Fiquei uma semana fora de casa: é que, depois que voltei dos Estados Unidos, tive de ir a São Paulo e, em seguida, até Vitória da Conquista, na Bahia, para dar outra palestra. Não é uma coisa simples, mas é recompensador. Você se sente lisonjeado. As pessoas vêm falar com você. E aí começa o processo de sedução e seu ego começa a brigar com a realidade. "Ah, vou fazer só mais uma palestra, só neste final de semana." E, quando você se dá conta, já está trabalhando sem limites, colocando sua saúde em perigo.

É difícil resistir aos mecanismos de sedução do mundo corporativo. Eles funcionam quando você é convidado para estar sempre nos melhores lugares, na companhia das melhores e mais famosas pessoas. Seu carro sempre vai ser o mais luxuoso, as pessoas vão te bajular. Nos Estados Unidos, essa sedução é especialmente forte. Os CEOs são tratados como artistas de Hollywood: nunca enfrentam filas nos restaurantes, a primeira fileira de cadeiras nos jogos da NBA está reservada para eles e têm lugar garantido no Super Bowl, a final do campeonato de futebol americano. Isso sem falar dos salários e bônus milionários. Os CEOs têm tamanho prestígio nos Estados Unidos que, até mesmo quando realizam uma gestão desastrosa e saem da organização, recebem uma fortuna de indenização, como se houvessem atingido os melhores resultados possíveis.

No Brasil, e no resto do mundo, os ganhos e mordomias dos executivos não são tão formidáveis assim, mas a sedução também é forte, e a maioria não consegue resistir. Trocam a satisfação de seu ego e vaidade pela sua saúde física e psicológica. Vendem a alma, enfim.

Mas, certamente, há exceções nessa regra. Muitos desses executivos conseguem discernir o que realmente importa em sua vida. Essa decisão nem sempre é fácil, e às vezes traz recaídas, confusão e insegurança. Mas nunca ouvi de nenhum deles que estivessem arrependidos de ter optado por levar uma vida mais autêntica. Dois desses executivos, meus amigos, que passaram por experiência semelhante, foram generosos em conceder entrevista para este livro contando o que viveram. O já citado Ricardo Galvão, que esteve à frente de uma importante empresa de TI, em Salvador; e Vicente Siciliano, que trabalhou por muitos anos na empresa da família, a Livraria Siciliano, até decidir seguir o seu próprio caminho.

Felicidade é extensão do lucro

Ricardo Galvão, engenheiro e empresário

Formado em Tecnologia da Informação e em Engenharia Civil, Ricardo Galvão passou pela amargura de ver seu primeiro casamento chegar ao fim como resultado do pouco tempo que dedicava à família. "Sempre tive essa visão focada nos negócios, era mesmo um workaholic e, por isso, quando estava abrindo minha primeira empresa, deixei minha esposa, minha filha e o cuidado com meu físico em segundo plano", recorda-se. Algum tempo depois, sua empresa faliu, o que, apesar de tudo, trouxe grandes aprendizados para ele. No entanto, o pouco tempo dedicado aos seus entes queridos não pôde ser recuperado. Até hoje, o executivo lamenta o pouco contato que teve com a filha.

Profissional de competência reconhecida, logo Ricardo Galvão seria convidado para juntar-se a uma das maiores empresas de TI em Salvador. Ali, ele teria uma carreira de sucesso e, principalmente, uma vida profissional e pessoal um pouco mais integrada. "Já na entrevista de admissão na empresa, avisei o diretor que estava à minha frente: trabalhar duro, eu trabalho, mas não vou ficar sem almoçar e quero tempo também para minhas outras atividades." Entre essas atividades estava o treinamento em artes marciais. Hoje Ricardo Galvão é instrutor de Krav Magá, um estilo de luta famoso por ser utilizado nas forças especiais do exército de Israel.

Na condição de executivo na nova empresa, Ricardo Galvão mostrou que seu compromisso em procurar uma integração entre a vida no trabalho e a fora dele era para valer. Implementou políticas internas de gestão de pessoas que trouxeram mais elasticidade ao horário de trabalho dos funcionários, incentivo a exercícios físicos e gestão participativa, entre outras práticas. A empresa apresentava bons resultados e logo atraiu a atenção de uma gigante do setor de TI, com atuação em vários países. Com a associação das duas marcas, houve um choque de culturas. Parte dos avanços na política de pessoal foram revertidos, o que causou desgosto a Ricardo Galvão, que acabou saindo da área operacional da empresa.

"Consegui meu primeiro emprego como programador em uma construtora em Salvador. Dava aula à noite na Escola de Engenharia Eletromecânica. Abri minha primeira empresa com dedicação total. Era jovem na época, e passava por um processo de separação em um casamento no qual minha filha ficou em segundo plano. Hoje, que tenho duas outras filhas e vejo a felicidade de estar com elas, entendo o quanto eu falhei por manter-me distante da minha primeira filha. Isso aconteceu porque eu não tinha ainda essa visão de como é necessário o equilíbrio entre a vida profissional, a pessoal e a familiar.

Desde a época da minha separação, da falência da minha empresa e da vida fora de integração, que considero um período de trevas, decidi fixar alguns princípios sagrados: nunca mais deixar de me alimentar a cada três horas e de praticar atividade física. Não falhei nisso nem por um dia, e me orgulho de ter conseguido essa vitória. Na medida em que fui crescendo dentro da organização, recebendo ações e quotas da empresa, pude implantar esse mesmo estilo de vida lá dentro.

Eu acreditava que os profissionais tinham de ter uma vida integrada. Eles deveriam trazer resultados, claro, mas nunca fui austero, por exemplo, com os horários. Se o empregado queria, em determinado dia, descansar em casa, por mim não havia problema algum. Eu entendia que em alguns momentos ele queria se recuperar de algum estresse emocional com o filho, algum problema com a família ou alguma outra razão. Por que não? Se donos de empresa e diretores fazem isso, por que um empregado que está abaixo na hierarquia não pode ter as mesmas necessidades?

Sempre apoiei esse estilo de trabalho na empresa, e ela sempre atingiu os resultados esperados. Havia uma política de gestão participativa, de incentivo. Na questão da saúde física, nós encorajávamos os empregados a praticar atividades físicas, inclusive pagando 50% da mensalidade das academias. E cobrávamos a frequência. Quem era subsidiado e faltava às aulas deveria dar lugar a outro empregado interessado em praticar exercícios.

Tenho certeza de que essa forma de lidar com as necessidades dos colaboradores teve um impacto positivo sobre eles. Eu percebia sutis mudanças de comportamento, como a disposição com que vinham trabalhar às segundas-feiras. Não havia aquele sentimento ruim que surge no domingo e nos faz reclamar: 'Ai, meu Deus, amanhã é segunda-feira, vou ter de ir trabalhar'. A moral estava alta. Um funcionário nosso que trabalhava no final de semana prestando serviços para um hospital e era obrigado, pela função que desempenhava, a passar a noite ali se orgulhava de ter dormido sobre uma maca. Outro, que pesava 130 quilos, iniciou uma dieta inspirado no que dizíamos sobre alimentação correta e perdeu orgulhosamente 40 quilos. Tudo isso era muito bom. Trabalhávamos com o conceito de felicidade. A felicidade era entendida como a extensão do lucro da empresa. Havia uma grande sincronicidade e as coisas sempre aconteciam. Todos os anos, nós cumpríamos nossas metas.

Quando os novos sócios chegaram – uma empresa grande, com um conceito de negócios mais voltado para performance –, o choque cultural foi absurdo. Eles vinham de uma visão estritamente financeira. Uma das primeiras coisas que fizeram foi exatamente cortar os subsídios da academia. Eles argumentavam que isso não era a atividade final da empresa. Seria melhor substituir aquele subsídio por um incentivo às pessoas que quisessem fazer uma faculdade, um mestrado, coisas assim. Não é que esse raciocínio não esteja correto, pois ele tem uma lógica. Mas faltou a habilidade para entender qual era a vontade da empresa, que, afinal de contas, é um organismo vivo. Também ignoravam o resultado subliminar, o resultado inconsciente dessas medidas. Nem vou entrar no mérito de que aquelas pessoas estavam mais felizes com os programas que tínhamos. Ok, se o foco é incentivar estudos e aperfeiçoamento profissional, pagar uma academia de ginástica deve soar mesmo como um absurdo. Não tem nada a ver diretamente com o core business de uma empresa de TI. Mas quantas pessoas geraram endorfina com seus exercícios físicos? Quantas deixaram de ficar doentes, diminuindo o absenteísmo e trabalhando com mais energia e felicidade?

O foco da empresa passou a ser o Ebitda, a geração de caixa. Senti que não estava mais alinhado com a nova orientação e decidi não fazer mais parte do dia a dia dela, embora não tenha me desligado. Sou o responsável pelo segmento de novos negócios e relacionamento com clientes e públicos de interesse. Senti que minha vida profissional e a pessoal corriam o risco de não estarem mais integradas e decidi mudar a vida profissional para manter essa ligação."

Pressões familiares

Vicente Siciliano, executivo e empresário

Vicente havia completado 16 anos quando um dia seu pai, também chamado Vicente, o chamou e avisou: "A partir de amanhã você começa a trabalhar comigo, no escritório". Assim, na lata, sem nem ao menos perguntar o que ele achava ou se ele queria, conta Vicente Siciliano Júnior, que no final de 2016 completou 48 anos. No dia seguinte, de paletó e gravata e com uma angústia que o seguiria por mais de duas décadas, Vicente se apresentou na Livraria Siciliano, empresa que pertencia à sua família desde 1928 e que, no auge da sua história, foi uma das maiores livrarias do país, com 85 lojas e mais de 500 empregados.

Apesar da formalidade da sua roupa, Vicente recebeu uma tarefa singela: colocar etiquetas com preços nas revistas. Mesmo sendo o filho do dono e trabalhando lado a lado com pessoas que recebiam um salário mínimo, como recorda, Vicente se deu bem com todos e se sentia querido pelos colegas. Deixou de lado, por ora, o pensamento de que não havia escolhido trabalhar ali e mergulhou fundo no negócio. Ainda aos 16 anos, foi por sua iniciativa que a Siciliano se tornou a pioneira no Brasil em colocar códigos de barras nas revistas e o código ISBN nos livros que vendia.

Em pouco tempo, outras tarefas seriam acrescentadas à sua rotina: a chefia do departamento administrativo, bem como o departamento de importação, o que o obrigava a fazer viagens internacionais para feiras de livros e revistas. "As funções eram acumulativas, quer dizer, eu viajava para fora do Brasil para fazer compras, cuidava da administração da empresa e continuava a etiquetar revistas, e tudo isso me foi passado sem que me perguntassem o que eu queria fazer", conta.

Aos 21 anos, Vicente foi novamente intimado a assumir uma função. Desta vez a ordem veio do tio, Oswaldo Siciliano, sócio junto com o pai na livraria. Ele deveria passar um ano nos Estados Unidos para aperfeiçoar o inglês. Vicente foi, gostou e gostaria de ter ficado mais tempo, mas a nova ordem que recebeu era a de que deveria voltar e assumir a área de expansão da empresa. Haviam decidido aumentar o número de lojas. Deveriam ser instaladas 13 delas no prazo de um ano. Vicente trabalhou dia e noite, engordou 30 quilos e entregou as 13 lojas, até mesmo antes do prazo. Não ouviu nem um "parabéns" nem um "obrigado" por isso. Nem do pai, nem do tio, nem de ninguém. "Eu confesso que carrego muitas mágoas. Já lidei com muitas delas. Mas a mágoa do não reconhecimento andou comigo talvez até dois, três anos atrás. Eu fiz muita coisa lá dentro."

Outras más experiências aconteceriam. Com dívidas e maus resultados, a Siciliano venderia suas 62 livrarias, os quatro selos da sua editora e sua operação na internet à Livraria Saraiva, outro importante player do setor. A transação, concluída em 2008, foi perturbada por desavenças pesadas entre os membros das famílias de Vicente pai e de seu irmão Oswaldo. Acusações de má-fé e traições chegaram até a imprensa, causando constrangimentos.[5] Exatamente um mês depois da venda, o pai de Vicente morreria durante uma cirurgia. "Desde que surgiram as primeiras desavenças, meu pai foi morrendo. Ele não queria acreditar que aquilo estava acontecendo. Meu pai se enganou demais", conta ele.

"Eu sempre tive, desde criança, muita preocupação em não magoar as pessoas. Obviamente, por esse motivo, não sabia falar 'não', e assim eu aceitava coisas que eu não queria. E eu não queria muita coisa, mas, para não magoar o outro, eu fazia. Quando essa preocupação em não contrariar ninguém está presente na sua mente, você acaba se anulando e enfrentando, como eu enfrentei, muitos conflitos internos. A consequência é que eu fui um jovem muito introvertido, tanto na minha vida pessoal quanto no trabalho que fazia na Livraria.

Várias tarefas me foram passadas sem que perguntassem para mim se era o que eu queria fazer ou não. Por conta do meu temperamento, terminava aceitando a carga de trabalho, que era pesada, sem questionar. Uma dessas missões, a de instalar uma loja no Shopping Higienópolis, na cidade de São Paulo, em 20 dias, me marcou profundamente. Consegui entregar a obra dentro do prazo. No dia da inauguração, havia muita gente lá. Todos elogiavam meu pai, meu tio. Eu, no meu cantinho, não recebi nem um 'parabéns'. Puxa, o que custava fazerem isso? Era tudo o que eu queria!

Aquilo me moeu por dentro. Nessa época, eu já estava no meu primeiro casamento, e a Siciliano havia se tornado um imenso peso para mim. Isso me marcou muito. Hoje, faço questão de elogiar meus dois filhos e dizer para eles o quanto os amo, o que também nunca foi dito para mim. Me esqueci de mencionar que, alguns anos antes desse episódio, eu havia servido o Exército, mais precisamente na Polícia do Exército. O Exército faz você virar um homem de verdade. Talvez tenha sido por isso que encontrei energia para começar a fazer algo que não estava no script da vida que eu estava levando na Siciliano. E uma dessas coisas foi começar a correr de kart.

No começo, corria escondido da família, pois sabia o quanto seria criticado. Mas no fim acabei revelando. Como previsto, as críticas vieram logo: 'irresponsável!'. Pela primeira vez, não me abalei com isso, e decidi continuar correndo. Uma das razões para não voltar atrás é que era algo que eu fazia com meu próprio dinheiro. Comecei a tomar gosto pelas corridas. Passei para a categoria Corsa, depois Clio, e em seguida fui para o Stockcar. Viajava pelo país todo com as corridas, e até abri uma empresa de marketing esportivo. Estava entusiasmado. Pela primeira vez eu sentia que estava vivendo a minha própria vida. Nesse estado de espírito, comecei a viver transformações profundas. Me separei da minha primeira mulher, com a qual tive meu primeiro filho. Já com meus 30 e poucos anos, comecei a conviver com pessoas mais jovens, que faziam parte das equipes de corrida. Algum tempo depois, me casei com uma mulher que também era corredora e dez anos mais nova do que eu, casamento esse que duraria 11 anos e também me daria um filho.

Mas as pressões ainda eram grandes. Mesmo depois de tantos anos, eu não me identificava com a empresa. Me sentia como em uma prisão domiciliar. Em determinado momento, as coisas começaram a se transformar dentro da Siciliano. Para terminar a expansão das lojas, fizemos uma associação com uma empresa americana de investimentos. Meu tio e o filho dele, meu primo, participaram mais do processo, mas eu acompanhava todas as reuniões, pelo menos aquelas das quais eu era avisado; as secretas, não. Tivemos problemas societários graves.

Algum tempo depois, decidiu-se fazer uma profissionalização da empresa, o que significava que a família deveria sair do comando. No meu caso, teria que me afastar em 40 dias. Como sempre, fiz tudo da maneira que determinaram. Treinei os que iam me substituir nas quatro, cinco, seis funções que eu exercia e saí exatamente no 41º dia. Mas, no final, meu primo decidiu que ficaria na empresa e seria o diretor-presidente. Começaria aí uma longa e dolorida série de processos legais, advogados e descobertas chocantes de algumas atitudes, o que culminaria na venda final da empresa.

Nesse processo de profissionalização ficou decidido que eu receberia meu salário por mais um ano e, depois disso, ponto final. Eu não me importei com isso em nenhum momento. Eu tinha meu apartamento, meu carro, e o que eu pensava era: 'Uau, me livrei disso'. Foi como uma segunda libertação. Decidi que iria tirar 30 dias de férias. Chamei minha esposa e fomos para Ubatuba. Fiquei só quatro dias. Depois que entendi que poderia finalmente dirigir minha vida da maneira que eu quisesse, senti uma grande urgência em voltar para São Paulo. E foi o que eu fiz. Havia decidido abrir uma construtora, pois tinha o know-how e os contatos com profissionais da época em que instalava lojas da Livraria. Construí casas, mas o negócio sofreria com as mudanças na conjuntura econômica do país. Perdi dinheiro com aquilo, mas uma nova vida havia começado para mim.

Ainda haveria mais estrada à frente em que tristezas e alegrias iriam surgir. Com dificuldades e conflitos servindo de pano de fundo, a Livraria Siciliano seria vendida à sua concorrente, a Livraria Saraiva. Eu retomaria o ramo da construção e finalizaria um condomínio de galpões, um patrimônio ainda hoje relevante para a minha família. O fim do meu segundo casamento e a morte do meu pai me abalariam fortemente. Mas as coisas acabaram por se acertar de uma maneira harmônica. Conheci uma mulher, mineira, durante uma estada na praia, em Comandatuba, com a qual iniciei um relacionamento que muito me enriqueceu espiritualmente. Neste início de 2017, estou finalizando um aplicativo que consiste em uma plataforma de esportes pela qual várias empresas já mostraram interesse. Hoje tenho um novo modelo familiar que me encanta. Tenho meu filho aqui em São Paulo, e o mais novo mora no Rio. Eu o vejo pelo menos a cada 15 dias. A minha namorada, em Belo Horizonte, é companheira de viagens e meditações. Estou feliz, sou feliz. Penso em ter uma fazenda, com animais. Ali não vai se matar gado, só vai ter vaca pastando grama."

No próximo capítulo, falaremos das dificuldades que os empreendedores e os empresários têm que superar para conquistar uma vida pessoal e uma vida profissional integradas.

5

A hora de quebrar as algemas

De 1995 a 2017, Bill Gates, fundador da Microsoft, foi por 16 vezes considerado o homem mais rico do mundo no ranking anual produzido pela revista americana *Forbes*. Em fevereiro de 2017, Gates acumulava um patrimônio líquido de 85,6 bilhões de dólares,[1] uma fortuna superior às riquezas produzidas em um ano pelo Uruguai e pelo Paraguai somadas.[2] Por sua vez, Steve Jobs, fundador da Apple e, assim como Bill Gates, protagonista de uma das mais significativas revoluções tecnológicas da humanidade, era dono de um patrimônio de 14,4 bilhões de dólares à época da sua morte, em outubro de 2011.[3]

Embora os dois empreendedores sejam da mesma geração (ambos nasceram no ano de 1955; Steve, em fevereiro, e Bill, em outubro), o comportamento deles diante da vida profissional foi muito diverso. Enquanto Steve Jobs sempre trabalhou intensamente, mesmo quando o câncer no pâncreas que o vitimou já estava bastante adiantado, Bill Gates foi diminuindo gradativamente o tempo que passava no escritório. Em janeiro de 2000, aos 44 anos, ele deixou o cargo de CEO da Microsoft, assumindo uma posição menos executiva e mais estratégica.

No ano de 2006, quando completou 50 anos, Bill Gates decidiu que trabalharia somente meio expediente na Microsoft e passou, então, a dedicar-se à fundação que criou junto de sua esposa, chamada Bill e

Melinda Gates, focada na saúde e educação mundial. Na época, o fundador da Microsoft explicou sua decisão em entrevista ao *CNN Money*: "Eu acredito que uma grande riqueza traz a grande responsabilidade de dar um retorno à sociedade, para aqueles que passam por necessidades". E completou: "Não estou me aposentando, mas reordenando minhas prioridades".[4]

Na minha opinião, há muita sabedoria na postura de Bill Gates. Mas, antes de continuar, é preciso dizer que não há nenhuma evidência de que a maneira como Steve Jobs se comportava em sua vida profissional tenha uma relação direta com sua morte precoce, aos 56 anos (no próximo capítulo discorro um pouco mais sobre o estilo profissional de Steve Jobs). Mas me pergunto – e isso vale para o empresário e o empreendedor bem-sucedido: como essas pessoas poderosas exercem a sua liberdade? Se os atributos historicamente mais valorizados pelos seres humanos são de fato a liberdade, a capacidade de escolha e a capacidade de tomada de decisões, por que empresários tão poderosos se submetem a continuar trabalhando com essa algema dourada que é a compulsão de desejar ter cada vez mais? Bill Gates, de certa maneira, parece ter decidido que era a hora de quebrar essas algemas.

Escravidão bem remunerada

A vida corporativa pode trazer poder, prestígio e benefícios milionários para alguns, mas, quando ela não tem limites e não se submete a uma "reordenação de prioridades", como diz Bill Gates, passa a se tornar uma escravidão. Uma escravidão bem remunerada, mas, ainda assim, uma escravidão. Reconhecer a fronteira entre a justa recompensa pelo esforço e pelo talento e o exagero do desejo sem freios é algo que exige autoconhecimento.

Ou seja, o empresário ou o empreendedor precisam conseguir frear seus instintos de acumulação e dizer: "Estou feliz e satisfeito com o que tenho, não vou sacrificar a minha vida". E isso não se refere somente aos bens materiais, mas também à ânsia pelo poder, à necessidade de se sentir admirado ou temido. Essa não é uma decisão fácil de ser tomada. Uma tênue linha separa o desejo de progredir e a ambição desmedida.

É claro que alguém sempre pode argumentar: "Quando você tem 85,6 bilhões de dólares é fácil dar-se por satisfeito". Mas acredite: o que o tornará feliz e realizado com o que faz não pode ser guardado em um banco ou convertido em ações na Bolsa de Valores. Não estou fazendo apologia à pobreza e não acredito de forma alguma que uma vida com carências materiais severas possa ser prazerosa, nem mesmo a um faquir. Mas há um meio-termo que está localizado na satisfação interior das pessoas, e não na quantidade de bens exteriores acumulados.

Nunca é demais lembrar que, mesmo quando amamos o que fazemos e nos entregamos com dedicação e paixão a alguma tarefa, também podemos ser vítimas de graves problemas físicos e psicológicos. E, tão grave quanto, podemos comprometer a harmonia entre nossas vidas profissional, familiar e social. O que aconteceu com a designer e empresária Ana Couto é um exemplo clássico disso. Ana, que simpaticamente concedeu uma entrevista a este livro (conforme você verá no fim do capítulo), relata sua experiência em um perigoso burnout. Ela ama de paixão seu trabalho na Ana Couto Branding, empresa em que é a CEO. Nunca deixou de lado suas funções de mãe e sempre foi presente na vida do marido e atuante na vida familiar. No entanto, ela queria continuar a fazer tudo no ritmo e na perfeição com a qual sempre trabalhou, até o momento em que seu corpo parou. Ela foi acometida por uma doença rara que a deixou em perigo de vida.

Não há certezas neste mundo

Quando falamos em trabalhar com o que se gosta há um ponto importante que merece uma reflexão. No mundo em que vivemos, nunca há certezas definitivas. Não temos controle sobre todas as coisas, e elas podem mudar em um segundo, sem que possamos fazer nada a respeito. Dois exemplos disso: embora o executivo Ricardo Galvão, mencionado no capítulo anterior, não fosse dono da empresa de TI na qual era o líder, ele estava profundamente satisfeito com o trabalho que desenvolvia ali, especialmente em relação ao ambiente criado junto aos empregados. Mas, com a chegada dos novos sócios, houve mudanças contrárias à sua filosofia de trabalho que resultaram no seu afastamento.

Outro exemplo, esse bem mais dramático, é o de Steve Jobs. O sucesso que alcançou com a Apple e com a Pixar, empresa que também controlava, foi interrompido por uma doença grave que encerrou definitivamente sua trajetória. Será que antes de morrer Steve Jobs teve a oportunidade de usufruir da satisfação e da paz de espírito que o sucesso pode trazer?

Para grande parte da geração nascida no período que vai da década de 1950 ao início dos anos 1960 – os chamados *baby boomers* – preponderava uma visão pragmática de que valia a pena fazer qualquer coisa para se alcançar o tão almejado sucesso. É claro que essa maneira de ver o mundo ainda persiste, e talvez ainda tenha fôlego para perdurar por muitos anos, mas ela sem dúvida está em baixa para os empresários e empreendedores mais jovens que, hoje, giram em uma rotação diferente dos líderes das gerações anteriores. Talvez eles entendam mais facilmente que, de fato, não vale a pena investir tanta energia em algo tão instável como pode ser uma carreira em uma grande empresa.

Esse parece ser o comportamento de Mark Zuckerberg, um dos fundadores do Facebook, nascido em 1984 e, portanto, legítimo representante da geração Y, que vai de 1980 a 1995. Mesmo sendo indiscutivelmente um bilionário (em março de 2017 a revista *Forbes* o apontava como dono de um patrimônio líquido de 58,1 bilhões de dólares),[5] Mark Zuckerberg não aparece na mídia a bordo do seu iate, na praia com uma estrela de Hollywood ou saindo sorridente de uma festa de famosos. Ao contrário, ele cultiva com cuidado a imagem de alguém que valoriza a vida simples e a convivência familiar.

O comercial que divulgava, no final de 2016, o lançamento de Jarvis, um software que usa inteligência artificial para controlar funções da casa, tais como acender luzes, ligar eletrodomésticos, monitorar a temperatura ambiente e até fazer o reconhecimento facial de visitantes, foi gravado na própria casa de Mark. Nele, aparecem sua mulher, Priscilla Chan; sua filha, Max; seus pais, Edward e Kristen Zuckerberg; e até Beast, o cachorro da família.[6]

Seria tudo isso uma esperta jogada de marketing? Pode ser. Quando algo assim é publicado, certamente tem uma ação de marketing por trás. Mas parece que é mais do que isso. Dificilmente alguém que acompanha a trajetória de Mark Zuckerberg sente que esses valores externados pelo CEO do Facebook soam artificiais, como algo meticulosamente inventado em benefício da sua imagem.

Em 1º de dezembro de 2015 Mark fez o anúncio do nascimento de Max acompanhado de uma carta em que externava sua visão de mundo: "Priscilla e eu estamos muito felizes em receber nossa filha, Max, neste mundo! É um mundo onde nossa geração conseguiu avançar por meio do potencial humano e promover a igualdade, com a cura de doenças, com uma aprendizagem mais pessoal, aproveitando a energia limpa, conectando pessoas, construindo comunidades fortes, reduzindo a pobreza, proporcionando igualdade de direitos e espalhando compreensão entre as nações".[7] Algo bem diferente do que apenas pensar no lucro e em como distribuir dividendos para os acionistas, não é?

Outro empreendedor, Travis Kalanick, um dos fundadores do Uber, também surge na mídia muito mais na condição de conferencista no TED – uma série de curtas conferências em que pessoas expõem suas ideias inovadoras – e em outras plataformas semelhantes do que pelas suas experiências mundanas. A existência de iniciativas como o TED, fóruns de debates, encontros internacionais e até a caótica expressão de ideias e propostas que surge em mídias sociais como o Facebook, o

YouTube, o Instagram e centenas de milhares de blogs são uma mostra de que vivemos outros tempos e de que os empreendedores e empresários de hoje são outros.

Não é exagero dizer que esses empresários se expressam para o mundo de maneira mais qualificada e complexa. Sim, eles ainda pensam em resultados, em expandir seus negócios, em ganhar espaço no mercado, em travar uma luta que pode ser cruel contra seus concorrentes, como é feito desde que a Revolução Industrial abriu espaço para o capitalismo instalar-se amplamente no planeta. Mas há algo de diferente neles, não é mesmo?

Crescer em um mundo melhor

Pautas como inclusão, busca por uma vida mais significativa, criação de oportunidades, luta contra a discriminação e promoção de chances iguais fazem parte da agenda desses novos executivos. A ideia de que este mundo pertence aos mais fortes, mais espertos, mais agressivos e mais aptos já não é mais aceita com o mesmo entusiasmo ou fatalismo do passado. "Como todos os pais, queremos que você cresça em um mundo melhor que o nosso hoje", escreveu Mark Zuckerberg na mensagem em que anunciava o nascimento da filha.

Atualmente vemos que o dinheiro já não compra tudo. Tivemos exemplos recentes disso no Brasil, quando políticos, funcionários do governo e empresários muito poderosos, que não imaginavam que um dia seriam desafiados, foram presos ou processados pelo seu envolvimento em escândalos de corrupção e desvios de dinheiro. Nas minhas funções como executivo, conheci muitos destes que foram pegos em atos ilícitos. Costumavam ser prepotentes e arrogantes.

Fico imaginando como eles se sentem quando sentam no sofá em suas casas, com uma tornozeleira eletrônica ou uma ameaça de prisão pendente. Será que consideram que valeu a pena passar por tanto constrangimento, sofrer de estresse, ter as relações com seus familiares e amigos profundamente abaladas, perder seu prestígio e respeitabilidade? Será que o dinheiro que receberam e colocaram nas suas contas secretas em paraísos fiscais fez valer tudo o que estão passando? Dinheiro esse, aliás, que pode ser tomado de volta pela Justiça?

Como é possível que esses empresários, políticos e personagens de renome optem por correr o risco de abrir mão de sua reputação, de sua liberdade, da possibilidade de fazer escolhas e da felicidade de poder desfrutar de uma vida que tenha um significado que vá além de encher os próprios bolsos de dinheiro? Não sei a resposta. Mas acredito que não seja só uma questão de falta de caráter. Acho que há também uma profunda ignorância em não perceber que tais caminhos podem conduzi-los a lugares muito sombrios. E quando digo sombrio não estou falando apenas da prisão, mas também de suas consciências, do olhar do filho, do espelho.

Há, claro, a sensação de garantia de impunidade. Quando se trata de desvios de recursos e negociatas políticas, torna-se difícil aos envolvidos imaginar que, com tanta gente poderosa envolvida em um esquema desonesto, alguém terá a capacidade e a coragem de puni-los. Como foi dito, neste mundo não há certezas sobre nada. Não deve ser fácil manter a vida profissional e a pessoal integradas e harmônicas quando à noite na cama pensamos que o perigo de sermos condenados e presos não parece tão remoto assim.

No mundo corporativo, os empresários têm contra si outro componente tóxico que, absorvido sem restrições, também faz com que eles percam a capacidade de integrar suas vidas profissional e pessoal e de encontrar satisfação verdadeira no que fazem. Este veneno é a vaidade, potencializada pelo glamour que permeia o dia a dia do alto comando das corporações.

Quando você ocupa um cargo de relevância no mundo corporativo, a sensação de ser admirado, elogiado, invejado e paparicado pelas pessoas que o cercam pode se tornar algo tentador. No momento em que só se consegue perceber os olhares de aprovação, os agrados e os tapinhas nas costas de bajulação, imediatamente vem a certeza de que tudo aquilo é justo, merecido e nunca irá acabar. A possibilidade de se dar mal ou até mesmo de ser preso é algo impensável caso você ande à margem da legalidade na sua vida profissional. "Isso só acontece com os outros, nunca acontecerá comigo", é o que costumamos dizer. Descobrimos que, sim, pode acontecer com você, quando já não há tempo de voltar atrás.

Luzes e elogios

Em geral, essa adulação tem lugar em eventos, festas, jantares e acontecimentos sociais aos quais está presente também uma mídia que se ocupa de notícias mundanas e registra e exibe imagens em suas colunas sociais. Quando a vaidade passa a controlar o empresário e este toma gosto por esse tipo de exposição, frequentar eventos que possam gerar esse tipo de divulgação torna-se quase uma obsessão. Ele passa a viver em sua Hollywood particular.

Se há cinco eventos sociais em uma mesma noite, ele vai a todos, porque neles poderão estar as revistas que contarão como só havia gente famosa naquele jantar ou naquele show, entre eles nosso empresário. Nesse momento, sua vida pessoal, sua família, seus princípios e seus grandes objetivos são empurrados para trás para dar espaço a todas aquelas luzes, sorrisos e adjetivos elogiosos que são agora o sentido da sua vida. Uma alienação total.

A promoção desse glamour se faz presente em todo o mundo corporativo. Grandes empresas promovem esses eventos; agências de publicidade, de relações públicas e bancos de investimentos também são pródigos produtores de acontecimentos sociais. E vamos a essas grandes celebrações usando as máscaras sobre as quais falamos no capítulo anterior.

A empreendedora e empresária Karen Kanaan contou, também em entrevista exclusiva para este livro, como decidiu, ao ser convidada para assumir um cargo de relevância, não fazer uso dessas máscaras corporativas. Após uma experiência ruim de quase dois anos como gerente de conta em uma das maiores agências de publicidade do Brasil, Karen Kanaan assumiu o cargo de diretora de comunicação e relações institucionais da Endeavor, uma organização sem fins lucrativos que apoia o empreendedorismo e empreendedores de alto impacto.

"Quando entrei na Endeavor, a linguagem era uma barreira", conta. "Senti que todos eram superformais, as pessoas não se tocavam. Passei a primeira semana em crise. Eu pensava assim: eu não tenho MBA, Harvard ou MIT. Sentia que nunca iria pertencer a esse lugar. Fiz colégio estadual, me formei na Anhembi/Morumbi. Passei uma semana me massacrando, me desmerecendo e dizendo que eu era inferior àquele lugar. Como é que eu vou viver nesse ambiente?", relembra.

Foi quando ela tomou uma decisão: "Vou ter de ser eu, não tem outro jeito. Se eu sentar com um empreendedor, que qualidades eu tenho para mostrar? Eu tenho interesse genuíno nas pessoas, eu curto para caramba fazer amigos, eu gosto de gente, eu gosto de conhecer". Deu certo: "Foi exatamente isso que me fez conseguir todos os relacionamentos e toda a grana que eu consegui trazer para a Endeavor. Nunca foi com uma conversa puramente de negócios. E, no fim das contas, parecia que essa linguagem era tudo do que eles precisavam".

Karen Kanaan e Ana Couto passaram, com intensidades e causas diferentes, por momentos de profunda transformação em suas vidas profissional e pessoal. E, também de maneiras diversas, alcançaram uma integração satisfatória entre essas duas esferas vitais. Leia a seguir os seus relatos.

Eu nunca perco – ou eu aprendo ou eu ganho

Karen Kanaan, empresária e empreendedora

Foi a mistura de quibe com acarajé, ou seja, sua ascendência libanesa e baiana, que fez com que Karen Kanaan tivesse "essa coisa de venda com ginga, e esse jeito de me comunicar sempre me ajudou muito ao longo do caminho", conforme ela mesma explica. Com sua experiência de mais de dez anos em marketing e comunicação, em que foi tanto empregada quanto empreendedora – entre os negócios que criou figura uma agência de marketing que manteve por quatro anos nos Estados Unidos –, Karen decidiu, em maio de 2015, aventurar-se com uma sócia em um novo negócio. Trata-se da Baby&Me, que propõe produtos e soluções inovadoras para os pais gerenciarem de maneira prática e rápida as necessidades de higiene e vestuário dos bebês. Em apenas um ano e meio, a startup havia desenvolvido dez produtos que estavam em 80 pontos de venda, com um crescimento de 20% ao mês.

Além da energia proporcionada pelo quibe e pelo acarajé que sua fundadora carrega em seu DNA, a Baby&Me deve seu sucesso também a uma "deficiência" que Karen tem no seu repertório verbal. "Tenho uma grande dificuldade em conjugar o verbo 'esperar'." Quando as coisas começam a demorar e não lhe resta outra alternativa a não ser aguardar sua hora chegar, Karen sente-se angustiada e com a sensação de que está jogando fora seu tempo. "Hoje, tempo é a coisa mais cara do mundo", afirma. Por isso, entre os produtos que a empresa produz estão trocadores que podem ser abertos em qualquer lugar para trocar fraldas de crianças pequenas sem que seja necessário esperar chegar a algum outro lugar.

Ela pôde comprovar a eficiência do próprio produto quando voltava de uma viagem ao exterior, com o marido e os dois filhos pequenos. "Eu estava esperando um táxi em uma longa fila no Aeroporto de Guarulhos, com 30 pessoas na minha frente, quando uma das crianças precisou trocar a fralda. Então, abri meu trocador no chão, que é para isso que ele foi desenhado, coloquei a criança em cima, troquei, joguei tudo no lixo. Passou cinco minutos e entrei no táxi. Essa praticidade é exatamente o que a Baby&Me oferece, e isso para mim tem um valor que é difícil explicar."

Nos períodos em que trabalhou em grandes organizações, Karen não sofreu qualquer burnout ou problema grave de saúde por conta do ritmo de trabalho, que sempre foi intenso. "Não tive problemas. Bem, pensando melhor, não sei, meu corpo teve algumas reações, meu cabelo caiu e perdi bastante peso." O desgaste que a fez afastar-se da estrutura corporativa – principalmente das empresas de publicidade, uma vez que a sua experiência na Endeavor foi positiva – foi de outra natureza.

"Eu não me reconhecia, não me identificava com algumas coisas", conta. "Em alguns lugares, eu não me encaixava na cultura. Era muito grito, apesar de não ser para mim. Eu dizia: 'Esse ambiente não vai me fazer crescer, e eu não quero trabalhar com esses caras. Se eu não vou gritar, se eu não vou xingar, se eu não vou diminuir a pessoa que está na minha frente, se eu não vou tratar o cara mal, não posso ficar aqui'. De uma certa forma, se você fica ali, aquilo vai te minando, e é muito fácil você desaprender, é muito fácil você emburrecer."

A seguir, Karen aprofunda um pouco mais como decidiu moldar sua atuação profissional e como isso a ajudou a integrar sua vida profissional com a pessoal.

"Eu não tenho o perfil que o mundo corporativo necessita. Certa vez, um executivo de uma grande empresa veio até a Baby&Me e, no meio da conversa, disse: 'Eu adoraria fazer uma parceria com uma startup. Na minha empresa leva-se quase um ano para mudar uma letra escrita em uma embalagem'. Nossa, essa maneira como o tempo corre nessas corporações não dá para mim. Por outro lado, muita gente me diz que o que há de melhor em empreender é que a gente tem mais tempo. Eu digo que não, você não tem mais tempo. É verdade que você trabalha quando e o quanto quiser. Obviamente, o seu sucesso é medido através dos resultados. O quanto e quando você trabalha é que determina seu resultado, seja de receita, seja de realização pessoal. Empreender para mim não foi uma opção. Foi uma escolha. Eu preciso dessa adrenalina. Eu gosto de não saber o que eu vou fazer durante o dia e ter que fazer um monte de coisa nova que aprendo.

Nos seis anos em que trabalhei na Endeavor, eu ainda me encontrava com os amigos da época em que atuei na publicidade. Mas toda vez que a gente ia almoçar minha conversa era sempre a melhor, porque eu sempre tinha um caso novo para contar ou comentava que havia conhecido uma pessoa incrível, enquanto eles sempre repetiam coisas como: 'Puxa, eu não aguento mais meu chefe'. Eu ouvia aquilo e perguntava para mim mesmo: 'Chefe? O que será que é isso?'. Eu nem sei mais o que é chefe, graças a Deus.

Em casa, já pensamos em mudar e ir para o interior, porque lá a vida é calma. Eu até almejo essa tranquilidade, mas no momento não busco isso, e fica só no plano. Mas a maneira como consegui organizar minha vida sem chefe só é possível em uma cidade grande como São Paulo. Só aqui tem um lugar que entrega fruta na sua casa, só aqui é possível trabalhar a três quadras da sua casa em um espaço de coworking como o Google Campus, onde tenho meu escritório. A escola do meu filho fica a duas quadras daqui. Sou afortunada de conseguir trabalhar do lado de casa. E não é só por uma questão de estrutura. Eu não nasci disciplinada, os processos não estão em mim, então preciso de um lugar para, pelo menos, poder fazer as reuniões.

A minha vida, claro, mudou a partir do momento em que comecei minha vida corporativa. Mas meus valores não mudaram, eles apenas se reorganizaram. Antes eu dizia: 'Um dia eu quero uma família, mas primeiro eu quero minha autonomia, minha independência, quero meus sonhos'. Hoje, não é nada disso mais. Não que isso tenha desaparecido, mas eu acho que tem uma reorganização aí. Independência, autonomia, tudo isso foi lá para baixo, né? Sou totalmente dependente dos meus filhos, do meu marido, não consigo tomar nenhuma decisão sozinha. Hoje é em grupo. Família e amor são os novos itens que constam como prioridade na minha lista. Já passei o dia inteiro longe das crianças, senti bastantes saudades, mas também adorei o trabalho que fiz naquele dia. No dia seguinte, eu falei para mim mesma que durante o almoço ia na piscina com as crianças e depois voltaria para o escritório. Mas fiz isso no meu horário de almoço, porque, se eu não trabalhar, eu também me sinto culpada.

Talvez eu me sinta assim porque acho muito difícil uma pessoa se dividir: agora vou fechar a porta e não vou mais pensar em trabalho. Isso não existe para mim. Não tem uma coisa chamada 'trabalho'; tem, sim, uma missão que escolhi para mim. Você pode me ligar meia-noite, 2 horas da manhã, e eu falarei sobre trabalho. A missão é melhorar minha vida e a vida do outro. Não tem isso de estou em casa e o trabalho acabou. Meus filhos se interessam pelo negócio e falam sobre fralda e trocador. Mas, às vezes, me perguntam: 'Por que você vai trabalhar agora?', e eu respondo: 'Porque eu vou ficar tão feliz!'. E se perguntam: 'Você não quer brincar?', eu respondo: 'A mamãe quer muito trabalhar. A mamãe ama o que faz'.

Essa missão é muito sincera. Posso garantir isso porque a ideia da empresa surgiu de uma necessidade urgente e pessoal. Tudo aconteceu porque meu filho mais velho, João, teve uma alergia medicamentosa quando eu estava já grávida de nove meses da minha segunda filha, Maia. Era preciso esperar 15 dias para que o medicamento que o havia afetado saísse de seu corpo. Nesse meio-tempo, ele vomitou várias vezes, sempre que tomava remédio ou tomava leite. Não havia mais como limpar o colchãozinho do berço. E eu, com aquele barrigão, passava noites em claro tentando cuidar disso. Uma amiga sugeriu que eu usasse como protetor absorvente do colchão aqueles tapetinhos para cachorros. 'Não tem isso para criança?', perguntei. Não tinha. E assim nasceu a Baby&Me. Liguei para uma amiga que tinha uma fábrica de produtos para pet, ela começou a produzir o produto específico para bebês e, então, o negócio começou.

Se você quer ser pai e ao mesmo tempo desenvolver um negócio em que você acredita, é preciso ter um grande cuidado. Aquilo em que você acredita não pode virar 'trabalho'. E, quando o negócio ainda está no começo, você precisa criar um vínculo com ele. Se virar algo penoso, que parece uma obrigação, você corre o risco de não conseguir criar esse vínculo. É preciso estar apaixonado pelo seu negócio, ver aquilo como uma missão. A grande missão da Baby&Me é descomplicar a vida dos pais. Isso vai além de vender produtos. É ter o propósito de permitir aos pais viver mais felizes com seus filhos e poder se divertir mais juntos.

O negócio surgiu naquele estilo do tudo ao mesmo tempo agora, para ontem! Com muita intensidade e paixão. Esse, aliás, é o slogan da minha vida. Está sendo uma experiência maravilhosa. Se isso tiver um tempo curto de vida, há uma frase do Nelson Mandela de que eu gosto muito, que reflete exatamente o que eu penso: 'Eu nunca perco – ou eu aprendo ou eu ganho'. Então para mim não existe muito isso de ter que dar certo. 'Ah, meu casamento não deu certo'. Pense bem, deu certo durante 15 anos, quer mais? Agora, parte para outra. Se a empresa deu certo por um ano, dois anos, ela foi um MBA que eu paguei para aprender na prática, que é a única forma de aprender como as coisas realmente funcionam. Ponderar entre o que é significativo e o que é sucesso no mundo corporativo foi muito importante para mim, porque a tentação é a grana que você ganha. Se você entra nessa, cada vez a pessoa blefa e oferece mais para você. Aí você começa a se perguntar o quanto você realmente vale e o que é de fato valor para você. É fazendo essa reflexão que você conseguirá falar: se for só grana, eu não quero mais."

Ana, que queria ser uma Mulher-Maravilha

Ana Couto, designer e empresária

Conhecida, respeitada e admirada entre as grandes organizações brasileiras pelo seu trabalho no desenvolvimento e na criação de marcas corporativas, Ana Couto, da Ana Couto Branding, também chama atenção entre os médicos neurologistas. De modo geral, tornar-se um objeto de curiosidade entre médicos não é algo muito bom. No caso de Ana Couto, foi péssimo. Ela sofreu por duas vezes da síndrome de Miller Fisher, doença autoimune que, ao atingir o sistema nervoso, provoca paralisia muscular, inclusive nos músculos oculares, e falta de coordenação motora. A síndrome costuma afetar uma em cada um milhão de pessoas anualmente. Mas ter essa doença por duas vezes é algo que só foi registrado 29 vezes na literatura médica.

E foi o que aconteceu com Ana. O primeiro caso foi em 1996, quando nasceu seu filho, Bernardo. No segundo episódio, em 2014, ficou internada e entubada por 21 dias. "Quando saí do hospital, eu não andava, mal falava, não coordenava nada, não levava o garfo à boca e ainda precisei ficar dois meses em casa sem fazer nada, a não ser fisioterapia", recorda-se. Ana, e todos os que convivem com ela, está convencida de que quem puxou o gatilho nesse perigoso quadro foi o excesso de trabalho. Ela sofreu um grande burnout.

"Eu tenho essa característica de nunca querer abrir mão de nada. Não abri mão da minha vida profissional e nunca abri mão da minha vida pessoal, do convívio com meu marido e meus dois filhos. Uma vez deixei de ir a uma apresentação de violão do Bernardo. Me senti superculpada e me prometi que não perderia mais nada. Desde então, fui a todas as festas, aniversários, reuniões de pais." Foi a todas as festas e também a todas as apresentações e reuniões da sua empresa. Diziam que ela queria ser a Mulher-Maravilha. Esse acúmulo de tarefas cobrou o seu preço. E em dobro, como se viu.

Mas Ana diz que não foram as horas no estúdio, no escritório ou na ponte-aérea Rio-São Paulo que fizeram vistosos os frutos do seu trabalho profissional. Sem a família, ela diz, nunca teria a vida de sucesso que conquistou. "Eu não faria o que eu faço se eu não tivesse um bom casamento e um marido que me potencializa o tempo todo, e vice-versa." A família, afirma, é o esteio que a sustenta.

"Eu sempre fui empreendedora e sempre tive um ritmo muito acelerado. Mas também sempre levei a minha vida profissional e pessoal muito juntas. Isso foi muito importante para mim. A maternidade foi crucial para a minha felicidade. Mas nunca perdi essa característica de fazer muita coisa. Já aos 19 anos, eu tinha uma empresa. Me casei, fui morar nos Estados Unidos com meu marido, o Pedro. Estou casada há 30 anos. Nos Estados Unidos, recomecei no ritmo antigo: estudava e trabalhava, estudava e trabalhava. Sempre tive esse ritmo. Montei uma empresa lá e sofri vários pequenos burnouts. Eu ficava toda dormente. Ia para o médico, ele me mandava ir para o Caribe, e então eu ia.

Portanto, a minha internação por conta da síndrome de Miller Fisher não foi o meu primeiro burnout, mas foi certamente o mais sério. Parece clichê dizer isso, mas é algo que eu nunca havia entendido antes: muita gente que teve uma doença grave, como um câncer, diz que conseguimos ver esse momento difícil como um presente. Isso também aconteceu comigo. Em nenhum momento da minha doença eu fiquei chateada. Claro, fiquei triste, mas não me deprimi. É até engraçado dizer isso, mas me senti otimista. Eu pensava: 'Eu realmente poderia ter morrido?'. Imagina se eu não estivesse aqui? Você estar vivo é uma dádiva, é lindo.

Sim, eu sempre trabalhei muito, sempre fui muito intensa. Mas também tenho meu lado humano, claro. Gosto e aprecio arte, fiz faculdade de antropologia. Meu jeito visceral se deu muito bem com a cultura americana e ainda hoje eu sofro no relacionamento com os que trabalham comigo. Aprendi muito em como ter uma boa convivência, mas ainda sofro. Nesse particular estou tentando evoluir bravamente. Os filhos tiveram um grande impacto positivo nessa evolução. Eu dizia para mim mesma o quanto era bom ter filhos, o que me fazia trabalhar menos. Penso que, se eu não tivesse filhos, eu seria uma pessoa enlouquecida. Sempre adorei crianças, sempre adorei trabalhar. Eu chegava em casa e ia brincar com meus filhos. O nível de intensidade sempre continuava muito alto.

E, já que falo de família, sempre discordei muito dessa visão feminina de que temos que abrir mão da nossa vida profissional quando temos filhos. Do homem de sucesso espera-se que seja casado, tenha filhos, mas não que abra mão da vida profissional. Por que, então, acredita-se que a mulher tenha que abrir mão da carreira? Quando eu tive meu primeiro filho, meu maior cliente era uma poderosa empresa do setor de mineração. Um dia, uma diretora dessa empresa, ao saber que meu filho havia nascido, me disse: 'Agora a senhora vai parar, né?'. Como as mulheres se sabotam, não é mesmo?

Quando se transformam em mães, as mulheres saem da mesa. Esse é o grande problema. Elas vestem a camisa do 'agora tenho de sair do jogo'. Estou em um grupo, o EO (Entrepreneur's Organization) do Rio de Janeiro, do qual fazem parte 50 pessoas. Sou a única mulher. Quantas vezes já devem ter pensado: 'Você deve ser uma péssima mãe'. Não! Eu sou uma mãe muito melhor do que 90% das que ficam em casa. Eu sou mesmo, eu tenho certeza que sou, mas o olhar dos outros diz que não.

Há códigos femininos que são perigosos. No período das eleições presidenciais nos Estados Unidos em 2016, alguns desses códigos ficaram claros.

Falava-se mal da Hillary Clinton, a candidata derrotada do Partido Democrata, que era comparada à Michelle Obama, mulher do então presidente Barack Obama. 'A Hillary é péssima', diziam. Por quê? A justificativa era de que era uma mulher muito ambiciosa. Por outro lado, Michelle era amada e considerada uma mulher maravilhosa. O motivo? Ela era mãe de família. Eu sofri muito disso, também. Porque é muito fácil botarem você em uma posição de megera.

O turning point – ou seja, o momento decisivo da minha vida – foi essa segunda vez que tive a síndrome. Os sinais de que algo está fora do normal vêm, mas é difícil percebê-los. Você trabalha, viaja muito, o ritmo das coisas faz com que você não note esses sinais. Meus filhos ficavam me dizendo: 'Mãe, toda vez que você sai de férias, você fica doente'. Era verdade. As férias me causavam uma espécie de síndrome de abstinência do trabalho. E era um sinal que eu não percebia. Eu já não me sentia tão estressada como quando eu era mais jovem, mas o estresse certamente permanecia ali, subjacente. Quando eu relaxava, aí vinham os problemas.

Quando tive o segundo episódio da síndrome, eu estava em São Paulo. Moro no Rio de Janeiro, mas tenho um escritório na capital paulista. Eu estava em uma reunião com meu time executivo lá no Parque Ibirapuera. No final, eu me senti muito cansada. No dia seguinte, quando acordei, estava com dormência no corpo, que é um dos sintomas iniciais da síndrome. Liguei para meu médico, contando isso. Depois entrei no Google e li sobre a síndrome. Ali dizia-se que era raríssimo ocorrer pela segunda vez. Falei para meu marido vir para São Paulo, pois eu não estava bem. Me internei no Hospital Albert Einstein e apaguei por mais de 20 dias.

Como eu disse, a minha família é de fundamental importância para a minha vida. E o Pedro, meu marido, é quem compartilha a vida comigo. Ele é economista e trabalha na Fundação Getulio Vargas. É um acadêmico, embora tenha uma vida bem ativa, sempre dando aulas no exterior. Ele tem uma vida mais tranquila do que a minha e me conhece bem. Quando eu tive essa doença, falei: 'Ah, acho que vou parar de trabalhar'. Ele disse: 'Eu não vejo você parada de jeito algum, você gosta tanto de trabalhar'. Não temos o mesmo perfil, mas sempre buscamos ter uma relação bem igualitária. Dessa maneira, os dois têm de estar presentes, tanto como pais quanto em relação ao dinheiro, ao investimento.

No passado, o sonho dele era fazer doutorado, então fomos para a Filadélfia e moramos lá por cinco anos. Temos um pacto no casamento: não adianta só a mulher mudar, se o homem não mudar também. Então, quem faz compra de supermercado e resolve os assuntos de cozinha é ele. Nós nos complementamos, temos uma relação em que um potencializa o outro o tempo todo. Ele nunca me pediu para parar de trabalhar, que era o que pareceria óbvio para muita gente diante dos problemas de saúde que eu tive.

Ele sempre me puxou. Insistiu para que eu fosse para Harvard. Me puxa também para, por exemplo, tirarmos férias juntos. Todos os anos ele dá aulas na França. Há uns oito anos ele vai e eu nunca fui junto, por questões de agenda. Este ano, decidi ir. Vamos tirar férias com a família, nós quatro.

Esse tipo de coisa, de fazer questão de sair em férias com toda a família, foi algo que veio com a mexida que aconteceu comigo. Depois disso, comecei a viver bem, parei de me estressar por besteira e de gastar muito tempo com as picuinhas da vida. Se eu não gostasse do que eu faço, ficaria fácil promover uma grande mudança na minha vida. Mas não é esse o caso. Fico pensando: o que eu mudaria na minha trajetória? Não sei. Provavelmente eu me transformaria internamente, em relação a algumas paranoias que tenho. Todos os dias eu me pergunto se estou fazendo algo diferente do que fazia três anos atrás.

Porque não é que a gente decide mudar a vida de uma hora para outra. Nunca é uma mudança do tipo que você acorda diferente no dia seguinte. Dizem que eu pareço mais tranquila, mas também dizem que é só cutucar um pouquinho que aí surge a Ana das discussões nas reuniões. Pode ser. No primeiro semestre de 2016 os resultados no escritório estavam super-ruins. Então, eu disse: 'Vamos tirar o pé do chão'. E o ano foi o melhor que tivemos em nossa história. O melhor resultado de todos. Coincidência? Não há coincidências. É a mudança."

No próximo capítulo falaremos sobre as doenças que afligem o mundo corporativo e os desafios que os executivos das corporações devem enfrentar para evitar ser líderes tóxicos e se tornar líderes autênticos.

6

O mundo corporativo está doente

Na sua edição de 17 de setembro de 2015, o *Financial Times* – jornal inglês que divide com o *Wall Street Journal* o título de mais influente publicação especializada em economia no mundo – trouxe a notícia de um grave acidente ocorrido com Bill McDermott, então CEO da SAP, companhia líder no mercado global de desenvolvimento de softwares de gestão de empresas. Em julho daquele ano, Bill, na época com 54 anos, tropeçou quando descia uma escada na casa de um irmão, nos Estados Unidos. Quando caiu, bateu o rosto no copo de água que segurava e desmaiou. Os estilhaços de vidro perfuraram seu olho esquerdo, provocando uma forte hemorragia que colocou sua vida em risco. No hospital, os médicos conseguiram inicialmente salvar seu olho, mas uma infecção o fez perder a visão e seu globo ocular foi substituído por um olho artificial.

Como Bill McDermott estava se sentindo depois dessa tragédia pessoal? Será que planejava mudar seu estilo de vida, diminuir o ritmo de trabalho? O *Financial Times* não perguntou isso ao executivo. O que era importante para o jornal era que o fato colocava em relevância "a tensão entre o direito de um executivo à privacidade, quando enfrenta problemas de saúde, e o desejo dos investidores por transparência, quando um importante personagem corporativo fica doente ou incapacitado".

Alguns parágrafos abaixo, na mesma notícia, o jornal relatava outro incidente ocorrido dois dias antes, em Frankfurt, na Alemanha, no qual o CEO da BMW, Harald Krüger, 49 anos, sofrera um princípio de desmaio e caíra no palco quando apresentava novos modelos da empresa para jornalistas especializados no Salão do Automóvel de Frankfurt. A imagem viralizou na internet. Nos quatro cantos do mundo, milhões de pessoas viram Krüger dar dois passos para trás e cair sentado no palco, só conseguindo levantar, com um ar perplexo e perdido, depois de ser ajudado por dois assistentes. A empresa apressou-se em dizer que Harald sofrera um "momento de tontura", devido às constantes viagens que vinha fazendo, e que já estava recuperado. O *Financial Times*, entretanto, classificou o colapso do executivo alemão como uma "infeliz reviravolta" de expectativas para a BMW, que contava com a oportunidade de aumentar sua presença no mercado depois do discurso do CEO no evento.

É claro que os jornalistas do *Financial Times*, assim como os de muitos outros órgãos de mídia que tratam de negócios, não são necessariamente pessoas frias, incapazes de desenvolver empatia ou indiferentes ao sofrimento humano. Mas a maneira prática e mecânica como tratam assuntos como esses, que a olhos mais compassivos parecem trágicos, reflete a visão ainda predominante nos meios empresariais de que as pessoas que por ali transitam são peças passíveis de serem substituídas caso apresentem defeito ou, por alguma razão, parem de funcionar.

"É estranho, mas estou feliz"

Essa cultura costuma estar tão arraigada que até mesmo quem é "vítima" desse processo de "coisificação" parece dar razão a essa maneira de pensar. A declaração dada pelo próprio Bill McDermott corrobora essa ideia. Em entrevista a jornalistas, ele parecia admitir que entre o impulso de um executivo vítima de algum acidente de se recolher e lamber suas feridas e a exigência dos investidores da empresa de serem informados, quem tinha razão eram estes últimos, que colocavam dinheiro na empresa e temiam que o afastamento de um alto dirigente pudesse impactar o valor das ações nas bolsas. "Por mais estranho que possa parecer, eu estou feliz. Me sinto mais forte do que antes, mais motivado e mais vivo; estou completamente disponível para a SAP e comprometido com meu trabalho e logo poderei retomar meu posto", afirmou Bill em entrevista a jornalistas alemães.

Uau! Que mundo é este em que alguém perde o olho perfurado por cacos de vidro e declara estar se sentindo mais motivado e completamente disponível para a empresa? Que maneira de pensar é essa que, quando um alto executivo desmaia por exaustão em público, entende-se esse fato como uma frustração na projeção de vendas de uma empresa? Ou, ainda, que a saúde e até mesmo a sobrevivência física daqueles que comandam companhias são percebidas como um risco financeiro na mesma coluna em que se lançam variáveis como o preço das commodities, a flutuação de juros ou as perdas com processos judiciais?

O executivo da BMW deveria acrescentar à sua estranha felicidade o fato de ter sobrevivido à sua terrível experiência. As coisas podem ser ainda piores. Os casos de burnout vêm aumentando de maneira preocupante nos últimos anos E o que mais teve repercussão foi vivido por Arianna Huffington, fundadora do *Huffington Post*, um dos mais relevantes portais de notícias do mundo. No dia 6 de abril de 2017, Arianna estava trabalhando no escritório em sua casa, em Los Angeles, como fazia por 18 horas todos os dias, inclusive aos finais de semana, quando desmaiou. Na queda, bateu a testa com tudo na quina da escrivaninha e ficou estendida sobre uma poça de sangue. Felizmente nenhum órgão importante foi atingido, mas, ao contrário de Bill McDermott e Harald Krüger, Arianna – que chegou a ser considerada, antes do acidente, uma das pessoas mais influentes do mundo pela revista *Time* – não ficou nem um pouco feliz por voltar ao trabalho, tampouco deu entrevistas apaziguadoras para os investidores. Apesar de ter continuado à frente dos negócios, passou a seguir uma rígida disciplina que incluía no mínimo sete horas de sono à noite, não checar o celular ao acordar, meditação, ioga e uma atenção especial ao ritmo de sua respiração.

Sinal amarelo: sua saúde entrou na zona de alto risco

As afirmações abaixo foram feitas aos 344 executivos, empresários, empreendedores e profissionais liberais que participaram da pesquisa "Work-Life Balance, Brasil e Brasileiros", elaborada pela minha empresa de consultoria.

- "Eu me sinto sobrecarregado com tudo o que é colocado sob minha responsabilidade": 32,56% dos respondentes, 112 pessoas, concordaram de forma veemente. Quase 39%, 134 pessoas, nos revelaram que às vezes e ocasionalmente sentem-se sobrecarregadas.

- "Eu me sinto estressado frequentemente durante meus dias de trabalho": aproximadamente 29%, 100 pessoas, disseram ser verdadeira para elas esta afirmação. 49,28%, 170 pessoas, nos contaram que às vezes e ocasionalmente percebem-se estressadas no trabalho.

- "Eu disponho de tempo para me exercitar e cuidar da minha saúde": 11%, 38 pessoas, falaram que não dispõem. 47,53%, 164 pessoas, responderam que raramente, às vezes ou ocasionalmente têm tempo para se cuidar.

- "Eu já estive internado ou já fiz cirurgia em decorrência de uma vida estressada e desbalanceada": para 12,83% dos respondentes, 44 pessoas, esta afirmação é verdadeira.

Agora, sugiro que você faça sua autoavaliação. O que você diria sobre as afirmações acima? Se sua resposta for "verdadeiro" para pelo menos uma das afirmações 1, 2 e 4; e "falso" para a 3, sua saúde física e psicológica está em risco. É o momento de parar e avaliar seriamente a realização de mudanças em sua carreira e estilo de vida.

Se episódios de burnout não forem indicativos inegáveis de que o mundo corporativo está doente, o que mais seria? E hoje, mais do que nunca, essas condições vêm sendo percebidas como insuportáveis por duas razões principais.

De um lado, os avanços tecnológicos e a evolução dos arranjos produtivos vêm criando opções inéditas para que as pessoas escolham seus horários e os locais em que desejam trabalhar. Com isso, de uma maneira espetacular, os empregados adquiriram uma liberdade até então inédita em toda a história do trabalho. As pessoas passaram a conquistar uma certa individualidade e protagonismo, tornando-se cada vez menos peças e números anônimos.

O segundo ponto é que há toda uma nova geração – situada de maneira em geral entre os 20 e 35 anos – que não está mais disposta a arriscar sua saúde ou visão e ter colapsos públicos em troca do "sucesso" no trabalho. Essas pessoas questionam o tradicional esquema de trabalho hierarquizado e não consideram que o sucesso profissional é a sua maior aspiração de vida ou que ele deva ter prioridade sobre outros aspectos da existência como família, filhos, amigos ou mesmo divertir-se, presentear-se com anos sabáticos, fazer voluntariado ou viver sem endereço fixo. Ou o emprego oferecido é maleável o suficiente para coexistir com esses outros interesses, ou ele não receberá a atenção dessas pessoas. Mudou-se a visão do que é felicidade.

Essa maneira de enxergar o mundo corporativo olha com especial repulsa para um personagem que, nessa nova ordem, não tem mais nenhum papel a desempenhar. Ele atende pelo nada lisonjeador no-me de "líder tóxico". Mas o que é um líder tóxico? Em poucas linhas, é alguém com posição de comando em uma empresa e que orienta todo o seu comportamento em função de um enorme ego, alguém cuja meta é exclusivamente satisfazer seus próprios interesses. As ne-cessidades, sonhos e projetos dos demais integrantes não têm tanta im-portância assim. Costumam ser pessoas fortemente persuasivas e até mesmo charmosas com seus superiores ou o público externo, mas que costumam agir de maneira implacável com seus subordinados.

Líderes tóxicos tendem a ver horários de trabalho, horas de sono, vi-da familiar e compromissos pessoais dos demais como algo irrelevante. São aqueles chefes que enviam e-mails às 11 horas da noite de sábado e simplesmente não se importam se dão uma missão a alguém no dia do aniversário do filho ou nas folgas de Natal. As mulheres costumam sofrer duplamente sob o seu comando, até mesmo quando esses líderes tóxicos são do sexo feminino. Aquelas que pretendem ficar grávidas ou procuram um ritmo de trabalho mais maleável para cuidar de filhos pequenos são vistas com desconfiança, têm sua carreira bloqueada e não raro são demitidas após retornarem da licença-maternidade que a lei lhes garante.

Terror psicológico

Talvez você, leitor, tenha tido a má sorte de ter sido comandado por um líder com todas as más qualidades descritas no parágrafo anterior. Se esse for o seu caso, com certeza você sabe do que estamos falando e conhece o perfil que estamos tentando descrever. Mas, para os que não tiveram essa experiência, esse tipo de líder e as desventuras de quem já esteve sob seu comando foram muito bem retratados em Hollywood no filme *O diabo veste Prada*, do diretor David Frankel, em 2006. É uma obra que deve ser vista, tamanha a precisão com que retrata as rela-ções que se estabelecem em torno dessa liderança. O gênero, dizem, é o de uma comédia dramática, mas, para os que já tiveram tal vivência, ele está mais perto de um terror psicológico.

A trama se desenrola em torno de Andy Sachs (Anne Hathaway), uma jornalista recém-saída da faculdade que consegue um emprego como assistente pessoal de Miranda Priestly (Meryl Streep), poderosa editora-chefe da mundialmente respeitada *Runway*, uma revista voltada para a moda feminina. Miranda é a quintessência do líder tóxico: arrogante, impiedosa, incrivelmente exigente, fria, manipulativa e incapaz de estabelecer qualquer empatia com seus subordinados. Esses, por sua vez, são contaminados por esse clima insalubre e tratam-se mutuamente com agressividade, enxergando Miranda como se fosse um demônio e competindo entre si para subir na empresa.

Andy, que despreza o mundo da moda, pretende trabalhar por apenas um ano na *Runway* como forma de incrementar seu currículo e melhorar suas chances de obter um emprego como escritora ou jornalista em alguma outra publicação. No entanto, acaba sendo contaminada pelo ambiente de disputa e rendendo-se ao ritmo de Miranda, o que a faz virar uma workaholic. Ela chega a conquistar a admiração de Miranda, mas paga um preço alto pelo seu sucesso. Envolvida 24 horas com o trabalho, seu novo estilo de vida tem um grande impacto sobre sua vida pessoal. Andy não consegue nem mesmo comparecer à festa de aniversário de seu namorado, e acaba por perdê-lo. Diante do novo comportamento, os amigos também acabam se afastando dela.

Frases e diálogos do filme exemplificam, com precisão, como se sentem as pessoas envolvidas em um ambiente de trabalho cujo ritmo é ditado por um líder tóxico. Como exemplo, posso citar o comentário que Andy, ainda nos primeiros dias de trabalho na revista, faz para seu namorado, Nate (Adrian Grenier): "Ela [Miranda] não se sente feliz a não ser que todos em volta dela estejam em pânico, se sentindo mal ou pensando em suicídio". Em outra cena, Andy, que a essa altura já estava em crise com os amigos, a família e o namorado, se encontra com o diretor de arte da revista, Nigel (Stanley Tucci), no Central Park, em Nova York, onde ele acompanha fotos de várias modelos vestidas como animais selvagens. Há o seguinte diálogo:

Andy: Minha vida pessoal está por um fio.

Nigel: Bem-vinda ao clube, querida. É isso que acontece quando você começa a se dar bem no trabalho. Me avise quando toda a sua vida começar a virar fumaça. Quando isso acontecer, é porque está na hora de você receber uma promoção.

É possível imaginar alguma felicidade nisso? Mas, por incrível que pareça, essa é uma crença corrente em certos ambientes profissionais. Eu próprio já presenciei isso.

A abordagem autoritária e exageradamente exigente imposta por um líder tóxico pode apresentar aparentes bons resultados a curto prazo. Em um período maior de tempo, no entanto, sua gestão costuma trazer danos às empresas. Primeiro, esse ambiente hostil afugenta os grandes talentos, que, por se saberem diferenciados no mercado, partem assim que possível à procura de experiências mais gratificantes. Além disso, cedo ou tarde há uma inevitável queda de produtividade de empregados desmotivados e estressados com a alta toxicidade que envenena a todos.

A toxicidade desse tipo de líder mata a criatividade daqueles que têm talento, e seu mau exemplo pode desviar o caráter de um jovem em formação e transformá-lo em um líder tóxico. Todo o ambiente da empresa pode transformar-se, ficando pesado e tenso e fazendo com que todo mundo sinta medo e não confie em seus próprios colegas. O estilo de um líder tóxico é exatamente o da liderança pelo medo. Ele pune eventuais erros de uma maneira exacerbada, punição essa que é distribuída de uma forma desigual: se você é o cara que faz politicagem comigo, eu acoberto sua falha. Mas se outro, que não faz politicagem comigo, comete um deslize, por pequeno que for, a punição dele será exemplar para a empresa toda.

É necessário, no entanto, admitir que líderes que agem de maneira tóxica podem ser, por sua vez, talentosos. As empresas que dirigem também podem ter uma trajetória de sucesso. O que gera dúvidas é quanto isso pode custar de infelicidade para os integrantes da companhia, incluindo-se aí o próprio líder tóxico. Um exemplo clássico do que estamos falando aqui é o americano Steve Jobs, morto em 5 de outubro de 2011, aos 56 anos. Fundador da Apple e criador de produtos vitoriosos como os computadores Macintosh, além do iPod, do iPhone e do iPad, Jobs fazia inegavelmente sucesso com o público externo. Mas, segundo o jornalista Alan Deutschman, autor do livro *The second coming of Steve Jobs* [A segunda volta de Steve Jobs], parte de seus empregados ressentia-se de seus gritos, humilhações e tentativas de desqualificar quem quer que lhe causasse qualquer tipo de contrariedade.[1] Alguns o chamavam de "tirano". Talvez nem possamos lhes tirar a razão, considerando que, para garantir o sigilo do lançamento de algum novo iPhone, Steve Jobs mantinha toda a equipe presa em uma sala por um grande período. Como se vê, trabalho escravo não é apenas coisa de países do Terceiro Mundo.

Há quem defenda que esse péssimo comportamento de Steve Jobs, ou de qualquer outro líder tóxico, deve ser relevado quando confrontado com os resultados contábeis. Pelo menos foi o que escreveu a revista britânica *Economist* no obituário do fundador da Apple: "Jobs era um gerente autocrático, com um temperamento selvagem; mas sua egomania foi amplamente justificada [...] ao final da sua carreira, suas vitórias superaram suas falhas". Certamente a *Economist* considerou "vitórias" os resultados econômicos. As frustrações de seus colaboradores, as humilhações, o grande número de pessoas que abandonou as carreiras, os traumas e problemas pessoais... nada disso entra na conta de quem acha que os destemperos possam ser "amplamente justificados".

Isso é a velha escola, no entanto. Hoje em dia, a régua que vem sendo cada vez mais usada para medir o que se justifica ou não fazer por uma posição profissional é diferente. O líder tóxico é um animal condenado à extinção. As novas gerações não aceitam mais ser enganadas. Como já dito neste capítulo, a tecnologia transformou o mercado de trabalho em um livro aberto. Assim, não adianta eu defender que as pessoas tenham temperança e não saiam por aí bebendo se meu Facebook está repleto de fotos minhas bebendo na madrugada. Se eu atrasar a entrega de um trabalho ou não pagar um fornecedor, é provável que alguém coloque algum comentário desabonador sobre mim em alguma mídia social que poderá ser lido por meus clientes em perspectiva e prestadores de serviços.

Este é, pode-se dizer, um lado positivo da falta de privacidade atual. Mas as coisas vão além disso. Há uma clara mudança ética em curso. O relacionamento entre as pessoas também está em transformação. O que se quer agora são relações mais verdadeiras. De certa forma, é uma reação à distância física que os avanços tecnológicos vêm impondo: como hoje as relações interpessoais estão diminuindo, os poucos relacionamentos que temos têm de valer a pena, têm de ser honestos e verdadeiros.

Nômades digitais viajam, você apodrece no escritório

Essa mudança já está sendo detectada estatisticamente. Uma projeção realizada em fevereiro de 2014 pela revista *Forbes* americana calcula que, em 2020, cerca de 50% da força de trabalho do mercado norte-americano será formada por freelancers.[2] Isso quer dizer que cinco em cada dez pessoas vão preferir trabalhar sozinhas, tendo como companhia apenas o seu computador, em vez de conviver no mesmo ambiente com pessoas que consideram que nada lhes acrescentarão de valor.

A semente dessa mudança já está iniciando sua germinação. Trata-se da política de home office, uma forma de trabalho que ainda está adquirindo suas formas definitivas, mas já representa um avanço em termos de autonomia em relação ao tradicional estilo corporativo centralizador.

A manifestação mais radical e inovadora dessa transformação são os nômades digitais. Trata-se de pessoas que usam dispositivos conectados à internet – notebooks, smartphones, tablets etc. – para trabalhar de qualquer lugar do planeta. Ou seja, o "escritório" pode ser um café, uma biblioteca pública, espaços de coworking, barcos, trailers... qualquer lugar que tenha acesso à rede mundial de conexão. Em uma reportagem com o sugestivo título "Os nômades digitais viajam pelo mundo, enquanto você apodrece no seu escritório",[3] a revista eletrônica *Mashable*, especializada em cultura digital, relata casos de pessoas que deixaram para trás a vida corporativa formal e, com o notebook em uma mochila, viajam por toda parte. O programador Greg Jorgensen, por exemplo, morou em vários lugares ao longo do litoral da Costa Leste americana antes de mudar-se para a Tailândia. Ali, ele mergulha e passa parte do dia na praia e trabalha até tarde da noite para seu cliente, baseado nos Estados Unidos. O movimento dos nômades digitais tem crescido tanto que já foram realizados encontros mundiais em Berlim, Portugal e, em 2017, na Argentina.

Tudo isso, num futuro próximo, irá chacoalhar o mundo corporativo tal qual o conhecemos. As relações já não serão mais submissas e contaminadas pelo medo, como vem acontecendo ainda hoje em um grande número de empresas. Quando se é freelancer, entrega-se o seu trabalho, recebe-se por ele e a relação com o cliente se extingue até que uma nova tarefa seja negociada. O que o prestador de serviço vende é a sua competência, sua capacidade de produzir algo que tenha valor. Enrolar o contratante, frustrar expectativas e não entregar com qualidade são pecados mortais, que podem levar ao inferno do esquecimento corporativo.

É verdade que o outro lado da moeda é a impossibilidade de poder se afastar do trabalho em caso de doença ou outra emergência e continuar recebendo seu salário mensal. Benefícios como férias, licença-maternidade e outras conquistas trabalhistas confortáveis também tendem a mudar, ou até mesmo a desaparecer. Este modelo de trabalho ainda está longe da perfeição, mas, ainda assim, manter-se distante dos escritórios tradicionais traz a grande vantagem de permitir às pessoas evitarem o encontro diário com líderes tóxicos.

Ser autêntico vale mais

A figura corporativa que é o avesso do líder tóxico é o líder autêntico, ou seja, aquele, ou aquela, que exerce funções de chefia usando valores autênticos, exercitando a honestidade, promovendo uma comunicação empática voltada à troca de ideias e defendendo a prática da transparência e da franqueza nas relações. Mas, antes de explorarmos o abismo de atitudes que pode separar as características desses dois tipos de líderes, é necessário esclarecer que os indivíduos não nascem necessariamente predeterminados a ser líderes tóxicos ou autênticos. O que os faz assim são os exemplos de chefes que têm e um ambiente corporativo que incentiva um ou outro comportamento.

Todos nós, humanos, nascemos com a infeliz propensão, em doses maiores ou menores, de querer colocar nossos desejos e ambições à frente dos desejos e ambições dos outros. Ao longo dos anos, aprendemos a refrear esses instintos pela compreensão de que há mais felicidade quando se divide o bolo em fatias iguais ou, se formos cabeças-duras, esse entendimento vem à força de castigos e repreensões das autoridades às quais devemos obediência: nossos pais, professores, chefes e, para os de cabeça duríssima, a polícia.

Em se tratando da toxicidade, ela deve ser enfrentada da mesma maneira que uma doença maligna: caso seja diagnosticada no início, é possível colocar o líder nos eixos. Minha experiência em coaching e mentoria mostra que logo na primeira entrevista de admissão já é possível detectar um candidato a líder tóxico. O principal sintoma é a ambição. Se aquela pessoa está disposta a fazer qualquer coisa, mas qualquer coisa mesmo, para atingir seus objetivos, está fadada a ser um líder tóxico.

Dependendo do tamanho do ego e da ambição, eu desencorajaria a empresa a absorver tal candidato, por mais talentoso que ele ou ela possam parecer. É que líderes tóxicos tendem a ter vida curta, como o lendário Pablo Escobar, o narcotraficante colombiano que chegou a ser considerado o homem mais rico do mundo, mas teve sua carreira interrompida aos 44 anos, ao ser morto a tiros em cima do telhado de sua casa pela polícia. É claro que nas empresas as coisas acontecem de maneira menos dramática, mas danos também são causados.

A partir do momento que uma pessoa se deixa conquistar pelo ego, só ela mesma pode se salvar das consequências, valendo-se de um trabalho em equipe, um coach, um mentor e até mesmo terapia. Aliás, a mentoria, que será explicada de maneira mais aprofundada no próximo capítulo, é usada em empresas para detectar esses desvios e corrigi-los em pessoas que estão ascendendo. A boa receita é identificar um talento com potencial para ser líder, acompanhá-lo de perto e colocar um mentor, ou seja, alguém que seja considerado um líder autêntico, para que ele não se desvie da rota e acabe se tornando um líder tóxico.

Chegou a hora, então, de falar do líder autêntico. Uma de suas melhores características é conhecer e respeitar suas próprias limitações. Ele se conhece e consegue resistir à tentação de ir além do que sabe fazer. Se recebe alguma tarefa que está além do seu conhecimento, pede ajuda a alguém, ou indica alguém que saiba. Dessa maneira, a possibilidade de erro torna-se menor.

Esse tipo de líder também pratica o princípio ético básico de nunca fazer com alguém algo que não gostaria que fosse feito com ele mesmo. Por não ter dificuldades em assumir suas próprias limitações, o líder autêntico não mente. Não há necessidade disso, já que a prática é a da transparência. Ele mostra suas vulnerabilidades para o time, sem medo de que isso possa ser usado contra si. Esse tipo de líder ajuda as pessoas movido não por algum desejo maquiavélico, mas por um desejo sincero de ajudá-las. Ele sempre quer saber se seus comandados estão felizes e encontra tempo para se interessar pelo que estão fazendo. Ele não é um anjo. A grande diferença entre o líder autêntico e o tóxico é essa proximidade, essa calorosa humanidade nas relações.

Água gelada na linha de montagem

Nunca me esquecerei de uma cena que presenciei em 2000, quando visitei uma fábrica da Toyota em San José, na Califórnia. Fazia um calor intenso. O ar-condicionado na linha de montagem não estava dando conta. Vi, então, um supervisor de linha, que liderava uma equipe, entregar para cada um de seus comandados uma garrafa de água gelada. Foi um gesto tão banal e ao mesmo tempo tão poderoso. O que ele significava? Queria dizer que, mesmo se aquele coordenador não precisasse estar ali batendo martelo debaixo de todo aquele calor, ele não deixava de estar junto da equipe. Ele entendia que, naquele dia, o trabalho estava particularmente duro e, mesmo que não fosse obrigado a fazer aquilo, estava ali, levando água gelada, tentando diminuir o desconforto dos que estavam no chão de fábrica. "Se precisar de qualquer coisa, estou aqui", seu gesto dizia. Isso é o comprometimento com pessoas, esse é o líder-servidor. É você efetivamente ajudando os outros. E isso muda tudo.

Assim como acontece com o líder tóxico, ser um líder autêntico também é algo que se aprende. No meu caso pessoal, agradeço a boa sorte de meus pais terem me ensinado a ser humilde e respeitoso com as pessoas. Aos 14 anos, mau aluno e sem interesse pelos estudos, fui obrigado pelo meu pai a passar um dia inteiro ajudando os empregados da empresa da qual ele era diretor e proprietário a carregar um caminhão. À hora do almoço, comi minha marmita junto com eles debaixo da boleia do caminhão. Ali, recebi a mais preciosa lição da minha vida e rompi, para sempre, o distanciamento e qualquer arrogância que eu poderia ter em relação às pessoas com uma formação ou origem menos afortunada do que a minha. Não sei se meu pai tinha esse objetivo quando agiu dessa maneira, mas o resultado foi esse. Ele foi meu mentor. Deu-me os melhores e os piores exemplos que alguém pode receber.

Me sinto confortável em dizer que essa atitude me trouxe o respeito dos subordinados que tive enquanto trabalhei na empresa e moldou a pessoa que sou hoje. A relação se tornou muito mais autêntica. Eu sempre procurava entender a tarefa que estava passando para os outros. Não iria mandar carregar um caminhão sem antes verificar se era possível fazê-lo nas condições que se apresentavam. Adquiri o hábito de ouvir as pessoas antes de determinar o cumprimento de uma tarefa, e também de me colocar à disposição para ajudá-las em todos os processos. Se eu consegui desenvolver essa habilidade, por que qualquer outra pessoa não poderia fazer o mesmo?

Os resultados entregues por um líder tóxico ou por um líder autêntico podem ser os mesmos. A diferença é que com o líder autêntico o resultado se perpetua e as equipes e as empresas tornam-se cada vez mais fortalecidas. Resultados rápidos não são de tanta valia se mais para a frente você corre o risco de perder tudo que ganhou. É o que se chama "efeito sonrisal". O incômodo passa na hora que você toma o remédio, mas ele ataca apenas os sintomas mais evidentes e, daqui a uma hora, você estará se sentindo mal de novo.

Mas talvez não seja a entrega de resultados rápidos que faça com que o líder tóxico sinta ter cumprido sua missão. O que o movimenta é a compulsão de exigir sempre mais. Um amigo jornalista me contou como, em uma grande e bem-sucedida empresa produtora de conteúdos de comunicação em São Paulo, eram fixadas as metas de produção para o semestre seguinte. Tomava-se o resultado do período anterior e este era aumentado automaticamente em 20%, tornando-se o objetivo para o semestre seguinte. A cobrança era intensa, e o ritmo, fortíssimo. Se o aumento fosse de "apenas" 10% de um semestre para o outro, os proprietários fechavam a cara, cabeças rolavam e reuniões de emergência eram convocadas. No final, criava-se um efeito inusitado na equipe, pois obter boa performance significaria ainda mais trabalho, mais cobrança e a possibilidade de perder o emprego. Se o bom não fosse um ótimo; o ótimo, um excelente; e o excelente, um mega-plus--ultra sucesso, tudo era visto como um retumbante fracasso, e o sangue escorria pelos corredores.

Se a empresa em que trabalhou meu amigo tinha pelo menos a questionável qualidade de ser transparente em suas exigências impossíveis de serem cumpridas, o que costuma acontecer com mais frequência é o contrário. Por exemplo, uma fábrica tem no seu radar o objetivo de produzir 1.000 motores, mas seu líder diz para seus subordinados que a missão é produzir 1.100 motores. No seu íntimo ele pensa: "Vou colocar essa margem de erro para pressionar a equipe, porque as pessoas podem querer enrolar e empurrar com a barriga". Toda a fábrica, então, se programa para produzir 1.100 motores. As pessoas trabalham até tarde da noite, incluindo finais de semana, e descobrem, no fim, que a meta real era de 1.000 motores. Muito daquele esforço e tensão poderia ter sido evitado. É claro que uma situação como essa cria um ambiente tóxico e de descrença. Quando o líder voltar a fixar uma meta de produção, aí, sim, todos começarão a enrolar e empurrar com a barriga, pois a confiança terá sido quebrada.

Um líder tóxico não consegue influenciar positivamente seus liderados, não consegue motivar. Seu "encorajamento" vem de forma destrutiva. No lugar de motivar a criatividade e a produtividade, ele motiva o excesso de entrega pessoal para a empresa, ou seja, exige mais do que a pessoa ou equipe dá conta. Como consequência, há exaustão de um lado e queda de produtividade do outro. A entrega é tanto de tempo quanto de tarefas. Eu escuto muito frases do tipo: "Quanto mais eu produzo, quanto mais eu entrego no prazo, mais trabalho me dão". Isso é uma queixa frequente dos profissionais de alto rendimento. Qual a cabeça do líder nesse caso? "Esse cara pode me entregar mais, vou dar uma forçada de barra." Esse é um grande equívoco. Como andar com um carro com gasolina adulterada. Ele vai andar, mas um dia, inevitavelmente, vai quebrar.

A maneira não tóxica de atender à mesma meta é comprometer a equipe: "Estamos de acordo que vamos produzir 1.000 motores? Estamos todos comprometidos com essa meta?". Fazer um compromisso mental com todos os membros da equipe é a melhor maneira de se atingir o que se quer. E o líder tem de estar ali todos os dias perguntando se está faltando alguma coisa, se é preciso algum esforço ou ajuda a mais.

A maior falha do líder tóxico é não escutar as pessoas. Ele é tão senhor de si que não ouve de forma integral o que dizem as pessoas em seu entorno. Ele passa por cima. Mesmo se alguém avisar que há um abismo logo mais à frente, ele não vai ouvir. E, como resultado, todos vão para o buraco.

Ter, ter, ter

Mas talvez devêssemos ir um pouco mais fundo para identificar por que, de fato, o mundo corporativo está assim tão doente. Nesta altura da história da humanidade, com tantos avanços e conquistas tecnológicas, já não era de esperar que nosso dia a dia como trabalhadores estivesse mais ameno? Estamos de acordo que há líderes tóxicos que tornam nossa vida miserável e empresas que tratam seus empregados como meras peças intercambiáveis, deixando-os inseguros e apáticos. Não é por acaso que a maior parte das companhias tem um departamento de recursos humanos. Mas os humanos ali são, na realidade, considerados meros recursos, assim como outros tantos "recursos" de produção: eletricidade, matérias-primas, máquinas e prédios.

Todas essas mazelas, no entanto, são muito mais consequências do que a causa de todos esses problemas. O que de fato dá energia e perpetua essa engrenagem perversa é um conceito que tem raízes profundas na sociedade capitalista, a de que precisamos ter cada vez mais dinheiro para poder ter cada vez mais coisas. Sempre estamos querendo ter algo a mais do que temos no momento atual. Temos grande dificuldade de determinar de antemão quais são nossas metas, qual a quantidade de itens que queremos ter, quanto de dinheiro é suficiente. E se, por acaso, atingimos o que havíamos planejado, imediatamente começamos a achar que devemos ter mais e mais.

Já ouvi que essa eterna insatisfação do homem é o que sempre o moveu adiante, ao longo de toda sua existência milenar. Foi isso que o fez, por exemplo, descer das árvores e viajar até a Lua. Mas o preço dessa ambição desenfreada é demasiado alto. Causa infelicidade, doenças e até mesmo a morte. Dinheiro é importante, ele facilita a vida em diversos aspectos, ninguém pode negar. No meu trabalho como coach e mentor, não me esforço para desconstruir o conceito de que ter coisas é bom. O que faço é o contrário: tento construir junto com meu coachee ou mentorado o conceito do que é ter o suficiente.

Todo mundo hoje tenta ganhar dinheiro. Investe imensa energia, abre mão de coisas que considera importantes para amealhar recursos. Mas quase ninguém tem tempo para gastá-lo, já que só trabalha, trabalha e trabalha. Depois, quando a pessoa é acometida por um colapso, acaba tendo de gastar o dinheiro todo para tentar salvar a própria vida. E a necessidade incessante de ter não se resume apenas a coisas materiais, mas também agrega conquistas impalpáveis. "Preciso me formar na faculdade. Que alegria, me formei. Bem, agora tenho de fazer um mestrado. Ótimo, tenho o título de mestre, mas ainda preciso de um doutorado. Por fim, a cereja do bolo, o PhD", e, *pimba!*, você morre!

Até nos relacionamentos pessoais caímos em armadilhas parecidas. Podemos dizer: "Esse meu amigo é muito querido, mas talvez ele não se encaixe no que eu estou planejando para minha vida, preciso de alguém com mais contatos, que seja mais inteligente, que entenda minhas piadas". E lá se se vai o amigo, que acaba sendo trocado por algo "melhor". Maridos e esposas também podem ser vistos dessa maneira descartável. A urgência de sempre ter mais e mais pode nos fazer tratar qualquer coisa como mercadoria.

Mais uma vez quero deixar claro, não sou contra o consumo, mas acredito que precisamos montar uma equação que nos mostre o que é necessário para uma vida confortável, significativa e que nos deixe realizados. "O que eu preciso ter para ser feliz em minha vida pessoal? O que eu preciso ter para me sentir realizado profissionalmente?" Essas são as perguntas que você deve se fazer.

Não é preciso reduzir o padrão de vida ou de consumo para ser mais feliz. O que causa mais angústia nas pessoas é não saberem o que de fato querem, aonde querem chegar. Muitas vezes não conseguimos refletir sobre o que é sucesso para nós. Na dúvida, nos espelhamos em uma pessoa em específico e tentamos copiá-la. Mas nos esquecemos de que as pessoas são totalmente diferentes umas das outras. Cada uma tem suas próprias aspirações e maneiras de ser felizes. E isso não se pega emprestado de ninguém.

Outra pergunta que temos de nos fazer é: "O que vai fazer com que eu seja feliz?". Não é simples responder a isso, poucos têm a resposta na ponta da língua. E lembre-se que não se trata apenas de ter coisas. Podemos, depois de algum esforço, fazer uma lista: "Quero ter uma família, uma casa, viajar uma vez por ano para o exterior...". Mas, como não estamos totalmente certos das nossas necessidades, quando ficamos sabendo que o vizinho viaja dez vezes por ano para o exterior, queremos amassar nossa lista e jogá-la no lixo. Imediatamente, passamos a achar que a felicidade está em viajar dez vezes por ano ao exterior, ou em ter um Mercedes, que é o carro que o mesmo maldito vizinho tem. Mas isso é a vida do vizinho, não a sua. E, além do mais, como você pode saber se ele está feliz com aquilo que tem?

No entanto, além do questionável determinismo genético que pretensamente faz com que nunca estejamos satisfeitos, somos atacados diariamente por todos os lados pela publicidade, que tenta (e consegue, vamos reconhecer) nos induzir a gastar mesmo o que não temos por acreditar que o consumo é o que traz felicidade e nos oferece algum status.

Assim, quando faço um trabalho de coaching ou mentoria com alguém, a primeira pergunta que faço é: "O que você procura como resultado de seu trabalho?". Ninguém sabe responder a essa pergunta no primeiro momento. Então, procuramos os *gaps* que essa pessoa tem e fazemos um planejamento de vida. Nele estão incluídos, entre outras coisas, os desejos materiais e subjetivos que se quer alcançar e como, quando e em que velocidade eles devem ser perseguidos. Quando nossos desejos vão além do que é suficiente para nos tornar felizes, esse sentimento se transforma em ganância. O ponto onde termina um e começa o outro só a própria pessoa é capaz de determinar. Um coach ou mentor competente, entretanto, pode ser de grande ajuda nesse trabalho de estabelecer fronteiras. No trabalho, temos o costume de fazer planejamentos de toda espécie, mas não nos preocupamos com isso quando se trata da nossa vida pessoal. E esse planejamento tem necessariamente de contemplar os aspectos pessoais e profissionais, pois eles nunca deixam de interferir um sobre o outro. É assim que funciona a procura pelo equilíbrio entre a vida profissional e a pessoal.

Cordilheira de hormônios

Planejar e equilibrar esses dois aspectos da vida é uma tarefa especialmente desafiadora e complexa para as mulheres trabalhadoras. Elas têm contra si um fenômeno do qual os homens são poupados: o seu período fértil tem um prazo de validade curto. E isso se ergue como uma cordilheira no meio da trajetória de suas carreiras. De modo geral, o momento em que elas estão procurando dar um gás na carreira acaba coincidindo com o momento-chave para ter filhos. Você precisa realmente ser mulher para entender em toda a sua plenitude o peso da angústia que esse determinismo da natureza é capaz de gerar. Algumas mulheres já sabem de antemão que não querem ter filhos, e isso, portanto, não se torna um problema pra elas. Mas, muitas vezes, quando a mulher quer ser mãe, a dúvida é muito cruel: "Será que vou perder minha carreira depois de ter filhos? Será que a empresa vai entender esse meu momento e me dar a chance de continuar sendo profissional e mãe?".

Infelizmente, a realidade é que o mundo corporativo, em especial quando dirigido por homens, se relaciona de maneira errada com as mulheres. Presenciei, certa vez, uma conversa de um executivo pelo celular que é uma amostra clara disso. "Fale para essa mulher parar de chorar e trabalhar! Mulher só chora!", gritou ele. E, infelizmente, não são só os homens que dizem barbaridades como essa. Uma amiga me contou certa vez a reação raivosa de uma alta executiva na empresa em que ela trabalhava ao saber que mais uma de suas funcionárias havia engravidado: "Mas o que vocês estão colocando na água aí no escritório? É a segunda que engravida neste semestre!". O comentário, que parece uma grosseria de bar, é uma mostra de quão longo e acidentado é o caminho a ser percorrido até que o mercado se ajuste a essa realidade inerente ao ser humano: mulheres engravidam! Carregam os filhos em seus ventres por nove meses e, depois que saem de seus corpos, os bebês têm de ser amamentados e cuidados. Se não fosse assim, não haveria ninguém para escrever ou ler este livro. Deve ser sobre isso que fala o primeiro verso da música "Where is the love?" [Onde está o amor?], sucesso do grupo americano Black Eyed Peas: "O que há de errado com o mundo? As pessoas estão vivendo como se não tivessem tido mães".

E dizer isso não é sentimentalismo. O que está errado com o mundo corporativo é que existe, sim, um preconceito – que, no caso brasileiro, é ainda reforçado por uma legislação cuja rigidez é, para muitos, inadequada. Por exemplo, a lei exige que as empresas ofereçam uma licença paga de quatro meses para uma profissional que acabou de ter um filho, mas esta muitas vezes não quer ficar parada durante todo esse tempo. Hoje, se elas quisessem, e se a lei permitisse, seria possível que trabalhassem de casa. O home office não é uma ficção científica, já está aí, em todos os lugares.

As mulheres não querem necessariamente ser tratadas como se tivessem sofrido alguma doença ao dar à luz. O que elas valorizam é o balanceamento entre a vida profissional e a pessoal. Isso é mais importante do que um salário supergeneroso ou um cargo de poder. E, quando chegam os filhos, esse desejo de equilibrar essas duas instâncias torna-se ainda mais premente. Até ela ter certeza de que o filho está seguro e confortável, ela não se sente à vontade para voltar a desempenhar seu papel profissional.

Crianças são frágeis. Até os 10 anos ou mais demandam muito cuidado, atenção e preocupação. Em países como o nosso, em que a cultura machista ainda tem lugar de destaque, esses cuidados pesam mais nas costas femininas do que nas masculinas. E muitas mulheres também são contaminadas por essa maneira de enxergar.

Mas nem de longe essa é uma questão particularmente brasileira. Nas discussões na Universidade de Harvard, esse tema está em várias pautas de discussão. Há grupos formados apenas por mulheres nos quais a questão é discutida. Também lá, o peso de se ter um filho ainda recai mais sobre as mulheres. É muito mais provável uma mulher abandonar a profissão para se dedicar aos filhos do que o homem fazer a mesma coisa, com todas as mesmas implicações negativas que isso provoca por aqui.

No entanto, nos Estados Unidos, e em outros países do hemisfério norte, a cultura é mais libertadora, se é que se pode dizer assim, do que a brasileira. As tarefas são divididas de maneira mais igualitária e não é comum uma família ter empregada doméstica. O jogo é dividido: um cuida do jardim, o outro cuida da casa; um cuida dos quartos, o outro cuida da cozinha. E lavar prato todo mundo lava. É uma questão cultural já estabelecida e ninguém perde tempo discutindo quem deve ou não lavar pratos e tirar o lixo.

Filhos empurrados

Um assunto que está muito em alta é o da postergação da maternidade. As executivas que desejam um dia ser mães vêm dando prioridade à carreira até sentirem que ela está consolidada. Só então começam a se preparar para a maternidade. As consequências disso ainda estão para ser analisadas, já que o fenômeno é mais ou menos recente. No filme *O diabo veste Prada*, já citado aqui, esse fenômeno é mostrado de maneira sub-reptícia. Miranda, que no filme tem uns 50 anos, tem um casal de gêmeas de 10 anos. Certamente esperou até os 40 para se tornar mãe. Talvez pela idade, ou pelo ritmo que a toxidez da sua liderança impôs a ela, no filme não se percebe nenhum relacionamento particularmente carinhoso entre mãe e filhas.

Na vida real, entretanto, a angústia das mulheres entre avançar na carreira e ouvir a campainha que avisa que o prazo para ter filhos está terminando é a causa de muitos burnouts e problemas de saúde. O universo feminino atual está carregado de culpa. Culpa por não ter tido filho; culpa por ter tido o filho, mas não ter acompanhado o desenvolvimento da sua infância; culpa por ter tido filho e, como consequência, ter prejudicado o arranque de sua carreira.

Em Harvard, há o consenso de que a flexibilização do horário de trabalho, incluindo dias de home office, é uma maneira poderosa de se encontrar uma saída nesse muro que se interpõe entre as mulheres e suas carreiras. Entretanto, muitos argumentam que ninguém teria uma trajetória de sucesso trabalhando apenas de casa. Mas eu ainda acredito que tudo isso é cultural, e a cultura muda de geração para geração. Até mesmo em um curto espaço de tempo.

Não são apenas os protestos das mulheres que tornam urgente encontrar uma solução para essa exclusão da presença feminina no mercado de trabalho. Não ter mulheres nas empresas traz grandes prejuízos para a atividade corporativa. Prejuízos esses que podem, inclusive, ser contabilizados.

As mulheres, por exemplo, têm uma capacidade analítica muito maior do que a dos homens, segundo uma série de pesquisas científicas. Por essa razão, quando o mundo corporativo afasta as mulheres, ele perde talentos e qualidade analítica nas equipes.

Há, obviamente, outras qualidades que se manifestam intensamente na mente feminina. A intuição e a capacidade de lidar com as pessoas são bons exemplos. Por que a grande maioria dos profissionais de recursos humanos (aqui está ele novamente) do mundo é comandada por mulheres? Porque elas têm uma maior sensibilidade para lidar com pessoas.[4] Então, se o mundo corporativo perde a sensibilidade da mulher, o ambiente de trabalho, regido exclusivamente por homens, passa a agir de maneira mais puramente racional. E o que é mais estimulante? Lidar com alguém que simplesmente liga e desliga ou alguém com mais sensibilidade a quem está a seu redor? Sem a presença da mulher, perde-se também poder de criatividade, adaptabilidade e certa leveza no ambiente de trabalho. E esse não é um discurso ingênuo. Pessoas são pessoas; e há mulheres e homens capazes de fazer coisas detestáveis e monstruosas. Mas é inegável que há qualidades que são expressas mais frequentemente pelas mulheres e que são bem-vindas e essenciais.

Se, de um modo geral, as mulheres ainda são recebidas no mundo corporativo com certa má vontade, os inúmeros casos de sucesso de empresas individuais que têm mulheres à frente mostram como é urgente que o mundo empresarial masculino (leia-se quase todo o mundo empresarial) reveja seus conceitos. Cabe aos homens, principalmente àqueles que estão em posições de poder, ter uma relação de respeito e cumplicidade com as mulheres.

O que se espera desses homens é que digam coisas como: "Estou promovendo você a gerente. Minha avaliação é que você tem capacidade de ascender muito fortemente na sua carreira e pode chegar a CEO daqui a dez anos. Entretanto, para isso acontecer, você tem de estar bem. O que você tem como planejamento de sua vida pessoal, o que você tem de fazer para alinhar sua carreira e sua vida fora do trabalho? Você quer chegar nesse ponto aqui ou não? Até onde você quer chegar?".

Parece utopia? Antes de responder "sim" ou "não" para essa pergunta, há algumas coisas que você deve considerar. As mulheres só tiveram o direito de voto reconhecido no Brasil em 1932. Em países como França e Japão isso ocorreu posteriormente, em 1945. Até o início da década de 1960, no Brasil, os bancos só aceitavam que uma mulher abrisse conta bancária se tivesse o aval do marido – ou do pai, caso fosse solteira. Ou seja, saímos da pré-história das relações entre os gêneros há relativamente pouco tempo. Estamos em constante evolução e não há razão alguma para duvidarmos que a presença feminina ocupará, no mínimo, 50% do mercado de trabalho em um prazo muito mais curto que imaginamos.

E os que estarão à frente dessas mudanças serão os líderes autênticos, tanto homens quanto mulheres. E são eles que vão chegar para as pessoas que identificaram como talento e dizer: "É de seu interesse tentar chegar ao posto de presidente-executivo? Caso não seja essa a aspiração, não há problema para mim, mas preciso saber, pois assim colocarei meu foco em outra pessoa que queira chegar até lá". Digo mais uma vez: tudo funciona melhor se realizado com transparência, sem máscaras.

E essa situação ainda é muito complicada para as mulheres. Sabendo como a maternidade é tratada no ambiente corporativo, elas têm de ficar grávidas escondido, e não podem dividir com ninguém dentro do trabalho a vontade que têm de ter um filho.

É muito comum ouvirmos de líderes, diante do casamento de uma funcionária jovem, algo como: "Essa deve ter planos de ter filho. Então vamos promover outra pessoa". O Black Eyed Peas tem razão, o mundo parece ter esquecido que tem mãe.

Muitas pessoas costumam me perguntar como resolver a questão de mulheres entre 30 e 40 anos que já ocupam altos cargos, são apaixonadas pelo trabalho que desenvolvem e desejam continuar subindo na carreira, mas não querem abrir mão de ter filhos.

Na condição de CEO de uma empresa, eu teria uma conversa com uma executiva com esse perfil e traçaria junto com ela possíveis cenários futuros, levando em conta os planos dela de se tornar ou não mãe. Caso ela tivesse esse desejo, eu sugeriria um ano sabático para que pudesse se dedicar à criança e, quando voltasse ao trabalho, retomaria a carreira do mesmo ponto em que parou, percorrendo, dali em diante, o caminho restante até chegar onde almeja.

Além de preservar o talento dessa profissional na empresa, tal arranjo ainda permitiria reforçar nela as qualidades de uma líder autêntica. Um líder autêntico ganha um formidável empurrão se viver na própria pele as experiências e desafios que são enfrentados pelos outros. E, além disso, a realidade é que as mulheres que desejam ter filhos farão isso de uma forma ou de outra. E essa encruzilhada entre a carreira e a maternidade pode causar tamanho impacto que pode levá-las a sair definitivamente do caminho que pretendiam seguir. E, no fim das contas, todos saem perdendo, a profissional e a empresa.

Mas não é hora de se deixar impressionar pelos obstáculos. Há alguns sinais que mostram que é uma questão de tempo até que o mundo corporativo lide com toda essa questão de modo diferente. Uma grande empresa na área de consultoria apresentou recentemente uma solução criativa para manter uma funcionária dona de um grande talento. Ela havia solicitado um período sabático de seis meses após o fim da sua licença-maternidade. Seu chefe direto concordou com a solicitação. Um pouco antes de terminar esse período, a funcionária entrou em contato novamente dizendo que precisava de mais oito meses longe do trabalho. Novamente, a empresa concordou e estendeu o período sabático. Esse cenário, entretanto, ainda é considerado uma exceção. A triste regra geral é aquela grosseira e insensível: "Tire essa menina do quadro de funcionários, ela não vai mais colocar o trabalho em primeiro lugar".

No próximo capítulo, trataremos dos conceitos sobre equilíbrio vital entre a vida profissional e a pessoal. Apresentaremos as práticas de coaching e mentoria que podem ser ferramentas poderosas no conhecimento dos próprios limites e possibilidades e também um exercício básico para o planejamento de vida.

Atividade de autoconhecimento

Sugiro que você dedique uma a duas horas para pensar sobre as questões abaixo e respondê-las. Faça isso quando estiver com o corpo e a mente descansados e relaxados. Elas vão lhe ajudar a avaliar o seu nível de (in)satisfação no trabalho.

1. Eu sou uma pessoa feliz no trabalho? O que eu estou fazendo hoje me realiza verdadeiramente? Por quê?
2. Em que eu acredito? Quais são meus principais valores? Meu trabalho está em sintonia com esses valores?
3. Do que eu me orgulho em meu trabalho? Por quê?
4. O que mais me incomoda em meu trabalho? Por quê?
5. O que eu posso fazer para alcançar maior satisfação em meu trabalho? Como eu poderia me sentir melhor?
6. Se me restasse apenas um ano de vida, o que eu faria durante esse tempo?
7. O que é sucesso pessoal e profissional para mim?
8. Você já teve algum problema de saúde, físico ou psicológico decorrente do excesso de trabalho, pressões por prazos e resultados ou assédio moral causado por um líder tóxico? Qual? Como você lidou com essa situação (ou como acha que deveria ter lidado)?

7

As ferramentas da integração vital

Imagine que você voltou no tempo. Algo em torno de 100 mil anos atrás. Você, vivendo nas planícies africanas – onde surgiram os primeiros seres humanos –, está tendo um dia péssimo. Acordou bem cedo depois de uma noite mal dormida, na qual os gritos do vigia, que passou a noite ao lado da fogueira espantando leões e hienas, atrapalharam seu sono. Logo pela manhã, você descobre que na sua tenda não há nada para comer, e na do vizinho também não. É preciso sair para caçar, apanhar cogumelos, desenterrar raízes. O grupo de caça é comandado pelo filho do xamã da tribo, mas vocês não se dão nada bem. Ele vive dizendo que você é preguiçoso e lerdo, e você acha que ele é um incompetente que só chegou ao posto porque "papai deu uma força".

Seu mau humor e nervosismo aumentam ainda mais durante a caçada. Você sabe, pela sua experiência, que o mais proveitoso é montar uma armadilha na beira do lago e esperar escondido até que as zebras venham beber água. No entanto, o chefe descarta sua ideia como se fosse uma grande tolice. "Qualquer homem das cavernas", ele diz com o sarcasmo com que sempre trata você, "sabe que os leões também caçam por ali, então é mais provável que nós viremos jantar, e não as zebras". Os outros caçadores riem alto da piada do chefe. Por fim, ele decide que a melhor estratégia é atacar os búfalos. Você acha a sugestão péssima. Atacar búfalos em campo aberto? Fala sério... Mas, antes que possa dizer qualquer coisa, um búfalo macho, do tamanho de um elefante, vem bufando em sua direção. Você corre e acaba caindo em cima de um espinheiro. Os outros caçadores riem de novo, agora ainda mais alto, e ninguém tenta ajudar. No entanto, apesar da torcida contra, você consegue escapar.

Agora, que já é noite, você volta para sua tenda exausto, machucado e desanimado. Deitado no chão duro, você pensa em quem poderia ajudá-lo a superar esse estresse e a dar uma guinada na sua vida. Um mentor? Um coach? Eles poderiam até colaborar, mas não ali no meio das savanas africanas, em uma época tão remota. Tais figuras só surgiriam centenas de séculos mais tarde.

Embora não exista nenhum registro pré-histórico de alguém que tenha desenvolvido um trabalho de apoio para ajudar uma vítima a se livrar de uma chefia abusiva ou encorajá-la a quebrar um círculo vicioso e voar com as próprias asas, pessoas infelizes com seus trabalhos e seus líderes devem ter conseguido alguém que as orientasse desde o início dos tempos. Afinal, é intrínseco ao ser humano pedir socorro e socorrer.

No começo, uma odisseia

Só a partir do momento que a humanidade passa a registrar suas experiências por escrito é que surgem menções aos especialistas que orientam pessoas para a vida ou para superar momentos de crise. O exemplo mais clássico desse personagem foi descrito pelo poeta grego Homero, há quase 3 mil anos, na *Odisseia*, uma obra épica que conta as peripécias do rei Ulisses no caminho de volta para sua casa, em Ítaca, depois de participar da Guerra de Troia. Preocupado com a educação formal e ética de Telêmaco, seu filho, Ulisses nomeara, antes de partir para a guerra, seu experiente escravo, Mentor, para ser o tutor do jovem herdeiro.

Além de cuidar da educação básica do filho do rei, Mentor aconselhou Telêmaco, quando este já era adulto, a enfrentar os pretendentes de sua mãe, Penélope. É que, acreditando que Ulisses estava morto, príncipes e nobres das terras vizinhas invadiram a casa do rei exigindo que Penélope escolhesse um deles como marido. Mas Ulisses, de volta depois de dez anos, mataria os pretendentes com a ajuda do filho, que também fora preparado como guerreiro por Mentor. O nome "Mentor" passaria, então, a designar alguém que possui conhecimentos e os divide diligentemente com uma pessoa menos experiente.

Também o termo "coach" tem origem no passado, mas não tão distante. Surgiu na Hungria, no século XV, como *kocsi*, para designar um tipo de carruagem – coche, em português – fabricado na cidade de Kocs. Em 1830, a palavra, já adaptada para o inglês *coach*, tornou-se uma gíria entre os alunos da Universidade de Oxford para nomear os tutores que levavam os alunos, a bordo de uma carruagem, para prestar seus exames. Logo o termo passaria a ser uma metáfora para tutor, aquele que treina e supervisiona o tutorado – ou coachee.

Tanto o coach quanto o mentor, portanto, têm história e pedigree. Se seus serviços de formar o caráter e auxiliar a vida profissional das pessoas já são há tanto tempo requisitados, hoje eles estão mais do que nunca em alta como personagens capazes de ajudar, e muito, nossos contemporâneos a conquistar uma integração entre vida profissional e pessoal.

Mas, antes de falarmos sobre como o mentoring e o coaching podem ser valiosos na conquista de uma vida mais integrada, é necessário esclarecer o que cada uma dessas propostas pode oferecer para facilitar a vida das pessoas.

O mentoring é um processo de transmissão de conhecimento feito com a ajuda de um mentor, cuja função é dar apoio e encorajamento para que seu mentorado, ou mentee, possa gerenciar o próprio aprendizado, maximizar seu potencial, dar uma turbinada na sua performance e se transformar em uma pessoa melhor. De maneira resumida, o mentoring é uma ferramenta de aprimoramento profissional e pessoal em que uma pessoa mais experiente – o mentor – ajuda uma pessoa que não tenha tanta experiência como ela.

Colocado dessa maneira, o mentoring pode parecer mesmo algo simples e quase banal – uma necessidade desde a pré-história, de acordo com a pequena ficção que abre este capítulo. Mas a verdade é que essa dinâmica se tornou mais profunda, mais assertiva e mais profissional nos dias de hoje com o advento de várias práticas e estudos que mobilizam especialistas e com a publicação de um número cada vez maior de artigos, matérias e livros sobre o assunto.

O coaching, por sua vez, também é uma dinâmica de transmissão de conhecimento, mas, pode-se dizer, com o foco mais restrito. Durante o processo, o coach ajuda o seu cliente, o coachee, a evoluir em alguma área específica da vida, que quase sempre se concentra na esfera profissional. O ideal é que o coach não seja um amigo, um conselheiro, um professor, um chefe nem mesmo um colega de profissão – afinal, sem vínculos, os resultados tendem a ser mais rápidos e sólidos. Deve ser alguém capaz de instruir uma pessoa para que ela exerça um trabalho específico para o qual é necessária uma habilidade que, até então, o coachee não tem desenvolvida.

Diferenças entre coaching e mentoring

Essas duas práticas costumam ser confundidas, e muitos acham que é uma coisa só. Embora o trabalho do mentor e o do coach tenham em comum o fato de orientar e auxiliar pessoas, há diferenças significativas entre as duas práticas.

O coaching é a técnica recomendada para alguém que precisa atingir uma meta específica em seu trabalho, mas não tem ainda as habilidades necessárias plenamente desenvolvidas para esse objetivo. Mesmo tratando de questões que dizem respeito principalmente ao âmbito profissional, o coaching pode trazer à superfície impedimentos por parte do coachee que prejudicam a integração de suas vidas profissional e pessoal. E, como esses dois aspectos têm uma forte conexão, o coaching é de grande importância para que o coachee conquiste a habilidade necessária para retomar o equilíbrio.

O processo de coaching pode ser realizado individualmente ou em grupo, caso os indivíduos estejam envolvidos em um propósito comum. O coach pode ser o superior imediato do coachee, alguém do departamento de recursos humanos ou ainda um consultor externo à empresa. Durante o processo, é comum a prática de estabelecimento de metas para o coachee e, como passo seguinte, a mensuração dos resultados alcançados por ele.

Um exemplo bastante comum da realização de um processo de coaching dentro da empresa é quando a organização tem planos de promover a cargos de maior responsabilidade uma determinada pessoa que, no entanto, ainda não tem plenamente desenvolvida alguma habilidade necessária na nova função. Ou, então, quando a empresa detecta que um funcionário considerado chave tem deficiências em sua formação profissional que podem ser enfrentadas e supridas em um processo de coaching.

O processo de mentoring, por sua vez, apresenta algumas características diferentes. Nele, não há grupos; a relação é restrita a duas pessoas. Além disso, não há a preocupação de tratar de um assunto único ou um desafio momentâneo. O mentoring costuma transitar em outras profundidades, como dificuldades mais íntimas e questões pessoais que, de alguma forma, estejam se interpondo ao desempenho ou crescimento profissional do mentorado. Por isso, há um compromisso de confidencialidade entre ele e seu mentor. O objetivo do mentoring é preparar a pessoa para metas de longo prazo, com alvos mais estratégicos. Ao contrário do coach, o mentor pode eventualmente fazer parte do círculo pessoal do mentee. Ele pode ser um empregado mais experiente da organização em que o mentee acaba de ingressar ou uma pessoa próxima à família – embora essa proximidade possa, em determinados momentos, interferir na dinâmica do trabalho, conforme veremos na p. 191, na seção "Perguntas difíceis são bem-vindas".

Mas também existem mentores profissionais, que são tipicamente contratados por organizações que estão no processo de transformação da sua cultura interna – como nos casos de fusões – e precisam alinhar suas altas gerências aos novos rumos dos negócios. Mentores externos também costumam ser convocados para dar início a um programa de trainees, por exemplo, com o intuito de formar empregados para, em médio ou longo prazo, integrar postos de comando ou iniciar programas de mentoria internos. Esses profissionais externos desenvolvem, junto com a presidência da organização, as linhas gerais desses programas de desenvolvimento de pessoas. Depois de implantá-los, deixam a empresa.

Mas, sejam coaches ou mentores, internos ou externos, o que esses profissionais têm em comum é sua importante contribuição na busca pela vida integrada de seus clientes. O coaching é de grande utilidade para alguém que, em determinado ponto da carreira, deseja mudar a sua trajetória. No geral, essas pessoas têm uma ideia razoavelmente sólida de qual alternativa preferem à atual ocupação, mas não estão certas das habilidades que teriam de adquirir para levar a transformação adiante.

Um bom exemplo seria o caso de um engenheiro que se sente infeliz e frustrado com o que faz. Mesmo que tenha investido tempo, esforço e dinheiro para se aprofundar nessa área, essa pessoa pode concluir que se sentiria realmente feliz e realizada se, ao invés de engenheiro, ganhasse a vida como fotógrafo. Mas como mergulhar neste novo mercado? Qual das possibilidades dentro da fotografia lhe daria mais prazer: fotografar moda, casamentos, indústrias ou automóveis? Trabalhar em um jornal ou revista? Montar um estúdio próprio ou alugar de terceiros? E quanto aos equipamentos? O que comprar? E, pergunta importante, mas não decisiva, essa atividade lhe traria dinheiro suficiente? Ele seria um fotógrafo em tempo integral ou dividiria sua jornada diária entre o estúdio e o emprego como engenheiro?

O coach desse engenheiro que quer virar fotógrafo não precisa necessariamente entender de fotografia ou sobre as especificidades desse mercado. O que ele faz, inicialmente, é indicar quem está habilitado a responder as dúvidas e angústias de alguém que quer se lançar em um campo de trabalho que parece tão diverso daquele em que ele esteve mergulhado até então. Juntos, coach e coachee poderão consultar associações de fotógrafos, examinar catálogos de equipamentos, marcar reuniões com profissionais já estabelecidos e que conheçam esse mercado.

No entanto, é de esperar que o coach escolhido tenha experiência em alguma área específica que possa auxiliar nosso futuro fotógrafo a deslanchar na sua nova atividade. Algo como conhecimento do mercado publicitário ou editorial, que são potenciais empregadores de fotógrafos ou compradores de seu trabalho.

Cavar mais fundo

Há ocasiões em que o coach pode ser procurado por alguém que se sente insatisfeito com o que faz na vida profissional, mas não acredita haver alguma saída para seu problema, o que faz com que seu desconforto seja ainda maior. Por pensar assim, essa pessoa não consegue vislumbrar outra ocupação que poderia lhe trazer realização. Nesse caso específico, em que a sensação costuma ser a de que se está em um beco sem saída, o processo de mentoria é o mais indicado, pois é preciso cavar mais fundo para trazer à superfície as dúvidas e os obstáculos que causam as sensações de infelicidade e inadequação nos planos profissional e pessoal.

E há momentos em que o profissional que orienta deve lançar mão tanto das habilidades de coach como daquelas de mentor. Eu mesmo vivenciei um caso assim em um de meus atendimentos, em Salvador. Tratava-se de uma médica que havia começado a trabalhar com cuidados paliativos, que consistem na assistência dada por uma equipe multidisciplinar com o objetivo de aliviar sofrimentos físicos e psicológicos do paciente de uma doença terminal e também amenizar as angústias dos familiares desse doente.

Essa especialidade ainda não estava muito desenvolvida na Bahia, o que obrigou a médica a procurar cursos de aperfeiçoamento em outras partes do país. Um desses cursos foi feito no Hospital Albert Einstein, em São Paulo, onde ela conheceu um dos maiores especialistas brasileiros no assunto. E, das conversas que tiveram, surgiu o desejo da médica de abrir uma empresa de tratamentos paliativos em Salvador. No entanto, ela não tinha conhecimentos para organizar e coordenar uma equipe ou mesmo elaborar um planejamento estratégico para o negócio.

Começamos um trabalho de coaching para orientá-la quanto às habilidades que ela gostaria de desenvolver. E descobrimos, no início do processo, que seria necessária uma dinâmica para balancear sua vida. Tive de utilizar, então, uma dinâmica de mentoring, que contribuiu para que ela desenvolvesse seu autoconhecimento, identificando quais eram seus desejos e onde exatamente queria chegar. Pois só com essas informações bem definidas é que uma pessoa é capaz de, efetivamente, absorver as competências técnicas necessárias e desenvolver habilidades que até então estavam adormecidas.

Esse trabalho de autoconhecimento e reflexão, no entanto, foi além do que se esperava de um processo de coaching, já que nesse momento não estávamos apenas desenvolvendo conhecimentos técnicos. Assumindo o papel de mentor, passei a lançar mão de meus conhecimentos de executivo para tratarmos, de forma mais ampla, do objetivo que ela queria alcançar. Assim, debatemos qual seria a melhor forma de estruturar e coordenar a equipe; qual o tipo empresarial mais adequado; o que ela poderia economizar em certos aspectos; e o que não deveria economizar para evitar problemas maiores no futuro, entre outros temas. Como mentor, mantive o foco no trabalho que fizemos em conjunto – ou seja, nesse nosso planejamento da nova empresa e da nova vida – para que ela superasse alguns desequilíbrios que dificultariam sua transição para a vida empresarial, mas também coloquei sobre a mesa minha experiência como executivo para dar as sugestões necessárias para colocar sua empresa de pé.

Isso quer dizer que só é possível desenvolver um trabalho como mentor se este tiver uma experiência na área envolvida? É verdade que o processo de mentoria se dá na relação estabelecida por duas pessoas, uma com um maior tempo e conhecimento em determinada área e outra com menor experiência. Sendo assim, a bagagem do mentor tem, como já foi dito anteriormente, grande importância em toda essa dinâmica. Mas os mentores não precisam, obviamente, dominar todas as áreas do conhecimento humano. E é por isso que os grupos de apoio, do qual falamos no segundo capítulo, são tão importantes no processo de mentoria, pois podem ser formados por pessoas que não estão diretamente envolvidas na mentoria, mas têm um conhecimento aprofundado do que o mentorado necessita e podem dar sua contribuição.

E foi exatamente isso que fez a médica. Ela acabou adotando o professor do seu curso no Hospital Albert Einstein como um membro de seu grupo de apoio para questões técnicas sobre cuidados paliativos, tema a respeito do qual eu não poderia oferecer qualquer ajuda. O médico de São Paulo, entretanto, não exercia exatamente o papel de mentor, com reuniões periódicas e acompanhamento de perto, mas integrava o grupo de apoio dessa médica colocando-se à disposição para sanar todas as suas dúvidas. E o apoio dele foi de grande valia no processo de mentoria.

Não foi por acaso que a maioria dos 3.850 executivos entrevistados na pesquisa liderada pelo professor Boris Groysberg, de Harvard, apontou esses grupos de apoio como sendo essenciais para a boa saúde de suas carreiras. Pessoalmente, eu uso o professor Bill George, já citado em outras passagens deste livro, como meu mentor e como parte de meu grupo de apoio. Não preciso necessariamente conversar com ele a todo instante, mas fico atento às suas postagens, aos artigos que ele publica. Quando estou em Harvard, eu o procuro e temos conversas profundas, como não tenho com nenhuma outra pessoa.

Um mentor para chamar de seu

Em alguns países mais avançados, principalmente nos Estados Unidos, a prática da mentoria está profundamente arraigada na cultura empresarial. É bastante comum que um jovem empregado receba, junto com seu crachá e os documentos de admissão, um mentor designado para acompanhá-lo nos primeiros meses de empresa.

A incumbência desse mentor é apresentar a cultura daquela organização ao novato, mas, além disso, ouvir suas dúvidas e instruí-lo quanto à melhor maneira de superá-las. Essa é uma prática estruturada, na qual o mentee tem certas obrigações, como estar presente nas reuniões marcadas com o mentor, fazer relatórios de suas atividades e cumprir tudo o que foi acertado nos encontros com o mentor.

Como no Brasil o mentoring ainda está dando seus primeiros passos, enquanto o coaching é bem mais conhecido, é comum que alguém que esteja passando por um momento decisivo e de transformação procure a ajuda de um coach, quando, na realidade, o mais indicado talvez fosse um trabalho de mentoring. Escolher qual é a dinâmica que melhor atenderá às necessidades desse cliente é algo que cabe ao profissional decidir. Caso tenha conhecimento, experiência e seriedade, o profissional poderá tanto optar por uma das duas técnicas como usar ambas, a exemplo do que fiz no caso da cliente médica que mencionei anteriormente.

Entretanto, ainda que a figura do coach seja mais difundida na cultura brasileira, muitos ainda desconhecem quais são exatamente as funções desse profissional e os benefícios que ele pode oferecer ao seu cliente. Como prova, temos o surgimento de uma grande quantidade de técnicas de coaching de pouca consistência. Entre elas está o life coaching, em cuja eficiência tenho grande dificuldade em acreditar. Isso porque, na sua essência, o trabalho de coaching é bastante específico e pontual. Sua proposta é ensinar técnicas de liderança ou desenvolver algumas competências. Quando esses objetivos previamente determinados são atingidos, o processo de coaching está encerrado. Não considero correto, portanto, dinâmicas de coaching que se estendem por tempo indeterminado ou mesmo propostas de uma continuidade do processo por toda a vida, sem data de vencimento. Essa abordagem não passa de ilusão e enganação.

O Big Brother no aquário

Tive a oportunidade de comprovar a eficiência dessas técnicas customizadas de mentoring e coaching com uma das pessoas que atendi. Demos início ao nosso trabalho com um processo de mentoria. Seu maior desafio estava no fato de trabalhar diretamente com o pai, que ocupava uma sala envidraçada, o chamado aquário, o qual ficava exatamente em frente à sala do meu cliente. Por conta disso, ele sentia que era observado e controlado o tempo todo. Como se estivesse no romance *1984*, do autor inglês George Orwell, no qual o Big Brother, o Grande Irmão, controlava todos os passos dos cidadãos de Airstrip One por meio de câmeras e microfones espalhados por suas casas e também nos espaços públicos. Meu cliente já estava até mesmo desenvolvendo problemas de saúde por conta dessa situação, que já lhe parecia insuportável. Seu desejo, quando me procurou, era sair o quanto antes da empresa. Iniciamos, então, o processo investigando em que tipo de negócio ele poderia investir para finalmente se libertar daquela "prisão" na qual ele se sentia sufocado.

O passo seguinte foi fazer com que ele enxergasse, dentro do seu planejamento de vida profissional, os objetivos que queria atingir em determinados momentos da vida e quais eram as interferências que poderiam atuar sobre seus planos, fazendo, a partir daí, os ajustes necessários. O mais urgente era refrear sua ansiedade de querer resolver tudo ao mesmo tempo. Ensinar o mentee a pisar no freio é uma das funções do mentor, para que as mudanças sigam o passo a passo estabelecido no início do processo. Como tive uma experiência extensa como gestor de uma empresa, acredito ter cumprido com eficiência o papel de orientar meu mentee sobre as melhores opções de empreendimento.

"Pisar no freio" foi de importância fundamental para garantir que o projeto de integração das esferas pessoal e profissional de sua vida ocorresse sem derrapagens. Meu mentorado estava quase entrando em parafuso, tamanha a urgência que sentia de deixar a empresa do pai, e isso ficou claro logo que ele me entregou uma lista com tudo o que pretendia fazer:

1. casar;
2. ter um filho;
3. passar seis meses surfando na Indonésia;
4. fazer uma pós-graduação em construções sustentáveis;
5. visitar construções sustentáveis na Suíça;
6. deixar a empresa do pai.

A lista não estava em ordem de prioridade simplesmente porque não havia prioridade definida. Ele queria tudo ao mesmo tempo e para já.

Diante desse cenário, começamos, juntos, a separar as coisas. Entre os itens indicados na lista, examinamos o que exigiria uma mudança na vida profissional e o que pediria uma mudança de conduta pessoal. Feito isso, passamos para o planejamento profissional e pessoal. Meus argumentos incluíam observações como esta: "Se a prioridade for passar seis meses surfando na Indonésia, você terá de trabalhar para seu pai por pelo menos mais um ano e meio, aguentando todas as situações desagradáveis na empresa. Além disso, esse plano adiará a pós-graduação por pelo menos três anos. Se essa opção não lhe parecer aceitável, temos de voltar à lista e reestabelecer as prioridades. O que pode ser remanejado? E se mexêssemos no tempo dedicado a cada atividade? Por exemplo, em vez de passar seis meses na Indonésia, o que aconteceria se esse tempo fosse reduzido para 15 dias? Você poderia voltar da temporada de surf com a mente relaxada e as energias recarregadas, pronto para se inscrever no curso que tanto deseja".

Realizar esse trabalho é quase como como um quebra-cabeça; as peças que você encaixa vão oferecendo dicas para o posicionamento das demais. E assim, aos poucos, o processo de mentoria ajuda a criar uma integração entre os aspectos profissionais e pessoais. E esse exercício tem o efeito quase mágico de diminuir a ansiedade e a tensão, e a pessoa para de querer coisas demais. "OK, então vou trabalhar mais um ano com o meu pai, depois vou ter minha alforria", poderia dizer o mentorado. É que, quando se toma uma decisão, todos os passos seguintes ficam em perspectiva e alinhados. A pessoa passa a ver sua trajetória de uma maneira muito mais tranquila e deixa de sofrer antecipadamente, como acontecia no momento em que estava inseguro e era incapaz de prever o que estava por vir. Com as perspectivas se tornando cada vez mais claras, mesmo algo que parecia um sofrimento insuportável, como trabalhar sob o domínio de um pai extremamente rigoroso e crítico, já não parece tão terrível assim. O nível de confiança nas próprias possibilidades cresce de maneira evidente.

Encorajar e dar destemor às pessoas é uma das mais importantes contribuições dos mentores e coaches. Em quase todas as ocasiões em que esses profissionais são requisitados, as pessoas estão apreensivas – por estarem rompendo com um estado de coisas que as incomoda – ou sentem necessidade de um apoio para dar um salto à frente. A angústia que elas sentem surge por acharem que já não têm opções, que é impossível fugir das amarras que as prendem a uma situação que não querem mais viver. Mas sempre há opções.

Para mim, não há momento mais gratificante do que quando meus clientes começam a enxergar os resultados do trabalho que estamos desenvolvendo juntos e dizem: "Meu Deus, por que eu não fiz isso antes? Por que eu me deixei levar por tanta angústia? Eu teria sofrido muito menos se soubesse que a energia necessária para fazer as mudanças que tanto desejo estava o tempo todo dentro de mim".

Via de mão dupla

Por sua maior abrangência, a mentoria costuma ter mais a agregar no processo de integração da vida pessoal e da profissional do que o coaching. Este, como foi dito, trata de facilitar a aquisição de habilidades específicas, quase sempre técnicas, para cumprir metas pontuais. Na mentoria, mentor e mentorado dividem suas experiências, e isso significa que, mesmo que o mentor tenha mais experiência ou senioridade que o mentorado, a maneira como essa relação se dá faz com que também o mentor se transforme no decorrer do processo. E isso torna a dinâmica do mentoring muito mais rica, profunda e envolvente do que a do coaching, do ponto de vista do desenvolvimento pessoal.

No mentoring, podem surgir afirmações como esta: "Na época em que enfrentei um desafio parecido ao que está diante de você, tomei tal atitude, mas, examinando de novo esse problema, acho que faria de forma diferente". No caso do mentee que mencionei anteriormente, ele acabou por tomar a decisão de deixar a empresa do pai e montar a sua própria. Ao final, passou a prestar serviço para a companhia do pai. Como resultado, além de ter conseguido obter sucesso em seu negócio, melhorou muito o relacionamento com ele. Não foi esse o caminho que eu escolhi, mas, quem sabe, tornar-me um prestador de serviço para minha antiga empresa não poderia ter sido também uma boa decisão?

Independentemente da decisão de buscar ajuda de um mentor ou um coach, a pessoa que quiser integrar a vida pessoal e a profissional tem, definitivamente, de elaborar um planejamento e eleger prioridades. Ela deve fazer o mesmo exercício que um líder autêntico faz, que é checar se seus próprios valores têm conexão e afinidade com os projetos que estão surgindo à sua frente. Essa interatividade é um aspecto decisivo para uma integração harmônica entre vida pessoal e profissional.

O cuidado de conferir permanentemente o funcionamento das engrenagens que fazem girar de maneira harmônica nossos valores e o trabalho que executamos é necessário porque – nunca é demais repetir – nós somos um sistema integrado, e qualquer decisão de importância que tomarmos na nossa vida profissional terá repercussões inevitáveis sobre a vida pessoal, e vice-versa. Esse é um ponto crucial, e a maioria de nós não tem consciência disso. Não é incomum nos descobrirmos correndo atrás de um sucesso que, no final das contas, não é o sucesso que queremos para nós Alguém definiu as regras do jogo e então nos sentimos na obrigação de segui-las, sem sequer cogitarmos que existe a possibilidade de elas serem alteradas.

Um coach ou um mentor competente saberá mostrar para seus clientes a importância da interferência que nossas próprias escolhas – ou a falta delas – têm sobre nossa paz e sanidade. A função desses profissionais é apontar outros caminhos e possibilidades, além de trabalhar para baixar a ansiedade e o sofrimento que, quando não cuidados, podem se transformar em compulsão, síndrome do pânico ou algum outro sério problema de saúde, "paralisando" a pessoa.

Não deite no divã errado

Pelo fato de o mentoring tratar de processos mais profundos e sensíveis – como a experiência de vida pela qual se passou, o convívio com a família, os arrependimentos, a vida sentimental –, não é difícil entender por que, muitas vezes, a mentoria é confundida com a psicoterapia. As duas dinâmicas, no entanto, têm uma diferença crucial: o mentor está focado nas dificuldades ou necessidades que têm repercussões na esfera profissional ou estão intimamente relacionadas a ela. Já a psicoterapia utiliza conceitos específicos do campo de psicologia e, devido às áreas sensíveis em que atua, exige uma formação específica do profissional que os aplica. Seu objetivo é trabalhar o bem-estar e a saúde mental de uma pessoa para que ela melhore seus relacionamentos e habilidades sociais ou, em alguns casos, lide com comportamentos, crenças, compulsões, pensamentos e emoções que lhe tragam problemas ou infelicidade.

É um processo, portanto, que exige cuidado e discernimento. Eu mesmo já rejeitei trabalhos por considerar que os desafios que potenciais novos clientes me traziam deveriam ser tratados por terapeutas e psicólogos, e não por um coach ou mentor. Uma dessas pessoas estava saindo infeliz e frustrada de um casamento que havia terminado porque ela havia priorizado sua carreira em detrimento da vida pessoal. O que ela queria era integrar melhor os aspectos pessoal e profissional de sua vida, e por isso veio até mim, mas logo percebi que isso exigiria soluções de foro íntimo, que não caberiam a um coach ou mentor. Ela seguiu minha sugestão, procurou uma terapia e, depois de um ano, demos início ao processo de mentoring. Com as questões que a atormentavam já bem encaminhadas, ela agora tinha mais bem definidos os seus objetivos e necessidades.

Insisto: o profissional que vai ajudar as pessoas a integrar os aspectos profissional e pessoal de suas vidas tem de ter clareza de que não é seu papel fazer terapia com seus mentees ou coachees. Eles não são pacientes, mas sim clientes. Entretanto, o processo de autoconhecimento é muito importante no desempenho de um líder ou de qualquer outro profissional que sinta que sua vida está desintegrada. Ele também tem de avaliar se está precisando de coaching, mentoring ou terapia. Talvez venha a precisar dos três, mas sempre com profissionais habilitados.

Checar se um psicólogo está habilitado para exercer seu trabalho é simples. Todos os estados do Brasil têm um Conselho Regional de Psicologia, órgão que regulamenta a profissão de psicólogo e oferece um portal de busca de profissionais inscritos. Isso já é uma pista. Se ele é competente ou não, isso é algo que se descobre depois de algumas sessões ou ouvindo a opinião de alguém que já tenha passado por seu consultório. Já bons mentores ou coaches não necessariamente têm diplomas ou fazem parte de conselhos regionais. Nesse caso, o que realmente pesa é a indicação de terceiros. Mas é preciso ir além de um parecer alheio. O coach é alguém que repassará conhecimentos técnicos, então é de grande importância ter informações sobre a experiência que ele tem na área na qual é necessário auxílio.

Se o seu coach tem conhecimentos em marketing internacional, é administrador de empresas, tem um MBA em recursos humanos, mas o que você precisa é desenvolver um trabalho específico na área de comunicação, dificilmente ele lhe será útil, por mais páginas que tenha seu currículo. Da mesma forma, você não será bem orientado para resolver problemas societários por um coach que nunca teve um sócio em sua vida profissional. Caso você esteja em meio a um processo de formação de uma empresa e no seu planejamento esteja previsto vender esse empreendimento daqui a dez anos, o coach que você procurar para lhe orientar necessariamente deve ter também passado por uma relevante negociação da mesma natureza. Caso você queira exportar produtos, não faz sentido ter um coach que nunca saiu do Brasil ou nunca tenha negociado com um estrangeiro.

Se me alongo nos exemplos, é porque o mercado foi invadido por supostos profissionais que, depois de frequentarem um curso de três ou quatro dias, começam a atuar sem ter qualquer preparo para isso. Todo cuidado é pouco. Acatar uma opinião sem qualidade pode ser muito danoso.

Perguntas difíceis são bem-vindas

A escolha de um mentor também deve passar pela checagem de suas credenciais e conhecimentos técnicos. Entretanto, o cuidado aqui tem de ser redobrado. Muito mais do que o coach, do qual se espera um auxílio sobretudo técnico, a expectativa em relação ao mentor é a de que ele compartilhe com o cliente suas experiências, vivências e discernimento. O processo de mentoring traz uma forte simbiose com o mentee. O mentor deve ter tanto a experiência quanto o desejo sincero e a habilidade de conduzir esse processo de troca.

Também é mandatório que ele tenha capacidade analítica para ouvir o mentee que está à sua frente e transformar essa escuta em um intercâmbio que incite a reflexão e desenvolva a capacidade de tomar decisões. Espera-se também que o mentor faça perguntas desafiadoras para que dessa troca de informações surja o que o mentee está realmente necessitando.

Mas é preciso esclarecer que, ainda que se exija do mentor uma sólida experiência nos assuntos que estão na agenda do processo de mentoring, ele pode encaminhar o seu mentee para outros especialistas ou mesmo sugerir que ele participe de cursos ou palestras sobre questões que sejam relevantes para sua formação.

Já dissemos anteriormente neste capítulo que os processos de coaching e mentoring também podem ser uma iniciativa da empresa na qual os coachees e mentees trabalham. Isso pode ser um bom sinal, quando surge do fato de a empresa querer dar mais instrumentos para que o empregado esteja preparado para subir na hierarquia interna e ser promovido a um posto de maior responsabilidade, mas também pode ser uma tentativa de sanar algum aspecto profissional, ou pessoal, que esteja impedindo esse profissional de progredir. De qualquer maneira, ser convidado para um processo de coaching ou mentoring indica que a organização o considera um talento e, com esperança ou alguma apreensão, decidiu investir na sua formação com uma visão de futuro otimista.

Embora eu concorde que as organizações só costumam investir nos profissionais que consideram realmente talentosos, tenho algumas ressalvas aos processos de mentoring e coaching desenvolvidos dentro das empresas. A maioria das grandes organizações tem processos de mentoria internos. Para tanto, elas escalam seus altos e experientes executivos para serem mentores de seus gerentes trainees e de outros empregados iniciantes. No entanto, esse tipo de mentoria não costuma funcionar muito bem, pois pode surgir dentro dessa dinâmica algum tipo de atrito pessoal que interfira no desempenho do profissional, e, caso isso aconteça, o problema dificilmente será tratado de forma aberta ao longo das sessões.

Já no caso do coaching interno, acredito que ele está em desuso nas empresas. Pelo menos o coaching com o enfoque de preencher lacunas de conhecimento do empregado, oferecendo-lhe instrumentos para o desenvolvimento de uma melhor performance. Isso acontece porque grande parte das organizações já tem a descrição detalhada de cada posto de trabalho e um plano de cargos e salários já fixado. Com o passar do tempo, essas empresas se sentem muitas vezes pressionadas a promover e a dar um aumento salarial para seus empregados que, mesmo não sendo high performers, têm um bom desempenho. É como se fosse um aumento por tempo de casa, como costumava existir nas organizações públicas. E, para oferecerem essa promoção, as empresas acabam contratando o trabalho de um coach externo, que busca desenvolver no empregado alguma capacidade profissional extra e, assim, justificar a sua promoção.

Conflitos de interesse

Algumas empresas, bem como seus líderes, costumam enfrentar certas limitações quando se trata de lidar com desequilíbrios gerados nas equipes pela atuação falha de seus executivos. De maneira geral, elas tendem a sugerir soluções conservadoras e poucas vezes levam em conta a possibilidade de lançar mão de soluções externas para ajudá-las a enfrentar essas dificuldades. Se determinada equipe de uma empresa não está se saindo de acordo com o esperado, o líder daquela equipe geralmente é chamado para dar explicações a seus superiores. E se esse não for um líder autêntico e estiver atuando de forma desbalanceada no trabalho, ele provavelmente vai apontar o dedo para um membro da equipe, em geral uma pessoa de quem ele não gosta ou com quem não se dá tão bem, atribuir-lhe a culpa pelo mau desempenho de todo o grupo e sugerir que essa pessoa seja demitida.

A performance da equipe pode até melhorar por um curto espaço de tempo, mas depois certamente voltará a cair sem que exista um conhecimento claro do que está verdadeiramente acontecendo. E, em casos como esse, não será um trabalho interno do RH da empresa que irá descobrir o real problema. Dificilmente esse departamento fará uma auditoria, investigando o caso a fundo. De maneira geral, há conflitos de interesse, simpatias e antipatias dentro das empresas que dificultam um trabalho isento.

Portanto, se um profissional de fora da empresa conversar com cada membro da equipe para entender qual é a situação de cada um deles, tanto no trabalho quanto na vida pessoal, ele certamente terá maiores chances de apontar quais são os pontos de entrave e, sem maiores embaraços, chegar até o líder. Na grande maioria das vezes, o problema de performance não é dos liderados, mas sim do líder que não está conseguindo fazer com que as coisas avancem da maneira que deveriam.

Essas duas constatações – da existência de um coaching de mentirinha, que é oferecido para justificar promoções por tempo de casa, e de um departamento de recursos humanos ainda muitas vezes submisso a um líder sem capacidade para exercer esse papel – mostram que as organizações precisam repensar a maneira como seus líderes são avaliados, bem como dar o real valor às equipes, tratando as pessoas como seu maior bem. Além disso, é usual que a culpa por uma eventual baixa performance dos líderes seja lançada sobre as costas do RH. E isso ocorre porque não existe a verdadeira valorização daquilo que chamo de *desenvolvimento humano*. Se fossem mais valorizados e tivessem um verdadeiro poder de decisão, muitos profissionais que atuam hoje como líderes tóxicos nas organizações não agiriam de maneira tão covarde, fazendo com que, muitas vezes, um de seus subordinados pague por uma dívida que não contraiu.

Ao invés de oferecer aos líderes treinamentos que muitas vezes não fazem sentido, o mais correto é tentar entender mais profundamente o que se passa na cabeça deles e descobrir o que os está fazendo sofrer e levar uma vida desintegrada. E isso pode ser feito com a ajuda de um mentor externo que os apoie até que voltem a desempenhar suas funções de maneira equilibrada e feliz.

Pode acontecer, ainda, de o grande obstáculo estar no próprio presidente da empresa. Mas quem entre os empregados terá coragem de dizer a ele que seu comportamento é nocivo para a organização? Certamente tem de ser alguém que não teme ser demitido ou cair em desgraça com a chefia, para então poder dizer com firmeza: "O problema está nessa ferida aberta aqui no topo. Se o exemplo não surgir daqui de cima, ninguém abaixo vai desempenhar bem o próprio papel".

Uma experiência vivida por uma conhecida minha ilustra de maneira clara como uma dinâmica de coaching externa pode trazer resultados relevantes tanto para o ambiente de trabalho quanto para os resultados da empresa. Ocupando um cargo de alta gerência, ela foi escalada pela organização para passar por um processo de coaching com duração de um ano. O que a empresa pretendia era desenvolver suas habilidades de líder para que ela assumisse um posto de chefia. Entretanto, ela estava feliz onde estava e não pretendia se tornar uma líder, apesar dos planos que a empresa traçava para ela. De todo modo, não havia como escapar do treinamento. Ela teve de participar, ainda que contra sua vontade. Apesar da resistência inicial, no segundo mês ela passou a se interessar pela dinâmica do processo e sentiu que o coaching realmente estava lhe agregando valor. Mesmo assim, continuou apreensiva. Ela estava decidida a falar para seu coach – ou simplesmente deixar transparecer – que ela não estava interessada em assumir o cargo para o qual estava sendo preparada. Ela se sentiu mais à vontade de dizer isso ao coach do que se sentiria se tivesse de tratar da situação com um funcionário da empresa, como um superior ou mesmo alguém do departamento de RH.

Confidencialidade, quando falar e quando calar

Essa questão de o coachee se sentir mais à vontade para falar sobre alguns assuntos com o coach do que com o líder ou colegas de trabalho nos remete a uma discussão importante. Que nível de confidencialidade deve existir em um processo de coaching e de mentoring? Há mais de um aspecto a considerar sobre o assunto. Se o coach é contratado pela empresa que pretende investir no seu empregado para que este incremente suas habilidades, não faz sentido que as conclusões do processo não sejam passadas para a direção da organização. Afinal, é a ela que o coach está prestando serviços; e é da empresa que o coach recebe seu pagamento. Assim, no caso de um funcionário que deixa explícito que não está de acordo com os planos que a empresa tem para ele, o coach não tem como deixar de registrar tal informação. As empresas costumam contratar coaches exatamente para saber qual entre os empregados que considera chave são capazes efetivamente de assumirem papéis de liderança.

Já no caso do mentoring, a confidencialidade em torno dos assuntos que serão tratados durante o processo tem outra dimensão. Mesmo que as conversas entre mentor e mentee tenham como objetivo final conquistar uma vida profissional mais produtiva, feliz e equilibrada, muitos dos temas tratados nas reuniões resvalam em questões mais íntimas e pessoais. Então, não é incomum que o respeito à confidencialidade seja um item presente no contrato assinado entre o mentor e o mentorado.

O que se considera é que, na medida em que o mentee tem certeza de que suas conversas com o mentor não serão conhecidas por terceiros, ele se sente mais à vontade para levantar assuntos de foro privado que possam estar interferindo, ou vir a interferir, na sua performance profissional. Vê-se logo que é um assunto sensível e, por essa razão, deve ser pauta a ser tratada logo no primeiro encontro.

Para além do que já foi dito, é importante, ainda, tratar da necessidade de transparência no mentoring e coaching para que essas dinâmicas sejam bem-sucedidas. Alguns líderes não costumam dizer claramente a seus empregados o motivo pelo qual os estão enviando para fazer parte desses processos. O funcionário, muitas vezes, não faz nem ideia de que está na linha de sucessão para ser promovido a líder. De modo geral, tudo o que dizem é que serão feitas algumas dinâmicas e que a organização está disposta a investir em seu potencial. Ainda que não esteja necessariamente desejando se tornar um líder, o funcionário pode se sentir motivado com a oportunidade que a empresa está lhe dando ("Uau! Um ano de estudos no exterior!"). Mas, ao final, quando vem o relatório do processo, fica evidente que suas expectativas e as da empresa não estavam nada alinhadas. E essa falta de transparência pode provocar grande mal-estar e até mesmo pedidos de demissão.

Líderes autênticos, no entanto, agem de maneira diferente. Chamam a responsabilidade para si e agem sempre com transparência. Eles podem encaminhar um funcionário para um processo de coaching ou mentoring inclusive com o objetivo de propor-lhe uma recolocação profissional dentro ou fora da organização. Seu interesse, evidentemente, é trazer ganhos para a empresa, mas também leva em consideração proporcionar o avanço de seus subordinados, mesmo que isso envolva a saída deles da empresa.

A lógica é clara. Primeiro porque um empregado que eventualmente saia da empresa com o intuito de aprimorar seus conhecimentos e ganhar mais experiência sempre poderá voltar agregando maior valor. E, em segundo lugar, posturas como essa têm uma ampla e favorável repercussão interna na empresa, reforçando a certeza de que o foco daquela gestão está nas pessoas e não apenas no lucro imediato. Esse é o papel real desse líder que se utiliza do RH para ser o facilitador do processo, não algo ou alguém que será apenas responsabilizado ao final de um eventual processo malsucedido.

Trabalho em grupo

A falta de alinhamento de expectativas também costuma ir além de desafios individuais e provocar problemas de performance em equipes inteiras. Esse é o momento em que recorrer ao coaching ministrado por pessoas de fora da organização pode trazer bons resultados. Pela minha experiência, entretanto, esse trabalho em grupo não deve ser feito com um grande número de pessoas. Um total de cinco ou seis integrantes é o tamanho ideal para essa dinâmica. O coach deve ouvir em separado cada um dos integrantes do grupo, incluindo o líder dele. Nessas conversas individuais, levantam-se as expectativas pessoais e profissionais particulares e faz-se o alinhamento com as estratégias e objetivos da organização.

Essa dinâmica já está um passo à frente em relação à reação padrão do departamento de RH da maioria das empresas, conforme já comentamos, que costuma comprar a versão dos líderes de que, se há problemas, eles costumam ser de responsabilidade dos subordinados. No entanto, ao comparar o comprometimento de cada um dos integrantes da equipe, o coach pode descobrir com clareza quem está performando abaixo do esperado. Os resultados desse trabalho se tornarão ainda mais interessantes se for iniciado com o alto comando da empresa e depois continuado com a média gerência. Um movimento de cima para baixo.

Mas o ideal seria que a sinalização de que algo está fora do compasso não fosse gerada apenas por uma queda na entrega dos resultados. Há outros sinais importantes de que as coisas não andam bem em determinada organização. Eventos negativos como falta de cumprimento de metas, absenteísmo, problemas de alcoolismo, drogas e depressão entre os integrantes da equipe também têm de ser levados seriamente em conta.

Ao primeiro sintoma de depressão na equipe, um sinal vermelho deveria acender imediatamente na sala da presidência, fazendo soar bem alto um alarme. Os motivos que fizeram o empregado chegar a essa situação têm de ser imediatamente examinados. A doença foi causada por algum desequilíbrio gerado dentro da empresa pelo líder direto ou não tem nada a ver com isso? Essa ação preventiva pode evitar maiores danos tanto ao funcionário quanto à empresa.

As consequências de se ignorar problemas dessa natureza podem ser muito graves. Em agosto de 2016, no Rio de Janeiro, um acontecimento trágico foi manchete em todo o país. Um engenheiro matou a esposa e seus dois filhos, de 10 e 6 anos, e se suicidou em seguida, saltando do apartamento da família no 18º andar de um elegante edifício na Barra da Tijuca. A polícia, conforme noticiou o jornal *O Globo* em sua edição do dia 30 de agosto de 2016,[1] encontrou uma carta em que ele explicava seu gesto. Entre outras coisas, estava escrito: "Sinto um desgaste profundo por ter falhado com tanta força, por deixar todos na mão. Mas melhor acabar com tudo logo e evitar o sofrimento de todos. E, nos últimos dias, passei a ser menos envolvido ou copiado nos e-mails dos projetos que estão rolando [na empresa]. Pode ser cisma minha, mas parece que é um sinal de que não me querem mais lá".

É pouco provável que só a insatisfação com o emprego tenha levado essa pessoa a cometer tamanho desatino, mas, em entrevista ao jornal *O Estado de S. Paulo*, o delegado que investigava o caso relatou que vários conhecidos do engenheiro relataram sua grande insatisfação com o trabalho e o temor de que uma demissão trouxesse graves problemas financeiros para a família. Pode ser que a inquietação com a suspeita de não o quererem mais na empresa tenha sido a gota d'água para que toda a tragédia acontecesse.

Aviso de perigo

Talvez a decisão desse engenheiro de matar a família e se suicidar em seguida tenha surgido em um surto repentino que não poderia ter sido contornado com qualquer conversa ou tratamento. Mas, se até conhecidos e vizinhos sabiam quão insatisfeito ele estava no trabalho, é bastante provável que o engenheiro tenha dado bastantes sinais da sua condição. Talvez estivesse triste, participando menos das deliberações; e pode até mesmo ter comentado com colegas que estava infeliz. Entretanto, ainda que tenham sido emitidos, esses sinais não foram captados de maneira efetiva por ninguém.

O olhar atento e a sensibilidade para perceber um empregado em desequilíbrio infelizmente ainda são raros nas organizações. As empresas em geral não querem saber da vida de seus funcionários fora do ambiente de trabalho. Costuma-se até dizer, como se fosse um sábio discurso, que quando se entra na empresa deve-se deixar os problemas pessoais do lado de fora. Como se isso fosse possível.

E, na verdade, isso é cada vez menos provável, pois se o empregado se esforça para não levar seus problemas pessoais para o trabalho, a empresa, em contrapartida, está entrando, sem pedir licença, na sua esfera privada, ligando em horários inoportunos para seu celular, mandando e-mails que espera que sejam lidos em casa etc. E é também via celular, Messenger, WhatsApp, e-mail e todos os outros aplicativos de comunicação digital que as discussões entre cônjuges, filhos, pais e amigos surgem no meio da sua jornada de trabalho. Nunca trabalho e vida pessoal estiveram tão entrelaçados, e esses nós dificilmente serão desatados no futuro.

Portanto, essa crença de que é possível que os profissionais deixem de lado seus problemas pessoais e trabalhem como se fossem máquinas tende a acabar em breve, se é que já não acabou inteiramente. Na verdade, isso nunca funcionou, pois as pessoas são sistemas integrados desde sempre. E o mundo corporativo deveria estar afinado com essa realidade: "Está com algum problema? Traga para a empresa que nós vamos ajudá-lo a encontrar alguma solução". Essa, sim, é a futura face do mundo do trabalho.

As novas gerações – que prezam tanto a integração de vida e trabalho – vão exigir essa postura. E essa adaptação acontecerá mais rápido do que imaginamos. Ninguém é ingênuo a ponto de achar que uma empresa contrata um empregado para lhe dar dinheiro e fazê-lo feliz e livre de qualquer obrigação. Obviamente, a corporação quer que a pessoa produza, traga valor, lucro e resultados concretos. Mas também é verdade que pessoas felizes produzem mais e trazem mais lucro. É uma troca, uma via de mão dupla. Não há solução melhor para uma empresa de sucesso do que ter profissionais felizes. Do posto mais alto ao mais modesto cargo na hierarquia.

Mentores e coaches sempre podem ser convocados pelas organizações para ajudar a ajustar eventuais desequilíbrios gerados pela insatisfação de seus empregados. Mas ainda chegará o dia em que lançar mão desse auxílio externo será algo tão emergencial como em situações em que precisamos requisitar os serviços de eletricistas e encanadores para trocar uma tomada queimada ou nos salvar de um vazamento.

Inteligência emocional, modo de usar

Um dos fatores que garantem que a integração entre nossa vida na empresa e em família seja algo corriqueiro e capaz de se autorregular é o desenvolvimento contínuo da nossa inteligência emocional. A definição formal de inteligência emocional é a capacidade que as pessoas têm de reconhecer as próprias emoções – e também as dos outros. É saber identificar diferentes tipos de emoções e usar essa capacidade para determinar sua própria maneira de pensar. E, ainda, e talvez o mais importante, adaptar-se a ambientes diversos, usando essa inteligência para atingir seus objetivos.

A inteligência emocional faz parte da nossa constituição humana. O naturalista inglês Charles Darwin (1809-1882) – famoso por sua contribuição à ciência da evolução das espécies – chegou a deixar manuscritos citando a importância da expressão emocional para a sobrevivência e adaptação das espécies.[2] Mas, mesmo que ela esteja em nossa bagagem genética, seu grau de desenvolvimento, ou o uso que fazemos dela, varia de pessoa para pessoa.

A psicologia se permite uma certa liberdade poética para afirmar que ter inteligência emocional é ser sensível ao humor dos outros e, assim, tentar mudar as condições reinantes para que o outro possa ter um ambiente favorável para se expressar e viver com mais felicidade. Coaches e mentores têm, pela função que exercem, a obrigação de ter uma inteligência emocional bem desenvolvida e utilizá-la em favor de seus coachees e mentees. Quando os empresários, empreendedores e diretores entenderem finalmente que precisam afiar sua inteligência emocional, as relações de trabalho certamente vão melhorar. E coaches e mentores passarão então a trabalhar como "eletricistas e encanadores".

Vou além. Considero mandatório para um líder que se preze ter uma inteligência emocional acima da média. Como você pode ser uma pessoa inteligente para os negócios, mas não para lidar com pessoas? Além disso, para proporcionar uma vida integrada para os que estão à sua volta, você tem de ser uma pessoa emocionalmente inteligente. Tem de conhecer seus pontos positivos e negativos e saber como reagir nas mais diferentes situações. Um bom líder não pode tomar nenhuma atitude explosiva no momento em que sabe que não está bem ou quando está em um momento de conflito. E todos nós passamos por alguns desequilíbrios emocionais no dia a dia

No trabalho, o líder tem de ser capaz de identificar, às vezes só de olhar para a pessoa, se ela está atravessando um bom ou um mau momento no trabalho. Agir de maneira inteligente – emocionalmente falando – é colocar-se à disposição do outro e ajudá-lo, nem que seja apenas se colocando à disposição para ouvi-lo. A inteligência emocional é inerente a um líder autêntico.

E a boa notícia é que a inteligência emocional não é algo que nasce conosco, ela pode ser aprimorada de diversas formas. Com meditação, desenvolvimento espiritual, terapia, entre outros tantos métodos. Eu, por exemplo, comecei a conhecer algumas características minhas com a minha terapeuta. Ela sabia exatamente como colocar o dedo na ferida.

O melhor conselho: ir embora

Se o sentimento de felicidade está ausente em determinada organização, um mentor que estiver trabalhando com algum empregado pode chegar à conclusão de que o melhor conselho que pode dar ao seu mentorado é o de deixar a empresa. Como já foi dito, diferente do coach, que tem um alinhamento íntimo com a organização, o compromisso do mentor está mais próximo do desenvolvimento e felicidade de seu mentee.

"Diante das demandas que essa empresa tem, você não vai conseguir ser feliz aqui", o mentor poderia dizer com toda sinceridade. Pode-se fazer uma comparação extrema com um casal que mantém um casamento só por causa dos filhos. Essa relação tende a não resistir por muito tempo e, se algo não mudar profundamente, o desgaste será crescente, a infelicidade se instalará e o casamento chegará ao fim.

Da mesma maneira, o empregado que estabelece uma relação com a organização do tipo "estou aqui trabalhando só pelo meu salário" tende a permanecer por pouco tempo naquele emprego. É preciso existir algo mais, um senso de propósito que ultrapasse as agruras do dia a dia, como enfrentar o trânsito, o transporte público, se afastar da família e de outras coisas que lhe são queridas. Sem esse senso de propósito, o emprego torna-se algo insuportável, uma tortura diária e avassaladora.

Mesmo que possa parecer um contrassenso o fato de um profissional, que foi chamado pela própria empresa para tentar minimizar os conflitos vividos por algum de seus funcionários, recomendar que este peça demissão ou mesmo sugerir que a empresa o dispense, isso pode acabar sendo a melhor solução tanto para a empresa quanto para o empregado. No entanto, se a empresa se convence de que um funcionário definitivamente não está feliz com as funções que desenvolve, ela tem a opção de realocá-lo ou promover uma saída negociada. Outra solução, e talvez a mais indicada, é a empresa fazer um investimento em conjunto com o funcionário insatisfeito para que ele se capacite para fazer o que ama. Em troca, o empregado renegocia o que deveria receber como ressarcimento trabalhista. O importante é que a decisão seja boa para ambos os lados.

Eu sei que, à primeira vista, tudo isso pode soar como o país das maravilhas de Alice, como uma ilusão. Mas certamente serão assim as relações no futuro. Não haverá mais aquelas histórias de faz de conta: eu faço de conta que trabalho, eu faço de conta que te pago e fazemos de conta que convivemos bem e temos os mesmos objetivos. Não existe mais isso. Se as organizações não entenderem que têm, sim, de se preocupar com o sentimento de seus empregados e tentar alinhar seus objetivos às suas metas individuais, a insatisfação só crescerá. Eles ficarão infelizes e raivosos. Irão processar a empresa e fazer corpo mole. Como acontece com muita frequência atualmente. Essa organização em que a vida de seus parceiros está desbalanceada ficará em desvantagem e perderá relevância diante dos concorrentes que engajarem seus empregados em um projeto feliz de empresa. E a infelicidade poderá lhes custar muito caro.

Tive a oportunidade de visitar em Las Vegas, nos Estados Unidos, em fevereiro de 2017 (e voltaria mais uma vez em setembro de 2017), uma empresa na qual todos os que ali trabalham parecem estar muito felizes. É a Zappos, fundada em 1999, e que se dedica à venda de sapatos e roupas pela Internet. A Zappos é famosa por alguns feitos particulares. Primeiro, pelo crescimento exponencial de seus resultados, o que a levou, inclusive, a ser comprada pela Amazon. E em segundo lugar, mas não menos importante, por ter sido a pioneira na utilização do método da holocracia,[3] um sistema de gestão desenvolvido pelo americano Brian Robertson em 2007, que, no lugar de uma estrutura hierárquica vertical, prioriza um sistema de distribuição de autoridade e poder nas decisões empresariais.

Pelo que vi, e também pelo que me foi dito pelo guia que me acompanhou, a Zappos é uma empresa ágil, na qual há a constante preocupação de desburocratizar os procedimentos e é quase mandatório trabalhar com alegria e felicidade. A descontração de seus ambientes e profissionais salta aos olhos e é difícil não sentir vontade de trabalhar ali. O guia explicou que aquele alto astral fazia parte da cultura, do DNA da empresa. "Todos se sentem parte integrante dessa grande roda-gigante que não para de crescer há 18 anos", dizia.

Ter uma vida integrada é pré-requisito básico para fazer parte do time da empresa. Sem isso, nada feito. O processo de seleção dura quase três meses e, no ato final da contratação, é oferecida ao candidato a chance de desistir. E isso é feito de forma surpreendente: a Zappos oferece até 2 mil dólares para o candidato desistir da vaga. Não é um recado forte e encantador que a empresa dá para seus funcionários? E eles adoram e se orgulham muito do estilo de trabalho que existe ali.

Não que eu tivesse alguma dúvida, mas visitar a Zappos confirmou mais uma vez minha convicção de que, para termos algo que realmente empurre para a frente as organizações, é necessária uma boa chacoalhada em suas culturas. Isso tornará as pessoas que nelas trabalham mais felizes, equilibradas e em busca do seu verdadeiro norte.

Tal transformação é possível de ser feita por meio de um trabalho focado no corpo diretivo da empresa e, a partir de então, repassado às demais camadas da organização. Trata-se de uma operação top--down. Minha consultoria e meu time estão preparados para orientar e conduzir as empresas em direção a esse novo conceito de gestão. Isso já não é mais algo que podemos deixar para amanhã. Essas mudanças estão em nosso presente. E a transformação dos novos talentos tem como objetivo a construção de empresas melhores. Não há mais como ignorar essa inovadora forma de gestão.

No próximo capítulo vamos tratar dos efeitos da integração entre a vida profissional e pessoal sobre as várias dimensões nas quais transitamos: o impacto sobre a vida das pessoas, as mudanças culturais nas empresas e nas comunidades onde as empresas e as pessoas circulam. Trataremos ainda da relação existente entre a administração do próprio tempo e uma vida balanceada.

Planejamento da vida

Na próxima página você encontra um modelo que vai ajudá-lo a iniciar de forma mais precisa a integração de sua vida pessoal e de seu trabalho. Com ele, você irá visualizar de forma bem prática informações importantes para que possa iniciar seu planejamento de vida. Sempre importante frisar que este é apenas o começo da jornada. Preencha a planilha cuidadosamente com dados bem objetivos e concretos e dê início a uma mudança que será crucial para sua vida.

Habilidades pessoais	Atividades de rotina	Meus valores	Relação com a comunidade	Atividades esportivas
Habilidades profissionais	Recursos-chave	Para que as pessoas me procuram	Meu conselho pessoal (vida & trabalho)	No que eu me considero BOM!

Minhas fontes de receita	Meus principais custos

8

...E o mundo será melhor

O médico e o monstro. Talvez você não tenha lido essa história de terror e suspense escrita em 1886 pelo escocês Robert Louis Stevenson, e talvez você não tenha visto sua mais famosa versão cinematográfica, de 1941, com estrelas como Spencer Tracy, Ingrid Bergman e Lana Turner e dirigida por Victor Fleming, o mesmo diretor de clássicos como *...E o vento levou* e *O Mágico de Oz*. Mas você certamente deve se lembrar das muitas menções feitas a essa história nas revistas em quadrinhos e nos desenhos animados – o coelho Pernalonga até atuou em um deles. E ela também será lembrada neste capítulo. Aqui, retomaremos este clássico para mostrar os efeitos de uma vida integrada sobre as pessoas, empresas e comunidades, demonstrando como nossa obstinação em usar máscaras – ocultando nosso verdadeiro eu seja na vida pessoal ou na profissional – torna-se um grande obstáculo na conquista de uma vida integrada.

O nome original em inglês da história imaginada por Stevenson é *The Strange Case of Dr. Jekyll and Mr. Hyde* [O estranho caso do dr. Jekyll e do sr. Hyde]. Ela conta a tragédia vivida pelo médico Henry Jekyll, que desenvolve uma poção em seu laboratório capaz de trazer à tona um lado sombrio da sua mente, normalmente bondosa, educada e controlada. Quando toma a poção, o respeitável dr. Jekyll transforma-se em Edward Hyde, uma figura feia, sinistra, inescrupulosa e capaz de cometer atos violentos, como assassinato. Depois de algum tempo, o efeito da poção cessa e o monstro volta a ser o médico. Mesmo sendo um homem correto, dr. Jekyll inicialmente sente-se seduzido pela liberdade moral que seu alter ego, a figura monstruosa de Hyde, lhe dava.

A trama se desenvolve em torno do suspense provocado pelo fato de os demais personagens ignorarem que Jekyll e Hyde são a mesma pessoa. A partir de um momento, a troca de personalidades foge de seu controle e a violência de Hyde torna-se crescente. A poção se esgota e dr. Jekyll tenta recriar a fórmula para colocar um fim no seu lado monstruoso, já que as mutações passam a ocorrer até mesmo quando nenhuma poção é tomada. No entanto, o médico não possui mais os ingredientes necessários, e a troca de personalidade passa a ser frenética. Ao final, o sr. Hyde é morto. Seu corpo é encontrado vestido com as roupas do dr. Jekyll, que, obviamente, também morre. Só assim descobre-se que os dois personagens eram, o tempo todo, a mesma pessoa.

A forma alegórica como a história trata esse hábito tão humano de mudarmos de atitude diante de diferentes situações é frequentemente lembrada em artigos e outros livros. Mesmo sem ter lido essa obra, todos nós temos plena consciência da existência desse comportamento. Ele não foi descoberto por Robert Stevenson. A ele cabe o mérito de ter dramatizado essa situação com tamanha habilidade a ponto de a expressão "Jekyll and Hyde" ser usada na língua inglesa como sinônimo de "uma pessoa marcada por uma personalidade dual, em parte boa e em parte ruim". E poderíamos, também, traduzir esses diferentes aspectos da nossa personalidade por "máscaras".

No mundo corporativo costumamos usar diversas máscaras. Uma para responder ao CEO, outra para lidar com os sócios, outra máscara para tratar com o fornecedor e ainda outra para falar com os clientes. Quando saímos do trabalho, levamos na nossa pasta muitas outras máscaras. Podemos colocá-las quando encontramos com os amigos, com a esposa ou o marido, com os vizinhos, filhos, desconhecidos.

Estou convencido de que só conseguiremos de fato integrar nossas vidas profissional e pessoal quando quebrarmos essas máscaras e nos tornarmos nós mesmos, em todos os ambientes em que transitamos.

Isso é mais fácil de dizer do que fazer. Sentimos que estaremos protegidos ao utilizarmos essas máscaras, que seremos preservados das hostilidades que o mundo de modo geral, e em especial o do trabalho, costuma colocar à nossa frente. Muitas vezes percebemos o ambiente à nossa volta como um lugar onde há pessoas mal-intencionadas, com inveja, um querendo passar na frente do outro. Poucos doutores Jekyll e muitos senhores Hyde escondidos atrás das divisórias, sentados à mesa, espreitando das salas da diretoria.

Andar sem máscara

Sim, o mundo corporativo pode ser instável. Mas, mesmo assim, é possível andar por ele de cabeça erguida e cara limpa, sem disfarce. Não deixa de ser um desafio, mas está ficando mais fácil hoje em dia, porque o mundo passa por um processo de evolução e cada vez mais fica evidente que as relações entre as pessoas só serão positivas se forem efetivamente genuínas.

Como vimos falando ao longo deste livro, assistimos hoje a uma revolução nas relações de trabalho, que talvez seja tão profunda quanto a que ocorreu há 200 anos, no início da Revolução Industrial, momento em que a economia deixou de se basear no trabalho de artesãos independentes e passou a contar com operários, que se tornaram totalmente dependentes dos salários pagos pelos donos das fábricas.

Nos dias de hoje, como aconteceu há 200 anos, as relações de trabalho que as pessoas passaram a estabelecer entre si estão criando paradigmas bem diversos e, muitas vezes, opostos aos da antiga ordem. Por exemplo, até pouco tempo atrás o paradigma aceito era o de que o importante era *ter*, ou seja, nossa vida era orientada para termos cada vez mais coisas. O paradigma de agora é *ser*: ser alguém com características claras, genuíno, honesto e coerente. Da mesma maneira, estávamos vivendo a era da competitividade, enquanto agora vivemos a época do compartilhamento. O chefe está sendo substituído pelo líder. A hierarquia e a burocracia centralizada dão lugar agora à distribuição, ao empoderamento, ao poder individual. Prazo curto transformou-se em prazo longo. Se antes o que importava era o resultado, agora o que é relevante é o caminho que será percorrido para chegar ao resultado. A rotina sai de cena e dá lugar à criatividade. O que estava focado em produtos agora levará em conta as pessoas.

Neste novo mundo, com essa mudança de paradigmas e com novas gerações que não querem mais as velhas práticas, sua vida no mercado de trabalho corre o risco de ser curta se você não for autenticamente genuíno e continuar usando máscaras. O mercado atual apresenta melhores oportunidades para uma vida integrada e significativa.

Entre todos os efeitos colaterais de se usar máscaras, talvez o mais nocivo seja o de deixarmos de ser nós mesmos e passarmos a seguir regras e valores que essas máscaras nos impõem, que quase nunca são as que queremos. E, de tanto fingirmos ser outra pessoa, acabamos por não saber de fato quem somos e o que queremos. E este ponto é de grande importância, já que os dois fatores estão ligados entre si. Como planejar uma carreira de sucesso e uma vida feliz se não temos ideia do que é o sucesso que almejamos? Confusos assim, a única saída que vamos encontrar é acreditar que nosso sucesso será aquilo que os outros consideram sucesso.

Sucesso fabricado

Em meio a essa ignorância do que queremos, vamos engolir como se fosse verdade todos os estereótipos que existem por aí. Ou seja: tem sucesso quem é famoso, quem é rico. A felicidade está nos carros de luxo, nas festas, nos sinais exteriores de poder. Sucesso é estar na mídia, casar com uma mulher exuberante ou um homem poderoso, ter joias e relógios caros, fazer viagens internacionais, frequentar restaurantes da moda. A lista é interminável e bem conhecida por todos nós.

Mas são poucos os que conseguem esse tipo de sucesso. E mesmo esses que chegam lá talvez não sejam as pessoas mais felizes deste mundo. Como pode um carro de luxo trazer felicidade? Ou um iate? Um alto cargo em uma empresa também traz consigo problemas estratosféricos. Esse sucesso, portanto, é um sucesso de mentira, fabricado. Só dá certo na nossa fantasia.

O pulo do gato, de novo, é livrar-se das máscaras, do artificialismo. É poder ser a mesma pessoa em todos os ambientes em que você circula: no trabalho, em casa, com a comunidade em que interage, com as pessoas com quem convive, seus círculos de amizade, a família. É você se sentir aceito e incentivado no que verdadeiramente quer fazer da sua vida. Ou seja, você saber muito bem quem é você, quais são seus desejos, seus anseios, qual é a sua vontade nesta vida.

Com esse autoconhecimento, você saberá definir o que é o sucesso ideal para você. Essa certeza lhe permitirá conquistar uma vida em que o trabalho e sua trajetória pessoal estejam integrados. Atingir o sucesso pode também estar vinculado a termos um propósito bem definido para nossa vida. O que é um propósito? É ter um objetivo estratégico, que vá além das conquistas mais imediatas e de curto prazo da nossa vida. Um médico certamente terá metas imediatas; tanto profissionais, como instalar um consultório ou fazer um doutorado no exterior, quanto pessoais, como casar-se, ter filhos, comprar uma casa na praia, tornar-se um bom cantor, escalar o Everest. Todos esses objetivos são válidos, e conquistá-los é uma façanha digna de admiração e respeito. Mas ele também pode mirar mais alto, em um grande propósito, como erradicar uma doença endêmica em uma região, abrir uma faculdade de medicina em uma cidade distante, descobrir um novo medicamento, abrir uma cooperativa para ajudar artesãos pobres do interior do Amazonas.

Os propósitos costumam ter como característica ir além dos objetivos individuais e pessoais. Eles miram mais alto e buscam beneficiar outras pessoas, a comunidade, o país, mesmo que os benefícios impactem pessoas que nunca conheceremos pessoalmente, que talvez nem saibam que temos como projeto levar algo de bom para elas. Talvez elas nunca apareçam para agradecer. Mas isso não importa. Propósitos têm esse dom de nos dar uma recompensa de qualidade diversa daquela que as conquistas pessoais proporcionam.

Minha experiência vem mostrando que pessoas com um propósito definido para sua vida conseguem se sentir mais felizes do que aquelas que pensam exclusivamente no próprio bem-estar. Elas têm grande chance de se relacionar bem com os amigos e terão sempre a mente aberta para se dar bem com a comunidade. Todos nós temos um espaço importantíssimo no mundo. Não viemos a esta vida apenas para pagar contas. Nossa condição humana nos faz propensos a sempre tentar mudar para melhor alguma coisa nesta existência. Se não fosse assim, não teríamos hospitais, música, aviões, medicamentos, estradas, doces, água encanada, alfabeto, lâmpadas, poesia, túneis, escolas, leis, restaurantes, museus, livros, brinquedos ou piscinas. Todas essas coisas surgiram pois alguém teve como propósito tornar melhor a vida de outras pessoas, independentemente de ter recebido algo em troca.

Mudar o mundo

Também a minha experiência mostra que, mesmo que seu propósito não vá produzir algo grandioso que transformará a vida de milhões de pessoas, como um novo tipo de alimento ou um automóvel movido a água, você pode mudar o mundo. Está comprovado que, se você fizer o alinhamento entre sua vida pessoal e sua vida profissional, fará bem a você, à família, à comunidade e ao mundo – como diz Shawn Achor no livro *O jeito Harvard de ser feliz*.

Quem disse que não temos o papel de mudar o mundo? Todos nós temos a possibilidade de transformar o que está aí, mesmo que não saibamos exatamente como. Imagine se todos tivessem uma postura equilibrada diante da vida profissional e da pessoal e entendessem que estamos todos interligados. Com certeza não teríamos as guerras que temos aí.

E, pedindo emprestado o que já disse John Lennon na sua tão decantada música "Imagine": podem até dizer que eu, Fredy Machado, sou um sonhador, mas certamente não sou o único. A prova disso? Basta um passeio pelas mídias sociais para vermos inúmeros exemplos de movimentos de colaboração entre as pessoas. Na Alemanha, as pessoas compartilham alimentos que padarias e restaurantes descartam. Não se trata de gente sem recursos, passando fome, e sim de indivíduos que se reúnem e dividem entre si alimentos de boa qualidade que esses estabelecimentos iriam jogar no lixo. É um ganha, ganha. O comércio se livra da multa que as autoridades alemãs cobram de quem joga comida orgânica fora, e o consumidor tem alimento de qualidade de graça.

Há muitas outras iniciativas, como as pessoas que acolhem refugiados na Europa, os grupos que plantam hortas em terrenos vazios em São Paulo, os mutirões para limpar praias, as pessoas que recolhem e cuidam de animais que foram abandonados, pessoas que fazem campanha no Facebook para custear uma cirurgia cara para alguém sem recursos ou, ainda, atores e músicos que improvisam espetáculos gratuitos nas ruas, metrôs e até em supermercados, com o único objetivo de proporcionar prazer aos outros.

Se acreditarmos só nas notícias ruins, a sensação natural é nos convencermos de que estamos à beira do caos. A violência cresce em muitos lugares e, por vezes, parece incontrolável. Mas quem se lembra de algum outro momento em que tanto se falou em solidariedade, em ajudar o próximo, da urgência de se ter um propósito na vida? Isso nunca foi tão forte! Essa é a nova forma das coisas que estão se instalando. Ter um propósito, olhar para o próximo, beneficiar a comunidade parece ser hoje tão obrigatório quanto no século passado foi ter um diploma ou um emprego fixo no qual se pudesse trabalhar sossegado até a aposentadoria.

Mas, correndo o risco de quebrar esse clima otimista dos últimos parágrafos, não podemos ignorar que ainda temos uma boa caminhada pela frente. Por exemplo, em 2016, um desconcertante fenômeno repetiu-se em diferentes partes do mundo, reforçando o temor de que estamos indo para algum lugar sombrio da nossa história. Nesse ano, em nações tão diferentes entre si como o Brasil, o Reino Unido e os Estados Unidos, divergências de fundo político dividiram a opinião pública desses países ao meio, levando a um grau de radicalização poucas vezes visto.

No Brasil, amizades foram rompidas e até laços de família abalados entre aqueles que apoiavam ou eram contra o impeachment da então presidente da República, Dilma Rousseff. No Reino Unido, a população também se dividiu meio a meio quanto à proposta de que o Reino deixasse a União Europeia. A proposta vencedora foi a de romper os laços econômicos e políticos com a Europa, um movimento conhecido como Brexit, que acumulou mágoas entre concidadãos. Nos Estados Unidos, os americanos radicalizaram-se nas eleições presidenciais entre o candidato republicano, Donald Trump, e a democrata Hillary Clinton. Também ali houve troca de insultos, tapas e amigos que deixaram de se falar.

Essa radicalização, seja ela no campo amoroso, dos negócios, político, religioso ou qualquer outro campo em que possa se manifestar, é a pior relação que um ser humano pode ter. E, veja só, essa falta de flexibilização é provocada pelas máscaras. Quando você está usando uma máscara, você está tão rígido nela que não consegue fazer nem ver nada diferente do que a máscara o obriga a enxergar. Usamos máscaras de tucanos, petistas, republicanos, europeus, muçulmanos, cristãos, liberais, socialistas. As máscaras impedem nossos movimentos e nos tiram a necessária flexibilidade para que possamos nos adaptar às inevitáveis mudanças de cenários e condições que estão no nosso caminho.

A mágica é compartilhar

O uso de máscaras torna difícil aproveitar de maneira favorável as oportunidades que essas mudanças podem trazer. Ao nos mascararmos, escondemos o que somos, nossos desejos e inclinações, e ficamos rígidos, perdendo a espontaneidade e tornando tanto nossa vida pessoal quanto a profissional mais penosas.

Se estamos, por exemplo, diante de uma negociação, nossa inflexibilidade certamente nos impedirá de chegar a um bom resultado e perderemos a oportunidade de fechar um bom negócio. Se falharmos em nos adaptar diante de alguma novidade que surja no mercado, nossos concorrentes terão uma vantagem sobre nós e, assim, perderemos clientes. A falta de flexibilidade pode ser ainda mais desastrosa na vida familiar, pois iremos sempre querer impor nossas opiniões. Discutiremos, ficaremos nervosos e magoaremos pessoas de quem gostamos. Você gosta de quem sempre acha que tem razão e não quer escutar os outros? Não. Então por que os outros gostariam de alguém assim?

A palavra mágica é compartilhar. Uma vez vi uma charge que nunca me saiu da cabeça. Quatro pessoas estavam no meio do mar em um barco prestes a naufragar, já inclinado perigosamente, com a proa quase já debaixo d'água. Duas pessoas, com a expressão apavorada e baldes na mão, tentavam tirar a água que entrava na embarcação. Na outra ponta, sentadas confortáveis e sorridentes, as outras duas pessoas comentavam tranquilamente: "Ainda bem que o buraco está do lado deles". Nem pensavam em ajudar a tirar a água. Dali a pouco tempo, o barco iria inevitavelmente submergir, e todos os quatro se afogariam.

É isso. Estamos em um mesmo barco, que muitas vezes corre o risco de afundar. Se você é radical e só vê o seu lado, o mais provável é que será jantar de tubarão, porque o barco inevitavelmente afundará, mesmo que você esteja usando sua máscara de "está tudo bem". Esse senso de compartilhamento, de você entender que faz parte de um todo no qual suas ações fazem diferença, exige que você tire sua máscara e se torne vulnerável.

Neste contexto, a palavra vulnerabilidade não pode ser confundida com fraqueza. Ser vulnerável não significa ser fraco ou submisso, e sim compartilhar experiências, sentimentos e dúvidas com a equipe com a qual você trabalha. Quer dizer, ainda, assumir que a família, os amigos, a vizinhança, todos enfim têm uma vulnerabilidade, uma permeabilidade que exige que os corações e mentes estejam sempre abertos e prontos a colaborar uns com os outros. Acreditar nessa vulnerabilidade e praticar a solidariedade é um dos efeitos positivos que a integração entre vida pessoal e profissional pode trazer para você.

Segurar os talentos

Mas e as empresas? Será que elas também estão suficientemente convencidas de que a integração entre vida pessoal e profissional pode ser boa para elas? É claro que empresas não pensam e não se convencem de alguma coisa. Elas são formadas por pessoas de carne e osso. Mas, como não conseguimos ainda integrar nossa pessoa física com a jurídica, temos a falsa impressão de que a empresa está lá e nós estamos aqui. E, por isso, ficamos imaginando o que as empresas estão pensando disso ou daquilo.

Seja como for, há algo que vem fazendo com que o mundo corporativo comece a acreditar que a integração entre as dimensões pessoal e profissional não é apenas um modismo: a perda de talentos. Grandes empresas têm adquirido a percepção de que, se não fizerem sua parte nessa integração, será inevitável a perda de mão de obra competente e qualificada. E perder talentos é mortal para qualquer organização.

Um grande número de pesquisas vem mostrando que, independentemente das crises econômicas momentâneas, as organizações estão sofrendo historicamente com a baixa produtividade e com o impacto do alto custo dos salários, encargos e benefícios, como planos de saúde.

Essas dificuldades são tipicamente provocadas pela falta de integração na vida de seus empregados. A dificuldade de se encontrar talentos que se disponham a trabalhar em empresas assim é um problema crescente, e vem sendo detectado em pesquisas feitas no Brasil e no resto do mundo. Em resumo, elas apontam que oito em cada dez pessoas no mundo inteiro estão insatisfeitas com seu trabalho. No Brasil, o número foi ainda maior. Como concluiu um grupo de discussão do qual participaram 407 profissionais do interior paulista reunidos pela Staut RH (já citado no capítulo 2), 92% dos profissionais e executivos contratados aceitariam uma nova proposta de emprego. Ou seja, se você fizer uma reunião pela manhã com dez pessoas em uma dessas empresas, e ao longo do dia todas receberem um convite para ir para outro emprego, no dia seguinte você só encontraria uma delas na sala. Talvez não houvesse ninguém para servir um cafezinho.

Pessoas felizes produzem mais

Em outras partes deste livro, e nas várias palestras que dei, já fiz a lista das mazelas que as pessoas enfrentam no trabalho. Mas talvez tenha deixado de fora o fato de que a grande maioria das pessoas fica com medo de demonstrar o que está sentindo, tanto na vida pessoal quanto na profissional. Nas empresas, não percebem que há espaço para falar de desafios pessoais. Não acreditam que serão compreendidas e, por isso, se calam. E então, obviamente, as coisas ficam bastante desalinhadas, tanto em casa quanto no escritório. Os sentimentos vão se represando e um dia explodem em desânimo, alcoolismo, depressão, síndrome do pânico. Essas são doenças típicas do mundo corporativo atual.

Nas minhas diversas idas a Harvard, tive acesso a algumas pesquisas que apontam o impacto dessa insatisfação no resultado das empresas. Uma delas, da Ernst Young, diz que 82% das 500 empresas ouvidas sofrem com problemas de produtividade. Não deve ser coincidência o fato de que nessas mesmas organizações a ocorrência de doenças tipicamente corporativas é grande. Outra pesquisa, essa feita em Harvard, trouxe o contraponto dessa situação. De acordo com ela, empregados, empresários e líderes das corporações precisam estar felizes, porque pessoas felizes produzem 31% a mais que as infelizes. Elas aumentam sua capacidade de vendas em 37% e são três vezes mais criativas do que as pessoas que estão se sentindo infelizes.

Para solucionar a equação produtividade × felicidade é necessário começar a levantar e a medir o índice de felicidade dentro das empresas e entender como os funcionários estão efetivamente se sentindo. Aumentar o índice de felicidade é algo que exige estar atento a essa integração entre vida familiar e profissional da qual estamos falando. Esse novo olhar é a maneira mais eficiente de atacar a raiz do problema. Não é aumentar o salário, dar um carro novo ou um bônus gordo no final do ano. O desequilíbrio não está no bolso das pessoas, mas sim em suas almas.

A felicidade pode ser medida, controlada e incentivada, como veremos em mais detalhes no próximo capítulo. Ser feliz é essencial para o desempenho e a produtividade e, portanto, traz bons resultados para a empresa. O funcionário feliz não vai adoecer, não vai mentir, não vai ficar enrolando. Um filme americano chamado *Como enlouquecer seu chefe*, de 1999, trata, na forma de comédia, de um grupo de profissionais da área de TI que estão exaustos e desmotivados com o trabalho rotineiro que fazem na Initech, a imaginária companhia produtora de softwares na qual trabalham.

Em uma das cenas, três chefes diferentes chamam a atenção do programador Peter porque ele se esqueceu de colocar uma capa em um dos relatórios que fez. Seus superiores o lembram que um memorando interno havia sido enviado anteriormente informando que era preciso colocar capas nos relatórios. Peter admite ter se esquecido da capa, mesmo tendo recebido o memorando. Seus chefes, então, dizem que vão mandar o memorando novamente. Mesmo Peter insistindo que havia recebido o documento, inclusive mostrando o memorando diante dele, sobre a mesa, eles insistem em mandar mais uma cópia do aviso de que relatórios devem ter capas.

Desmotivado, Peter começa a trabalhar com cada vez mais desleixo. Em outra cena, ele conta a um dos consultores contratados pela empresa como é seu trabalho: "Chego atrasado, entro pela porta detrás para meu chefe não me ver, enrolo metade da manhã, enrolo metade da tarde e vou embora. Ele paga meu salário, e está tudo certo". Esse comportamento não existe só nos cinemas; é real e, a longo prazo, mata as empresas. E ainda há muitas Initechs por aí.

A revista *Exame* publicou em um gráfico um apanhado de diversas pesquisas de opinião – produzidas pelas consultorias Isma-BR, Hay Group, Michael Page, Gfk e Trabalhando.com – mostrando como o profissional brasileiro vem se sentindo no trabalho. Os números mostram a brutal insatisfação dos empregados. Segundo os dados, 76% das pessoas estão infelizes no trabalho; 59% estão descontentes com o desequilíbrio entre vida pessoal e profissional; 31% se sentem desmotivados; 52% não estão satisfeitos com seus gestores, que provavelmente são líderes tóxicos; e 81% se sentiram enganados pelas propostas de emprego após a contratação. As mulheres, segundo a revista, são em média mais insatisfeitas do que os homens.

Esse dado é ainda mais revelador quando fazemos a seguinte conta: se entre os 76% que se dizem descontentes no trabalho, 10% forem efetivos talentos e high producers dessas empresas, as organizações estão perto de perder 7,6% do seu time. Se estes 7,6% forem os únicos talentos – ou seja, o time que mantém a empresa competitiva, as pessoas para quem eles mais pagam e nas quais depositam suas expectativas –, e eles forem embora, a empresa vai para o brejo. Imaginando que essa seja uma firma com cem funcionários, ela perderá oito funcionários talentosos.

Dados como esses mostram que o mundo corporativo está indo na contramão do que as pessoas querem. Os empregados estão infelizes e estão, inclusive, adoecendo. Se o mundo corporativo e os líderes não mudarem e não começarem a atentar para a necessidade dessa modificação, as empresas tendem a morrer, uma a uma. Empresas precisam de criatividade como nós precisamos de oxigênio. Não podem viver sem talentos. E, como já foi dito, a falta de integração entre a vida profissional e a pessoal é a principal inimiga da criatividade e da produtividade.

Tempo de criatividade

Por outro lado, hoje, mais do que nunca, estamos passando por tempos favoráveis à criatividade. Nunca se assistiu a tantas inovações. Quando examinamos do que as empresas criativas são feitas, vemos de maneira clara que a velocidade a que elas se deslocam nada tem em comum com os passos de tartaruga da Initech, do filme *Como enlouquecer seu chefe*. Quer um exemplo? Por que foi preciso que uma startup levasse adiante a ideia por trás do Uber? Por que ela não foi criada por alguma empresa que gerencia táxis? Não seria esse o caminho natural, uma vez que o negócio das empresas de táxi é exatamente transportar pessoas em carros particulares? A resposta é que as frotas de táxi são, de alguma maneira, "Initechs". Estão tão engessadas, tão acomodadas no modelo com o qual trabalham, que a criatividade, se é que surge ali em algum momento, é tolhida de todos os lados. A reação que tiveram diante do Uber mostrou isso. Fizeram protestos, fecharam ruas, quebraram carros, agrediram pessoas e pressionaram os políticos para que proibissem a novidade.

As startups – empresas formadas por um grupo de pessoas que têm uma ideia original e estão à procura de um modelo de negócios com um produto ou serviço que possa ser comercializado em larga escala – são em sua essência criativas e vêm correndo por fora desse mundo corporativo. E por que correm por fora? Porque elas, diferentemente do mundo corporativo pesadão e conservador, querem solucionar problemas. Lembra-se do que falamos no início deste capítulo, do propósito? Elas têm um propósito, buscam uma solução e, por isso, são capazes de atrair talento, entusiasmo e energia.

O malásio Pua Khein-Seng inventou o pendrive nos anos 1990, um chip portátil que permitia armazenar e transportar informações de um computador para o outro, sem a necessidade de usar os desajeitados e limitados floppy-disks e disquetes de então. Foi uma revolução, e parecia que nada poderia ser melhor do que um pendrive para armazenar informações digitalizadas. Até que um dia, em 2007, o americano Drew Houston, então estudante do MIT, o famoso Instituto de Tecnologia de Massachusetts, perdeu seu pendrive. Um problemão, pois Houston estava viajando para prestar consultoria a uma empresa, e todos os dados estavam naquele pendrive. No ônibus mesmo, ele começou a escrever um código que permitisse armazenar dados em uma rede de computadores e acessá-los remotamente de qualquer lugar do mundo em que houvesse acesso à Internet. Assim nasceu o Dropbox, um sucesso mundial imediato.

E não são apenas dados digitalizados que são compartilhados. Coisas físicas, como os carros do Uber, bicicletas, automóveis e quartos em residências em qualquer lugar do planeta são compartilhados graças às facilidades da tecnologia e da surpreendente criatividade dos que criam esses novos negócios. Um deles é o Airbnb, plataforma criada em 2008 e que coloca em contato proprietários de imóveis e pessoas interessadas em alugar um quarto, ou até mesmo uma cama, por um curto período de tempo. Em apenas oito anos, o site, que começou com um pequeno quarto em São Francisco, nos EUA, se estendeu para 34 mil cidades em 191 países, com mais de 2 milhões de imóveis listados. Assim como os motoristas do Uber, o Airbnb trombou de frente com a antiga economia: as cidades de Barcelona e Berlim, por exemplo, proibiram o aplicativo por considerar que ele colocava em risco a rentabilidade da rede hoteleira da cidade.

O peso dessas empresas inovadoras é bastante significativo na economia. Em 2016, todas as novas empresas que entraram na Fortune

500, lista anual publicada pela revista *Fortune* que traz as 500 maiores empresas dos Estados Unidos, eram startups.

Serão Pua Khein-Seng e Drew Houston pessoas que têm uma vida pessoal e uma vida profissional integradas? Brincam com os filhos, têm tempo para as esposas, fazem ginástica pela manhã? Não sei. O que importa é que os produtos que eles desenvolveram facilitaram a vida de milhões de pessoas que, talvez por estarem economizando seu tempo, conseguem balancear suas vidas de uma maneira saudável. Talvez suas empresas contratem pessoas que tenham controle do próprio tempo, talvez nelas se pratique uma forma mais justa de recompensa aos talentos. Mas os dois empreendedores, com suas startups, estão alinhados com os novos tempos por terem o propósito de tornar a vida dos outros mais fácil.

O mundo do trabalho no futuro, no entanto, não será feito só de startups. As empresas de formato rígido, tradicionais, continuarão a existir. A verdade é que, a seu próprio modo, elas funcionam, produzem bens que são úteis à sociedade e têm políticas de atendimento a seus empregados, entre outras coisas positivas. E há, e continuará a haver, pessoas que só se adaptam a esse formato de empresas rígidas, com processos bem definidos, hierarquias claramente estabelecidas. Nem todo mundo seria feliz em empresas nas quais as pessoas têm maior autonomia e horários flexíveis, em que os postos de comando não têm tanta relevância e os salários não são tão importantes quanto ter uma vida integrada. Existe espaço para todos no mercado. Mas a grande maioria, sim, acredito, irá acompanhar com atenção esse processo de mudança nas relações de trabalho. Além disso, mesmo as organizações que ainda adotarem essa antiga fórmula empregatícia muito provavelmente serão "contaminadas" por essa nova forma de relacionamento no trabalho. Elas também passarão a dar mais importância à felicidade e à integração da vida pessoal e da profissional de seus funcionários. Essa transformação não foi invenção de ninguém. Ela é uma evolução natural da história. E não é possível resistir contra a força da evolução.

A mudança vem do alto

Mas, afinal, como começam e quem deve conduzir essas mudanças que buscam a integração do trabalho e da vida pessoal? O processo de implantação de Work-Life Balance nas empresas, ou seja, a integração entre trabalho e vida pessoal, é top-down, de cima para baixo. Ele tem de surgir da cabeça das empresas, da alta gestão, e dali então descer até os postos intermediários. Aliás, é no topo da pirâmide hierárquica que se encontra o maior sofrimento com a falta de balanceamento. Chega a ser um paradoxo, já que um dos pré-requisitos para garantir a perpetuidade da empresa é que seus integrantes estejam engajados, felizes e identificados com o propósito da organização, o que só é possível caso eles mantenham uma vida profissional e uma vida pessoal integradas. Se o comando da empresa está sofrendo e desbalanceado, não é realista pensar que a organização terá uma vida longa e próspera.

É provável que o fato de estarmos vivendo tempos de crescente estresse e rupturas seja um dos fatores que venha reduzindo a expectativa de vida das empresas. Uma análise baseada no S&P 500 – um índice que, desde 1923, relaciona as 500 maiores organizações com ações negociadas na bolsa de Nova York –, feita por Richard Foster, diretor do Innosight, um site de análises econômicas, mostrou que os anos de vida das empresas diminuiu da média de 67 anos na década de 1920 para 25 anos em 1980 e, então, para 18 anos em 2012.[1] Outros trabalhos indicam que a longevidade dessas empresas teria caído ainda mais: para 15 anos, em 2016.

Além de dar um fôlego e, quem sabe, alguns anos de vida a mais para as organizações, há outras vantagens em se realizar o processo de reequilíbrio de cima para baixo. Quando esses líderes tiverem suas vidas profissional e privada integradas, eles estarão no caminho de tornarem-se líderes autênticos. Eles serão, como consequência, bons exemplos para a média e a baixa gerência, que também se tornarão aspirantes a líderes autênticos. Dessa maneira, os líderes que estão abaixo da média gerência se tornarão autênticos e suas boas práticas irão permear toda a organização.

O caminho de integração das esferas profissional e pessoal começa com passos simples. Por exemplo, o CEO pode determinar que, a não ser em casos muito excepcionais, é proibido mandar e responder e-mails ou mensagens de WhatsApp tratando de assuntos corporativos fora do horário de trabalho estipulado. Depois, medidas que trariam transformações mais profundas, e de fato fariam cair do galho as práticas antigas, seriam implantadas aos poucos e com cuidado.

Colocando na ponta do lápis, como funcionaria uma empresa que teria entre suas metas proporcionar uma experiência de vida integrada para todos os seus participantes? Como linha geral, nela se teria um efetivo cuidado com as pessoas. Todas elas, inclusive as que estão sentadas lá em cima tomando decisões. Isso significaria ter regras claras, fixando os limites da dedicação ao trabalho. Ou seja, até que momento do dia, ou até quantas horas, o empregado tem o compromisso de se dedicar ao trabalho para a organização. A partir de que ponto pode ser considerado que sua atividade está extrapolando o limite do que foi acertado? Quando se configura o abuso, o constrangimento e o assédio moral? Isso incluiria o envio abusivo de e-mails ou outras mensagens pelas mídias sociais, como foi dito anteriormente.

Aniversários são sagrados

Há questões de grande relevância para a vida de todos nós que muitas vezes entram em conflito com nossas atividades profissionais e, inexplicavelmente, não são levadas em conta quando estabelecemos relações de trabalho. Uma delas é o respeito a datas de relevância para nossa família e para pessoas às quais temos afeto. São os aniversários dos parentes próximos, apresentações escolares dos filhos, festas como Natal, Ano Novo, Páscoa, Yom Kippur, entre outras. Uma vez, conversando com pessoas de uma empresa de auditoria, que costumam viajar muito e por longos períodos fora da cidade em que moram, ouvi um deles se queixar de que havia perdido o aniversário da esposa, do pai e da mãe, porque estava a trabalho, longe de casa. Isso é algo sério, que costuma provocar mágoas e lágrimas nas pessoas que são nossas queridas.

Uma empresa que se preocupa efetivamente em proporcionar uma vida integrada deve ter registradas, junto com os dados cadastrais do empregado, as datas de aniversário do pai, da mãe, da esposa, do marido, dos filhos. Quando uma viagem tiver que ser programada, os chefes irão, antes de mais nada, verificar se não há nenhum aniversário nesse período. Se tiver, ou o empregado volta a tempo de cantar os parabéns ou nem vai viajar. Natal é sagrado. Todos têm de estar nas suas bases no Natal e no Ano Novo. Isso é de fato demonstrar um efetivo cuidado com as pessoas. Quem não gostaria de trabalhar em um lugar desses?

Outro ponto de importância é que a empresa transforme em realidade o que seus empregados consideram relevante para manter sua vida integrada. Isso não é difícil de fazer. É só reunir o pessoal e perguntar o que eles querem: mesas de pingue-pongue e sinuca, cadeiras reclináveis na área de descanso, música ambiente; tudo isso pode ser atraente, mas talvez não seja o que as pessoas de fato desejam. Eu já soube de empresas que fizeram gastos milionários em reformas de seus escritórios, novas cores na parede e plantas ornamentais, enquanto tudo o que os empregados queriam era um forno de micro-ondas para esquentar o almoço que traziam de casa.

O grande objeto de desejo em uma empresa pode também ser algo imaterial. Já ouvi a sugestão de se ter na organização um espaço semelhante ao do confessionário usado no programa *Big Brother Brasil*, veiculado pela TV Globo. Ali, se a pessoa estivesse angustiada, enfrentando um problema sério, precisando de aconselhamento ou algum tipo de ajuda mais efetiva, haveria um profissional especializado que pudesse escutar suas aflições e tentar diminuí-las. Uma empresa que oferecesse um espaço como esse daria uma mostra clara de que considera seus empregados de fato como pessoas, que têm desafios típicos de qualquer outro ser humano. Ninguém ali seria visto ou se veria como um número, uma peça sem rosto e descartável. Existem muitos outros fatores que podem contribuir para que os que trabalham em uma organização se sintam importantes e valorizados. Os líderes não precisam conhecer cada um pelo nome, ou abraçá-los quando se encontram pela manhã. No entanto, é obrigatório que criem um ambiente caloroso e de respeito por todos que estão ali.

Flexibilidade de horário e meritocracia

Já citado neste livro, mas talvez um dos mais relevantes itens para se conquistar uma vida profissional e uma vida pessoal integradas, está a flexibilidade do horário de trabalho. Há uma certa confusão a respeito do que é exatamente ter um horário flexível de trabalho. Por exemplo, trabalhar em casa, ou seja, em regime de home office, não é exatamente ter um horário flexível. O mais provável é que o home office signifique trabalhar todos os dias da semana em uma carga horária muito maior do que faríamos em um ambiente formal de trabalho.

Ter horário flexível significa deixar as pessoas de fato serem donas do seu tempo. E controlar o próprio horário de trabalho pode acontecer até mesmo em um escritório convencional, com todas as suas mesas e cadeiras. O compromisso do empregado deve ser entregar o trabalho que foi combinado com o empregador, ponto. Depois que a tarefa é cumprida, que sentido faz ficar sentado à mesa esperando a hora de "bater o ponto", ou ficar olhando para o teto entediado, ou ir para a copa e comentar como é chato trabalhar naquela empresa? O que pode ser mais desestimulante do que isso? As vantagens de um horário flexível de trabalho são evidentes, e já foram comentadas anteriormente. Na medida em que você tem o compromisso com uma tarefa específica, pode remanejar seu tempo para outros afazeres; inclusive uma soneca no meio da tarde, por que não?

O avanço da tecnologia e as mudanças nas formas de trabalhar – que hoje podem se valer de espaços de coworking, no qual serviços como Internet, móveis, limpeza e copa são compartilhados – permitem jornadas mais flexíveis. Se eu fosse dono de uma empresa que contasse com filiais em vários estados brasileiros, eu não abriria um escritório em cada capital. Aqueles que fossem trabalhar comigo o fariam em um coworking. Assim, eu não precisaria investir em mobiliário, pagar aluguel, ter secretária e imobilizar outros investimentos. Mas, além de economizar recursos, meus empregados estariam em um espaço que facilitaria a troca de ideias, desenvolveria a criatividade e permitiria a convivência com pessoas de outros setores da economia.

A política de promoção é um componente importante de uma empresa que valoriza o relacionamento interno. Dentre todas, a meritocracia é a forma mais justa de reconhecer a lealdade, o esforço e o talento de seus empregados. Ou seja, nela a pessoa é recompensada pelos seus méritos, pela sua entrega, e não por critérios políticos ou laços pessoais. Nos lugares onde se pratica a meritocracia, os amigos do dono da empresa e os puxa-sacos não passam à frente daqueles que de fato trazem ganhos para a organização.

Recompensar as pessoas pelos seus méritos também inibe a competitividade interna exagerada e as puxadas de tapete. E isso é algo que os líderes podem mudar de maneira ativa, definindo de maneira precisa e clara a área de atuação de seus empregados e evitando, por exemplo, que disputem o mesmo cliente. Há empresas que usam essa disputa predatória interna a seu favor ao comparar performances, alardeando de maneira explícita e agressiva quais são os vencedores e perdedores do time. É fácil imaginar como é horroroso o ambiente em uma empresa assim.

Feedback é obrigatório

Dar um feedback constante, positivo ou negativo, para todos os membros da equipe é essencial para ajudar os profissionais a se relacionar melhor com as empresas. Nem sempre é fácil, no entanto, desenvolver a cultura de proporcionar feedback imediato para as pessoas. Em geral, prefere-se esperar seis meses por avaliações de desempenho bem organizadas e estruturadas. Dar feedback é um dos maiores exercícios de honestidade e transparência que se pode ter. Essa prática tem que ser incorporada ao DNA das organizações e se tornar algo constante e rotineiro. É uma eficiente ferramenta de gestão que deve ser usada em todas as direções hierárquicas: da alta gestão para baixo, dos quadros subordinados para cima e entre os pares que têm o mesmo nível hierárquico.

Em resumo, as empresas preocupadas em ser protagonistas da integração entre a vida profissional e a pessoal devem ter um efetivo cuidado com seus empregados. Devem permitir a flexibilidade no modelo de trabalho, incluindo aí a carga horária, e promover uma comunicação eficiente entre todos. Sua missão, seus valores e seus propósitos devem ser claros, consistentes, ir além do mero ganho financeiro e, sobretudo, serem do conhecimento de todos os integrantes. Esses princípios devem ser registrados por escrito e serem confirmados no dia a dia não só pela alta direção, mas por todos aqueles que estiverem envolvidos com a empresa.

Retorno à comunidade

Além de transformar para melhor o dia a dia dos empregados e impactar de maneira favorável a dinâmica das empresas, integrar a vida pessoal e profissional também traz repercussões para a comunidade em que as pessoas vivem. Uma vida integrada não pode deixar de lado o relacionamento com a comunidade. A expressão em inglês "give back", que tem como um dos seus significados retornar, dar uma contrapartida pelas oportunidades ou ajuda material que recebemos e que nos permitiram alcançar diversas conquistas, é também usada no Brasil para definir esse movimento de recompensar quem nos ajudou, sobretudo as instituições. Para uma vida integrada, temos de nos preocupar com nosso impacto sobre nosso entorno, nossa comunidade. O give back é a maneira de fazermos isso.

Muitas vezes temos a concepção errônea de que as coisas que nos rodeiam, e das quais lançamos mão para satisfazer nossas necessidades, não precisam da nossa ação para se manterem ativas. Explicando melhor, a comunidade em que estamos inseridos nos garante desde coisas materiais essenciais, como ruas, eletricidade, hospitais, escolas e transporte público, até benefícios subjetivos, que também são insubstituíveis, como a sensação de segurança de vivermos próximo a outras pessoas, termos acesso a obra de escritores, atores e cantores que nos encantam, cruzar pela rua com desconhecidos que tornam nosso dia mais feliz com palavras simpáticas, encontrar pessoas que têm interesse espirituais, políticos ou culturais semelhantes aos nossos.

Já que usufruímos de todos esses benefícios que vêm da comunidade em que vivemos, não teríamos uma visão integrada do mundo se não sentíssemos a urgência de dar à comunidade algo em retorno, permitindo que ela se torne perene e ajude também a outras pessoas. Dessa maneira, o give back não é apenas fazer uma doação ou fazer caridade. É você efetivamente utilizar seus conhecimentos ou sua experiência de vida para ajudar a comunidade a se desenvolver sem passar pelos problemas que você enfrentou.

É isso que venho tentando fazer com meu trabalho de coach e mentor. Eu estive no mundo corporativo dos 14 aos 40 anos, como executivo, como peão, como soldador, como carregador de caminhão. Uma trajetória ascendente que, infelizmente, nem todos têm a oportunidade de experimentar. Passei por um susto muito grande quando sofri minha angina e sobrevivi, o que também não é tão garantido quando se trata de problemas cardíacos. Pude usufruir da rara oportunidade de fazer quatro cursos em Harvard, entre eles o OPM (Owner/President Management), além de assistir a vários seminários lá, o que foi uma experiência transformadora, que somou seis anos e da qual me orgulho muito.

Por ter bem claro como a vida é dura e pobre em oportunidades para a grande maioria das pessoas, reconheço que estou sendo muito afortunado nesta existência. E, por esse motivo, sinto uma necessidade urgente de compartilhar meu conhecimento e minha experiência com a comunidade. No meu caso, meu give back está direcionado a fazer com que o mundo corporativo seja melhor, mais leve, mais justo e mais recompensador para as pessoas que estão nele.

Mas tal propósito surgiu para mim a partir do momento em que decidi tornar integradas as minhas vidas pessoal e profissional. E posso garantir que qualquer pessoa que também atinja tal integração encontra tempo e energia para fazer esse give back de maneira estruturada e constante. Quando faço uma palestra e sinto que alguém sai daquele encontro sensibilizado, imagino que esse alguém poderá levar esse assunto para dentro da empresa, e então se iniciará uma discussão sobre vida integrada, o que ajudará a propagar essa ideia. É essa sensação – de que dei a minha contrapartida aos conhecimentos que recebi de professores, das conversas com executivos e do médico indiano em Boston – que me causa um grande prazer e me faz estar convicto de que vale a pena ter assumido esse propósito.

Give back de 50 milhões

Há, claro, um número enorme de ações mais palpáveis, que podem retornar em parte os benefícios que outras pessoas proporcionaram para nós. Em outubro de 2010, Ratan Tata, CEO do grupo indiano Tata, doou 50 milhões de dólares para a Harvard Business School.[2] Essa foi, à época, a maior doação estrangeira desde a fundação da escola, em 1908. Os recursos foram destinados à construção de um novo prédio para salas de aula e residência para alunos participantes dos cursos para executivos de Harvard. Ratan Tata graduou-se em 1975 na Harvard Business School e sua doação foi um give back pelo que a escola lhe proporcionou de conhecimento e habilidade nos negócios.

Ratan Tata lidera um conglomerado de empresas em que estão incluídos fábricas de carros e locomotivas, companhias aéreas, distribuição de eletricidade, serviços de saúde, fábrica de satélites, entre outros. O grupo possuía mais de 600 mil empregados e um valor em ativos que, em 2016, chegava a 120 bilhões de dólares. Para um empresário como esse, doar 50 milhões de dólares é algo possível. Mas não é apenas com essa régua que se mede a relevância de um give back.

É claro que não há qualquer demérito em empresas fazerem doações. Um novo prédio em Harvard certamente permitirá aumentar o número de executivos mais bem preparados para atender às necessidades do mundo. Com sorte, uma parte deles tomará para si a causa de incentivar a integração entre a vida profissional e a pessoal e levá-la para os países de onde veio. Mesmo assim, acredito que a contrapartida individual pode ser mais autêntica e efetiva em algumas situações.

A partir dos anos 1990, as empresas – de início dos Estados Unidos – passaram a tornar públicos relatórios de responsabilidade social. Esse movimento surgiu na esteira das repercussões da tragédia ambiental ocorrida em março de 1989, na costa do estado americano do Alaska. Nessa data, o Exxon Valdez, um enorme petroleiro da empresa americana Esso, chocou-se contra um recife, despejando 40 milhões de litros de petróleo (equivalente a 60 piscinas olímpicas) em uma região que era berçário de várias espécies marinhas.[3] Foi o maior desastre ambiental marítimo do país até aquela época.

Pressionadas pela opinião pública, as organizações passaram a prestar contas de maneira sistemática de suas ações operacionais que pudessem ter impacto não só sobre o meio ambiente, mas também sobre as comunidades em que estavam inseridas. Com o tempo, começaram a desenvolver ações sociais mais diretas, como construção de escolas, cursos profissionalizantes, custeio de atletas, bolsas de estudos. No entanto, grande parte dessas ações são criações dos departamentos de marketing e costumam ser mais voltadas para a manutenção de uma boa imagem da empresa do que efetivamente dar um give back para as comunidades.

Se não for por isso, como justificar grandes empresas que patrocinam eventos culturais, constroem escolas e mantêm centros de cultura mas, ao mesmo tempo, têm uma prática extrativa predatória e um controle de resíduos pouco eficiente?

Tempo a nosso favor

Entre todos os hábitos que temos de ajustar para alcançar a efetiva integração entre vida profissional e pessoal, talvez o que exija mais habilidade seja colocar o tempo a nosso favor. Costumamos considerar que ele corre contra nós. O pensamento recorrente é de que sempre temos muito a fazer e o tempo nunca é suficiente O tempo é o bem mais escasso com o qual trabalhamos hoje, e por isso tentar organizá-lo costuma ser o primeiro passo para harmonizar nosso trabalho com o que fazemos na nossa vida pessoal.

A maneira de fazer isso é simples. Pegamos uma folha de papel, ou uma planilha de Excel, e dividimos as 24 horas do dia entre as diversas atividades da qual não podemos escapar – como dormir e trabalhar – e aquelas que queremos introduzir no nosso dia a dia, como um tempo para brincar com nosso filho ou ficar ao lado do nosso parceiro. Mas, espere aí, isso não parece um tanto artificial? "Das 8 às 9 horas: brincar com o Júnior..." Sim, no começo pode soar forçado. No entanto, com literalmente o passar do tempo, nos habituamos a essa nova rotina. Na medida em que começarmos a nos sentir mais leves, descansados e revigorados, os novos hábitos vão parecer naturais, como se sempre tivéssemos vivido daquela maneira.

De início, é preciso saber como nosso organismo funciona. No meu caso, não tenho problemas em acordar cedo. Se não for para a academia às 5 horas da manhã, não conseguirei ir em nenhuma outra hora do dia. Acordando cedo e me exercitando, me sinto energizado e disposto para as reuniões, palestras e eventos dos quais participo. Sabendo que meu corpo se comporta dessa maneira, reservo o final do dia para ficar com minha filha e esposa e à noite costumo ir dormir cedo.

Fazer qualquer coisa às 5 horas da manhã pode parecer uma impossibilidade para os mais dorminhocos. Em geral as pessoas fazem atividades físicas na hora do almoço ou no final do dia. Isso pode roubar o tempo de convivência com a família. De novo, é preciso ser perseverante no início e tentar colocar novos e bons hábitos em nossa agenda.

Além do sono, há outros obstáculos internos para que sejamos os reis do nosso próprio tempo. Um dos maiores deles é termos uma visão exagerada da nossa importância no trabalho e nos considerarmos insubstituíveis. Não é raro acharmos que só nós seremos capazes de dar respostas corretas no nosso negócio e que, se não estivermos ali, tudo cairá por terra. Não conseguimos, então, delegar responsabilidades. E como é impossível cuidarmos de tudo, iremos falhar e os negócios irão sofrer, ficaremos estressados e não teremos tempo para nós ou para aqueles que amamos.

Isso cria um tal grau de ansiedade que, quando temos um raro tempo para nós mesmos, como alguns dias de férias, ficamos com a sensação de um desastre iminente e não conseguimos relaxar. Ou, pior ainda, nos sentimos culpados de estarmos saindo de férias, mesmo que estejamos há dois anos trabalhando, inclusive nos finais de semana, sem parar. Quantas pessoas, a um mês de sair de férias, não trabalham alucinadamente para deixar o trabalho em dia? E, quando voltam, trabalham alucinadamente para colocar novamente o trabalho em dia. E, então, 15 dias depois já estão tão esgotadas quanto antes de saírem de férias.

Trânsito travado

Um grande devorador de tempo, sobretudo para os que vivem em cidades grandes, são as horas que perdemos no deslocamento de casa até o trabalho. Peço licença para, novamente, citar meu caso pessoal. Quando eu trabalhava na empresa da família, passava, no total, três horas por dia no automóvel para ir e voltar da minha casa, em Salvador, até a empresa, em Camaçari, no Polo Petroquímico da Bahia. Uma maneira de avaliar o estrago que isso traz para nossa vida é multiplicar esse tempo no trânsito pelos dias trabalhados em um mês. Ou seja, três horas multiplicadas por 20 dias equivalem a 60 horas. Divida isso por 24 e o resultado são dois dias e meio inteiros sentados ao volante, todos os meses.

É um tempo jogado fora, pois se você está dirigindo não pode falar ao celular, não pode ler um livro, assistir a um filme e muito menos relaxar. E, se você quiser se assustar ainda mais, multiplique esses dois dias e meio pelos 12 meses do ano, e temos 30 dias. Ou seja, eu passava um mês ao ano dirigindo entre a minha casa e o trabalho! Esse foi um dos motivos por que mudamos a sede da empresa para Salvador. O novo escritório ficava a dez minutos de distância de onde moro, e meu dia produtivo, portanto, tornou-se duas horas e meia maior – e, ao final do ano, recebi mais de 25 dias de volta. Com esse tempo reconquistado, comecei a fazer atividades físicas e passei a ter uma interação maior com minha esposa e minha filha.

Por esse motivo, um dos conselhos preciosos para reconquistar seu tempo é morar o mais próximo possível do seu trabalho. Ou, se isso não for possível, tentar morar próximo ao metrô ou em uma região bem servida pelo transporte público. Se também essa saída não for viável, por que não pensar em trocar de trabalho? Às vezes você perde três horas por dia indo e voltando para o trabalho, quando, a cinco minutos da sua casa, existe uma empresa que desenvolve o mesmo tipo de atividade e, portanto, você seria elegível para uma posição ali. Eu pergunto para meus mentees e coachees: você já avaliou se não seria o caso de mudar para essa empresa perto da sua casa? Você vai ganhar 25 dias por ano para empregar da maneira que quiser! É praticamente um 14º salário!

O tempo extra que eventualmente conquistarmos deve ser usado com atenção. Não só para ficar balançando na rede – o que também pode ser uma boa ideia às vezes –, mas para decidir a melhor forma de empregá-lo de maneira efetiva. Se você terá uma ou duas horas para ficar com seus filhos, você deve efetivamente ficar com eles. Se for brincar, conversar ou assistir a um filme, faça isso por inteiro. Deixe o celular e as preocupações com o trabalho no cômodo do lado. Essa é uma regra de ouro da vida integrada: a presença efetiva no que você faz.

Pausa para o pôr do sol

Atualmente a tecnologia nos permite simplificar nosso trabalho e ganhar um tempo precioso. Um exemplo são as reuniões. Às vezes me fica a impressão de que ainda fazemos reuniões presenciais apenas pela força do hábito, uma vez que praticamente já não há necessidade delas. Desde que você tenha uma conexão com a Internet, um computador ou um celular, você pode fazer uma videoconferência reunindo pessoas que estejam em qualquer lugar do mundo. Por que pegar um avião ou enfrentar o trânsito para se reunir com alguém? Se a reunião exigir algum grau de formalidade, basta usar uma camisa social, ou o paletó do tailleur, já que a câmara nos focaliza da cintura para cima. Por baixo, por que não continuar de bermudas e chinelos ou com aquela calça de pijama desbotada? Ninguém vai ver. Mais conforto que isso, impossível.

Costumamos nos lamentar de não termos tempo para fazer tudo que acreditamos ser necessário, mas quando temos algumas horas ao nosso dispor muitas vezes não sabemos como empregá-las bem. Tomemos as viagens de avião, por exemplo. Morando em Salvador e trabalhando com frequência no eixo Rio-São Paulo, acredito ter acumulado mais horas de voo do que um piloto em começo de carreira. Para não "perder tempo", aproveitava o voo para trabalhar. O resultado é que já chegava cansado ao meu destino e ia para reuniões importantes me sentindo disperso e até irritado. Hoje passo esse tempo lendo livros que nada têm a ver com o trabalho, assistindo a um filme ou brincando com algum jogo no celular. Meu mentor Bill George tem o costume de meditar durante todo o tempo de voo. Temos que usar a maior parte do nosso tempo de forma favorável a nós.

Eu acredito ter visto, quando fazia um trabalho de mentoria em um espaço de coworking em Salvador, um dos melhores exemplos de como usar o tempo a nosso favor. O prédio em que estávamos ficava diante da praia. Um dia, eu trabalhava ali com meu mentee à tarde quando, às 17h30, as luzes foram todas desligadas. Achando estranho, eu perguntei se a rede elétrica havia caído, e fui informado de que aquilo era feito para que pudéssemos ir lá fora ver o pôr do sol. Todos se levantaram, atravessaram a rua e foram para a praia. Fui junto. Ficamos na areia até que o sol se pôs. Voltamos para o prédio, as luzes foram novamente acesas, e recomeçamos a trabalhar.

No próximo capítulo trataremos do impacto positivo exercido por líderes e empregados que conseguiram conquistar uma vida profissional e uma vida pessoal integradas.

9
Colaboradores felizes, empresa próspera

O que o mundo corporativo deve desejar, mais do que tudo, são líderes e empregados felizes com suas vidas na empresa e em casa. Pessoas assim são mais produtivas, faltam menos ao trabalho e adoecem menos. Isso traz um reflexo positivo no balanço, pois significa mais dinheiro entrando em caixa com vendas maiores, menos dinheiro saindo para pagar planos de saúde e um número menor de indenizações exigidas por funcionários que saem litigiosamente da organização. O saldo, no entanto, é ainda melhor quando se sabe que esse bom clima organizacional também aumenta a criatividade geral, tornando a empresa mais inovadora, diminuindo fortemente o estresse e fortalecendo os laços entre as pessoas e a comunidade, entre tantos outros benefícios.

Há pesquisas que comprovam isso, como será comentado mais à frente neste capítulo.

Embora o número de empresas que se esforçam para estabelecer essas relações mais humanas e produtivas no seu dia a dia seja crescente, a verdade é que elas ainda não são muitas. Não tenho dúvidas de que, em poucos anos, quem estará no mercado de trabalho achará difícil entender como era viver tenso, infeliz, ter problemas e até morrer por causa do trabalho, assim como hoje achamos impossível imaginar a vida sendo um escravo, sem direito a salário, fim de semana, férias, ou sem poder pedir demissão e decidir os rumos da própria vida.

Talvez pelo fato de hoje eu me dedicar em tempo integral a ajudar as pessoas a deixar essa velha ordem para trás, buscando fazê-las saltar para essa nova era de uma relação mais integrada com o trabalho, estão presentes na minha mente muitas imagens do que pessoas infelizes no trabalho são capazes de fazer. Curiosamente, um dos exemplos mais fortes de que já tomei conhecimento sobre até onde as pessoas vão por conta de uma insatisfação no trabalho vem do escritor inglês Arthur Hailey (1920-2004), autor de best-sellers, com mais de 170 milhões de exemplares vendidos e traduzidos para 40 idiomas.

O fato está contado em um de seus livros mais conhecidos, *Automóvel*, lançado no Brasil pela editora Nova Fronteira em 1971. A história, ambientada nos bastidores da indústria automobilística norte-americana, envolve altos executivos, média gerência, revendedores corruptos e operários que suam no chão de fábrica. E é entre estes últimos que surge a reação de insatisfação com o trabalho que me pareceu mais emblemática.

Na fictícia fábrica de automóveis National Motors Corporation, em determinado dia da semana, são fabricados carros "especiais", destinados a clientes preferenciais, entre eles executivos da própria National Motors. Por saberem disso, alguns operários, descontentes contra a administração, aproveitam a ocasião para "se desforrar do chefe", como escreve Arthur Hailey. A desforra consistia em deixar uma garrafa de refrigerante, uma ferramenta ou pedaço de metal dentro da caixa do balancim, peça que fica no alto do motor e atua na abertura das válvulas do cilindro. Como a caixa é soldada, o corpo estranho ali colocado faria barulho por toda a existência do carro, sem que mecânico algum conseguisse solucionar o problema. Outro truque era soldar, por dentro, a tampa do porta-malas fechado. Para abri-lo, só arrombando e danificando o veículo zero quilômetro.

Arthur Hailey escrevia ficção, mas em todos os seus livros explorava um ramo de atividade econômica e pesquisava meses sobre o funcionamento dele, como fez também nos livros *Hotel, Hospital* e *Aeroporto*. No caso da National Motors Corporation, críticos afirmam que ela retratava, de maneira mal disfarçada, o funcionamento da Ford Motor Company. Pelo que se conhece da vida corporativa, considero bastante provável que eventos parecidos, e até mais perniciosos, tenham de fato acontecido.

Peixes fora d'água

O lendário Lee Iacocca, CEO da Ford de 1970 a 1978 (período em que lançou sucessos de venda como o Mustang, o Lincoln Continental e o Ford Escort) e CEO da Chrysler de 1978 a 1992, quando salvou a empresa da falência, também fala de desequilíbrios entre os trabalhadores na indústria automobilística. Em sua autobiografia, lançada em 1985 no Brasil pela Editora Cultura, Iacocca concentra sua análise nos altos executivos da organização.

"Os problemas da Chrysler não se limitavam à cúpula administrativa. Por toda a empresa, o pessoal se sentia insatisfeito e desanimado, ninguém conseguia fazer nada direito. Os vice-presidentes eram peixes fora d'água. As pessoas que haviam trabalhado bem em determinada área eram transferidas aleatoriamente para outras áreas. Depois de alguns anos de transferências de um lado para outro, todos na empresa estavam em funções para as quais não tinham formação, e os efeitos disso eram visíveis", escreveu Lee Iacocca. Nos três anos seguintes ao dia em que assumiu o comando da empresa, Iacocca demitiu 33 dos 35 vice-presidentes da empresa. "Era um por mês!", afirma. O clima era tão ruim entre eles que o CEO conta que muitos se sentiram aliviados ao ser mandados embora.

Medidas como essas, somadas às graves dificuldades econômicas que a organização enfrentava na época, fizeram surgir o pior das pessoas. "Problemas sempre provocam mais problemas. Uma pessoa que não tem segurança naquilo que faz nunca vai querer trabalhar com alguém que tenha segurança. O sujeito pensa: 'Se esse cara aí é tão bom, vai chamar a atenção para minhas deficiências, vai acabar ficando no meu lugar'", escreveu Iacocca. Assim, um gerente incompetente sempre contrata outros também incompetentes, e todos eles escondem a deficiência geral do sistema. E isso é tão danoso para o desempenho de uma organização quanto é para o de um automóvel ter a tampa de seu porta-malas soldada por dentro.

Hailey e Iacocca trataram, na fantasia e na vida real, dos resultados negativos para as empresas gerados pela ação de funcionários insatisfeitos. Suas obras, embora tenham sido escritas há mais de 40 anos, continuam tão atuais quanto nunca. Quem garante que o Galaxy Note 7, que teve a produção suspensa em outubro de 2016 depois de vários casos de explosão da bateria, não foi resultado da infelicidade dos empregados que construíram o componente? A suspensão da produção, segundo afirmou na ocasião Linda Sui, especialista em telefonia móvel na consultoria norte-americana Strategy Analytics, causou à Samsung um prejuízo de mais de 10 bilhões de dólares.[1] Quem garante que todos os recalls que estão sendo feitos em carros e motocicletas por peças defeituosas não são resultado do trabalho em um ambiente extremamente hostil, no qual as pessoas estão muito insatisfeitas com o que estão fazendo?

Felicidade dá lucro

O avesso dessa situação foi registrado em um artigo de capa da revista *Harvard Business Review* em sua edição de janeiro/fevereiro de 2012: "How employees' well-being drives profit" [Como o bem-estar dos empregados produz lucro]. De acordo com a pesquisa sobre a qual o texto está baseado, pessoas felizes produzem 31% mais do que as que estão se sentindo infelizes (como já abordamos no capítulo 8). Apenas esse dado já é o bastante para mostrar o impacto positivo provocado pela presença de pessoas felizes dentro de uma organização. Mas há mais. Os empregados felizes têm um potencial de vendas 37% superior aos que não estão satisfeitos com o que fazem para ganhar o pão de cada dia ou não estão com a vida pessoal e a profissional integradas. E, além disso, os felizes são três vezes mais criativos do que os demais.

Há empregadores, no entanto, que veem com ceticismo essa afirmação de que pessoas felizes são profissionais mais eficientes. Como já comentamos anteriormente, não é incomum termos líderes que acreditam exatamente no contrário, que manter os empregados um pouco tensos no trabalho fará com que eles produzam mais. Mas, como explica o professor de psicologia Daniel Gilbert, também de Harvard, não há qualquer pesquisa que mostre que pessoas ansiosas e amedrontadas sejam mais criativas ou produtivas. "O contentamento não faz com que as pessoas fiquem sentadas olhando para a parede, quem faz isso são as pessoas que estão entediadas, e ninguém gosta de se sentir entediado", explicou Gilbert no já citado artigo de capa da revista *Harvard Business Review*. [2]

É claro que ameaças funcionam, de alguma maneira. Se um chefe disser que vai demitir o empregado caso determinada tarefa não seja entregue até a próxima sexta-feira, o empregado irá atravessar as madrugadas e entregar a tarefa. Mas, como diz Daniel Gilbert, a partir daquele momento o chefe terá um empregado que fará de tudo para prejudicá-lo; um empregado que não terá qualquer sentimento de lealdade à empresa e, na sua função, se limitará a fazer apenas o que lhe for pedido, sem entusiasmo ou criatividade.

Pressão na amígdala

Mas vamos abrir um parêntese para uma breve fundamentação científica do que estamos falando. Nossas experiências e o senso comum mostram como ameaças e pressão acabam trazendo tanto estresse que nosso desempenho no trabalho tende a ficar seriamente comprometido. Mas a coisa é ainda mais profunda. Ela tem um fundamento fisiológico, conforme explicou em um artigo o psicólogo e pesquisador americano Shawn Achor.[3] De acordo com ele, quando os líderes passam a "infernizar" seus comandados com reuniões frequentes ou enviar mensagens com pedidos urgentes, o nível de ansiedade das pessoas sobe a níveis astronômicos. Isso ativa a área do cérebro responsável por identificar ameaças, chamada amígdala, num processo que reduz o envio de recursos e energia para o córtex pré-frontal, exatamente a região que é responsável por resolver problemas. Ou seja, quanto maior a pressão, maior a probabilidade de que decisões equivocadas sejam tomadas.

Parênteses fechados, voltamos para o psicólogo Daniel Gilbert, com esse comentário ainda mais precioso: "Nós sabemos que as pessoas são mais felizes quando são desafiadas de modo apropriado, ou seja, quando elas estão tentando atingir objetivos que são difíceis, mas não impossíveis de serem conquistados. Desafiar e ameaçar não são a mesma coisa. Os psicólogos estudaram a teoria da recompensa e punição por um século, e a conclusão é clara: a recompensa funciona muito melhor".

Não deixa de ser curioso o fato de que, apesar de todos termos como nosso maior desejo ser felizes o tempo todo, exista tanta desconfiança quando se fala que a felicidade é a melhor forma de se relacionar com as pessoas e com o trabalho. Apesar de pesquisas mostrarem que quando as pessoas trabalham com uma postura mental positiva o desempenho em quase todas as áreas de suas vidas é muito maior, a relação entre felicidade e performance continua não sendo bem compreendida.

Um dos equívocos que talvez contribua para essa falta de entendimento é pensar que só é possível atingir a felicidade se, antes, tivermos sucesso profissional. "Quando eu tiver uma promoção, aí, sim, serei feliz." "Quando atingir minha meta de vendas, me sentirei ótimo." Mas o problema, afirma Achor, é que o sucesso é um alvo em movimento, ou seja, assim que você atinge seu objetivo, você o coloca ainda mais para cima. O resultado é que, com esse pensamento, a felicidade é empurrada para o futuro junto com o objetivo a ser atingido, e estará sempre fora do alcance, sempre será transitória.

No começo deste capítulo, falamos sobre a sabotagem que vem de fora, empregados insatisfeitos ou com raiva que propositadamente colocam algo que irá prejudicar o produto de seu trabalho. Mas sentir-se infeliz no trabalho também gera uma sabotagem mais sutil: a autossabotagem. Quando você não gosta de estar no seu trabalho ou não se sente bem com seu líder, começa a trabalhar com um desânimo crescente e apresenta resultados pífios, muito abaixo da sua capacidade. A empresa certamente terá prejuízo com isso, mas com certeza o maior prejudicado será você, com uma provável demissão em que poderá ser percebido como incompetente.

Situações como essa, em que ocorre uma demissão, são um momento especialmente doloroso e delicado para qualquer trabalhador, independentemente do cargo que possua. Tal fato torna-se ainda mais desafiador se a pessoa não está com a vida pessoal e a profissional integradas. Em geral, nessa situação é a vida pessoal que é deixada de lado, e o trabalho toma um vulto gigantesco que, ao desaparecer de repente, deixa a pessoa se sentindo solta no ar, em uma vida sem sentido nem direção.

Fui testemunha de um caso semelhante. Uma vez fui a uma feira de negócios em São Paulo junto com um grupo de amigos que conviviam regularmente entre si. Eles costumavam se reunir para fumar charutos, jantar, tomar vinho, coisas assim. Um dos integrantes desse grupo havia acabado de ser demitido do cargo de CEO de uma grande empresa. Mesmo que aquela feira já não tivesse qualquer proveito profissional para ele, ele estava ali acompanhando os amigos.

Enquanto todos estavam ali com seus ternos bem cortados, rindo, felizes e se divertindo, o ex-CEO andava de um lado para o outro completamente perdido. "Eu não sei o que estou fazendo aqui, não tenho agenda, não tenho secretária para dizer o que fazer", ele ficava repetindo. Olhando para os lados sem saber o que fazer, acompanhava os demais, como uma criança que segue os pais quando estes fazem compras, sem de fato participar do que eles estão fazendo.

O Caminho de Santiago

Esse ex-executivo que mencionei no parágrafo anterior evidentemente estava sofrendo. E era um sofrimento real, não uma mera frescura de quem perdeu privilégios ou está pensando na perda de seu poder aquisitivo. Até então ele vivia em uma Hollywood: jatos executivos, secretárias, networking de alto nível por meio de viagens e compromissos sociais ligados ao dia a dia da empresa etc. Ele vivia em um pedestal enorme e ficou "sem chão" ao ser demitido. Alguém poderia dizer até que sofria com uma profunda perda de identidade. Mas eu não penso assim. Muitas dessas pessoas na verdade já não tinham identidade, mesmo quando eram os big bosses da empresa. Ele foi levado ao meio onde estava inserido, deixou-se influenciar e encantar-se por esse cenário. Ao ser substituído, para ele a vida acaba e torna-se sem sentido. Como diz um amigo, esta é a hora em que esse ex-CEO deveria percorrer o Caminho de Santiago.

Esse Caminho existe fisicamente. É formado por um conjunto de trilhas que partem de diversos pontos da Europa até a catedral da cidade de Santiago de Compostela, no norte da Espanha. Já no século IX, peregrinos faziam o percurso a pé (o que exigia vários dias ou semanas) para venerar as relíquias de São Tiago. Mas, nos dias de hoje, o Caminho de Santiago tornou-se muito mais um itinerário feito por pessoas que procuram o autoconhecimento.

É claro que não é preciso ir até a Espanha e caminhar com uma mochila nas costas e um cajado na mão – o que, aliás, exige um excelente condicionamento físico – para se encontrar consigo mesmo. Mas é importante ressaltar que todos precisam de autoconhecimento, sob o risco de ficar como aquele ex-líder andando de um lado para outro em uma feira sem saber o que estava fazendo ali.

Por não terem autoconhecimento, as pessoas caem em armadilhas como essas. Parece um exagero dizer que não conhecemos a nós mesmos. É claro que sabemos de nós, mas até certo ponto. Quem é nossa família, nossa história, se somos pacientes ou irritadiços, quanto medimos, se gostamos de jiló ou não. Temos o conhecimento disso. Mas não é sempre que sabemos o que nos deixa felizes, o que é a felicidade que pretendemos atingir.

Desde pequenos ouvimos que devemos trabalhar duro para obter sucesso, o que atrairia dinheiro. Então, depois disso, seríamos felizes. Ou seja, sem sucesso e sem dinheiro, a felicidade não vem. Hoje, essa equação foi revertida pela psicologia positiva. Agora, ela é: seja feliz, porque aí você trabalhará com uma coisa que realmente ama e daí obterá sucesso e dinheiro. Mas, primeiro, você vai ser feliz, porque só assim estará de corpo e alma dentro daquele negócio, daquele trabalho. E, estando de corpo e alma dentro daquele negócio, ele vai funcionar.

O truque, então, é estar feliz, o que só é possível quando mantemos nossa vida pessoal e nossa vida profissional integradas. É tempo, então, de questionarmos as crenças tradicionais de que a felicidade só vem depois de trabalharmos duro a vida inteira. O que costuma vir depois disso é, com sorte, a aposentadoria. E não é razoável esperarmos 40, 50 anos para sermos felizes.

Se você não se conhece, não sabe de fato o que o deixa feliz, e resolve colocar a máscara do "vou-engolir-tudo-isso" para só pensar em felicidade daqui a muitos anos, como sempre disseram para mim, então a maior possibilidade é que a infelicidade seja a sua companheira constante. Ninguém consegue ser o que não é por muito tempo. Você vai, como se costuma dizer, até a página três, depois sua insatisfação aparece e, com ela, surgem os problemas.

Penso que, para aqueles que já estão se sentindo inadequados, a busca pelo autoconhecimento, em um primeiro instante, deve contar com o auxílio de um profissional: um coach, um mentor ou mesmo um terapeuta, caso as dificuldades extrapolem a infelicidade com a vida profissional. Esse processo de autoconhecimento, que deve ser feito de maneira contínua, tem o mérito de fazer a pessoa começar a identificar o que, de fato, é inaceitável para ela e quais as coisas pelas quais ela estaria disposta a lutar até o fim.

Felicidade genuína

A partir do momento em que conhecemos a nós mesmos, podemos chegar a uma felicidade genuína, que é a nossa real felicidade, o que nos faz realizados, em vez de uma felicidade emprestada de alguém. Falo nas minhas palestras que se o sucesso não for definido por você, isso não é absolutamente sucesso. Ser genuinamente feliz é respeitar seus limites. É ter consciência do impacto que as coisas feitas por você para atingir a sua felicidade exercem na vida do outro, principalmente quando são pessoas que você ama. Mas é também não ficar paralisado por isso, e sim conhecer esse impacto e saber o que fazer. É, finalmente, construir um ambiente positivo no qual você efetivamente consiga ser feliz e contribua para a felicidade dos que compartilham esse contexto com você. Um ambiente que se estenda a todas as dimensões em que você circula, no trabalho, na sua casa, no meio de transporte que você utiliza, andando na rua.

Chegar a esse estágio é algo possível, não tenho dúvidas quanto a isso. Mas exige firmeza e determinação, já que, por ser um movimento que parece tão contra a maré, provavelmente surgirão pessoas que tentarão nos desencorajar. Digo isso por experiência própria. Desde que comecei a procurar outros conhecimentos e estudos, sobretudo em Harvard, e, aos poucos, ficou claro para os mais próximos que os negócios na empresa em que trabalhava me interessavam cada vez menos, as críticas surgiram.

Afinal, eu tinha uma empresa, e minha vida parecia estar ganha. Meus amigos diziam coisas assim: "Você tem a empresa do seu pai, quer estudar tanto para quê? Por que você está viajando que nem um louco, fazendo um curso atrás do outro? Você está maluco?". Maluco eu nunca estive, mas confesso que de início eu fazia um curso atrás do outro, como eles diziam, sem ter consciência muito clara do que eu buscava, até estar preparado para a segunda etapa da mudança, que foi sair da empresa do meu pai. A reprovação veio mais forte ainda: "Você foi sacana por ter abandonado seu pai". Eu dizia que não havia abandonado ninguém, essa espécie de divórcio havia sido consensual. Isso não abafou as críticas: "Ah, você vai virar palestrante motivacional, dizer para as pessoas abraçarem árvores? Como você vai viver? Isso vai dar dinheiro? Como você vai sustentar sua família?".

Perguntava-se de tudo, menos se eu estava feliz. E devo dizer que sim, nunca estive tão feliz em fazer essa mudança.

Na medida em que passei a me familiarizar com o tema da integração das esferas profissional e pessoal, percebi que a reflexão que fiz sobre a vida que vinha levando e o que eu esperava da minha carreira se encaixava em uma tendência de alcance global que faz com que cada vez mais pessoas passem, também, por um momento bem parecido com o que eu vivi. E, nesse novo momento, a questão do relacionamento com a família adquiriu, para mim, uma relevância ainda maior.

Em uma entrevista concedida generosamente para este livro, o professor livre-docente Joel Dutra, da Faculdade de Economia e Administração da Universidade de São Paulo, explica esse processo. Autor de vários livros sobre gestão de pessoas, o professor afirma que há hoje dois fenômenos opostos que têm um importante papel na questão da integração entre a vida no trabalho e a pessoal.

Um desses fenômenos é a longevidade. Nós estamos vivendo cada vez mais e, por isso, estamos permanecendo por mais tempo no mercado de trabalho. Em contraposição a isso, os ciclos de carreira estão cada vez mais curtos.

Isso significa que, embora a pessoa se desenvolva profissionalmente ao longo do tempo, chegará um momento em que ela não verá mais perspectiva no trabalho que faz. Ela sente que não tem mais horizonte e então entra num processo de refletir sobre sua vida, sobre sua carreira, um mergulho de análise de si mesmo. Esses ciclos de carreira sempre existiram. O que há de novo é que pesquisas indicam que, na geração dos baby boomers – pessoas que nasceram na década de 1950 e início da de 1960 –, esse ciclo era de 20 a 25 anos, enquanto na geração X – final dos anos 1960 e década de 1970 – esse período está entre 15 e 18 anos. Especula-se nos meios acadêmicos que esses ciclos ficarão cada vez mais curtos.

Tem-se, portanto, uma longevidade e, também, carreiras mais curtas. A consequência é que as pessoas passarão a ter várias carreiras, e essa mudança constante de identidade profissional não é algo simples de se fazer. Traz um estresse pesado. De acordo com o professor Joel Dutra, alguns teóricos comparam esse estresse a uma separação conjugal.

Não é difícil, portanto, imaginar o impacto disso nas outras dimensões da vida pessoal. Entre elas, claro, está a família. Os filhos pequenos, os filhos adolescentes, o cônjuge, outros membros que, mesmo fora do núcleo mais íntimo, também mantêm relações extremamente próximas conosco, todos podem ser afetados nesses momentos de redefinição.

Tirar o pé do acelerador

O projeto de trabalhar duro por 30 anos, dedicando pouco tempo para si e para a família, para só então, finalmente, se aposentar – projeto de vida típico das gerações que estão no mercado há mais tempo, e mesmo ainda de muitas pessoas jovens – se mostra cada vez menos adequado à nossa realidade. Esse modo de pensar pressupõe que nosso desenvolvimento profissional e pessoal se dá de maneira linear, o que não é verdade. Nunca foi assim. Mas, por não levarmos em conta que nossos anseios mudam com o tempo, surge uma inadequação da maneira como funcionamos e o jeito que levamos nossa vida profissional. E uma das vítimas desse desequilíbrio é nossa vida familiar.

O professor Joel Dutra comenta ter sentido na pele essa falta de integração. "A reflexão de como manter esse equilíbrio nos diferentes momentos da vida é importante. Quando comecei a trabalhar, achava que ia trabalhar 30 anos e depois me aposentar. Então trabalhei feito um desgraçado durante 30 anos. Se eu tivesse essa consciência que tenho hoje, teria dado um tempo para curtir minhas filhas, depois acelerado em nova carreira. Você não precisa de um processo linear. Não que você abandone sua carreira, mas você tira o pé do acelerador para cuidar dos filhos, para curtir. Depois você põe o pé no acelerador de novo."

Não vou negar que, quando tirei o pé do acelerador, senti um frio na barriga. Como quase todas as pessoas, eu também estava familiarizado com o conceito de que devemos trabalhar duro porque, no final, bem no final, seríamos recompensados, enfim, com o sucesso e a felicidade. Mas eu já estava aprendendo a me conhecer, saber o que queria e o que não me traria felicidade. As dificuldades que enfrentei provavelmente foram muito menores do que as enfrentadas por aquele CEO demitido que andava, constrangido, entre os amigos na feira em São Paulo. Perdi contato com ele e não sei dizer se aquela brutal mudança em sua vida serviu para lhe trazer uma nova forma de vida ou foi experimentada simplesmente com tristeza e frustração.

Espero que tenha servido como uma libertação e que o ex-CEO tenha se livrado das amarras que costumam sufocar nossas próprias aspirações e desejos. Isso absolutamente não significa que não podemos ser CEO de alguma empresa, ganhar um bom salário, ter bônus relevantes e outros benefícios. O importante é que, seja qual for nosso trabalho, façamos isso com uma alegria genuína, que só é possível alcançar quando nosso lado corporativo está em harmonia com nossas aspirações pessoais.

Quando essa integração entre as duas metades da nossa vida não acontece, o mundo corporativo também costuma fechar a cara para os que estão em desequilíbrio. Se alguém está sacrificando a vida familiar em prol do trabalho, essa quebra de harmonia terá reflexo em seu desempenho. Ele não vai conseguir se relacionar com as pessoas dentro da empresa. Isso é ainda pior quando se trata de um chefe, pois ele provavelmente se transformará em um líder tóxico, com todas as más implicações que isso traz para as pessoas e a organização.

Pessoas que não estão com a vida integrada são infelizes. E quem é infeliz costuma ser mal-humorado, o que o coloca em rota de colisão com os colegas, que passam a deixá-lo de lado, evitam perguntar qualquer coisa a ele, não o convidam para almoçar ou ir a um happy hour na sexta-feira. Os mal-humorados tratam todo mundo mal, respondem de maneira seca. Nem a moça do cafezinho se anima a ir até eles. Já vi empresas que colocavam todos os mal-humorados juntos, em um canto da empresa. Ela sabia que aquelas pessoas não iriam conversar, nem falar uns com os outros, só iriam trabalhar. Eles eram deixados de lado trabalhando, e ninguém mexia com eles.

Convivi bem de perto com uma pessoa assim. Uma mulher sozinha, que nunca constituiu família e era extremamente mal-humorada. No seu escritório, sua mesa era afastada da dos demais. Ainda era permitido fumar em ambientes fechados quando a conheci, e ela parecia uma chaminé, fumava o tempo todo. Seu relacionamento com os colegas era extremamente frio: ela fazia o seu trabalho e pronto, nada de propostas criativas, sugestões ou troca de ideias. Morreu de um AVC. Tenho quase certeza de que foi esse estilo de vida triste, sem família e sem amigos, que encurtou sua vida.

Certamente o contrário disso acontece com os que se relacionam bem com os colegas, que são felizes e de fácil convivência. E, de novo, minha experiência me mostrou que essas pessoas não precisam nem mesmo ser muito competentes. O fato de serem felizes é seu grande diferencial, e isso tem valor e é apreciado. E esse personagem até se torna bem-sucedido, porque ele é tão alegre, tão feliz, leva a vida de forma tão espontânea e tão tranquila que desenvolve uma capacidade de relacionamento que o torna alguém de valor para a empresa.

Pessoas assim muitas vezes são competentes em quebrar o gelo em reuniões difíceis. "Precisamos chamar o fulano para essa reunião. O cliente está bravo e precisa de alguém que vá lá para resolver." A pessoa chega, faz uma brincadeira, todos dão risada e depois a reunião começa, com discussões, mas já menos pesada. Isso é até usado como técnica de negociação.

Ganhar um Fuscão

Quando reflito sobre a crença de que devemos trabalhar duro e nos dedicar inteiramente à profissão, acreditando que em algum momento – que nunca conseguimos precisar exatamente quando – seremos recompensados, me lembro de uma música chamada "Comportamento geral", sucesso em 1973 na voz do cantor Gonzaguinha, filho do admirável Luiz Gonzaga. Gonzaguinha, que morreu precocemente aos 45 anos em um acidente de carro em 1991, teve problemas com os censores no período da ditadura militar (1964-1985) e, como os demais compositores da época, usava de subterfúgios nas letras das músicas para fazer críticas sociais.

No entanto, um trecho da canção continua ironicamente cortante, abordando a crença de que seremos recompensados depois de uma vida de trabalho duro. Gonzaguinha usa a imagem do Fuscão, um modelo da Volkswagen que era um forte objeto de desejo na época, quando automóveis eram muito mais inacessíveis do que atualmente: "Deve pois só fazer pelo bem da Nação/ Tudo aquilo que for ordenado/ Pra ganhar um Fuscão no juízo final/ E diploma de bem-comportado".

No próximo capítulo trataremos da importância da reação da família no momento em que alguém decide abrir mão do "diploma de bem-comportado" para conquistar a integração entre a sua vida profissional e a pessoal.

10

Um caso de família

Em maio de 2013, o americano de origem egípcia Mohamed El-Erian renunciou inesperadamente ao cargo de CEO da Pimco, uma das maiores gestoras de investimentos do mundo, com uma carteira de clientes no valor de 2 trilhões de dólares. A notícia gerou intensas especulações no mercado financeiro. Seriam desavenças no alto comando da empresa? Maus resultados financeiros? O futuro da Pimco seria afetado? Logo depois, o próprio Mohamed El-Erian, que muitos chamavam de "guru do mercado financeiro americano", esclareceu em entrevista coletiva qual foi a principal razão da sua decisão: ele queria ter mais tempo para conviver com sua esposa e com a filha, que na época tinha 10 anos.

Mais tarde, em um artigo que assinou na *Worth*,[1] uma revista bimestral dirigida a um público de alta renda, Mohamed El-Erian descreveu a sucessão de eventos que o levou a tomar essa decisão. De acordo com o texto, um ano antes de decidir deixar seu cargo na Pimco, Mohamed teve uma pequena discussão com a filha, cujo nome não é revelado, que teimava em não obedecer ao seu pedido de que ela fosse escovar os dentes. Ele, então, perguntou a ela, com a voz séria, quantas vezes ainda teria de repetir a ordem até que fosse obedecida.

A menina pediu para ele esperar um minuto, foi até seu quarto e voltou com uma folha de papel na mão. Quando Mohamed leu o que estava escrito, aquilo o deixou surpreso e desconcertado. "Era uma lista dos 22 eventos da vida dela naquele ano que eu havia perdido por causa de meus compromissos de trabalho", escreveu ele. "Desde o seu primeiro dia na escola e o primeiro jogo de futebol da temporada, até um encontro entre pais e professores e a festa de Halloween. E o ano letivo ainda nem tinha acabado", informou o executivo.

O ex-CEO da Pimco conta que na hora reagiu de maneira defensiva: "Eu tinha uma boa desculpa para cada evento que eu havia perdido, como uma viagem, reuniões importantes, um telefonema urgente ou obrigações de última hora. Mas, naquele momento, entendi que eu estava perdendo algo infinitamente mais importante do que qualquer uma das minhas desculpas". A conclusão a que Mohamed chegou é que a integração entre a sua vida pessoal e a profissional estava completamente fora dos eixos. E, pior, essa falta de integração estava prejudicando de maneira decisiva a relação com sua filha.

A rotina diária de Mohamed era pesada como a de um general no campo de batalha, conforme informa o site americano de notícias econômicas *Business Insider*.[2] Ele dormia das 9 horas da noite até a 1 hora da manhã, quando acordava para escrever artigos para a mídia, como a coluna sobre mercado financeiro que mantinha regularmente no jornal *Financial Times*. Entre 4h30 e 5 horas da manhã, ele chegava ao escritório para acompanhar o desempenho das bolsas nos vários países em que a Pimco tem atuação. Por volta das 9 horas, se não estivesse viajando, ia para sua mesa, que ficava ao lado da de Bill Gross, fundador da empresa. Os dois falavam o dia inteiro, mas sempre por e-mail, pois Bill não gostava de ser interrompido.

Em seu artigo para a revista *Worth*, Mohamed ainda escreveu: "Acredito que o que eu vivi é experimentado por muitos pais, se não a maioria deles, que têm de dividir o tempo entre a família e o trabalho. O desequilíbrio entre a vida pessoal e profissional é prevalente, e trata-se de um dos grandes desafios enfrentados pelos norte-americanos, sobretudo entre as famílias de renda mais baixa, que têm pouquíssimas possibilidades de dispor do próprio tempo. E, inevitavelmente, as crianças são as mais atingidas".

Depois de ter deixado o cargo de CEO da Pimco, Mohamed passou a levar, dia sim, dia não, a filha à escola, alternando a tarefa com a esposa. Ele planejava, ainda, fazer uma viagem de férias, só ele e a filha. E o que lhe permitiria fazer isso era o fato de ter trocado um dos mais cobiçados postos no mercado financeiro mundial por um novo trabalho, menos glamoroso e, certamente, com menor remuneração, mas com horários mais flexíveis. Nessa nova posição de "pai", viagens e reuniões eram mais raras do que no agitado antigo emprego.

Cachorro atropelado

Pouco mais de um ano depois, em agosto de 2014, a mídia novamente fez alarde sobre a decisão de outro famoso CEO, desta vez Max Schireson, da MongoDB – uma fornecedora de banco de dados que tem clientes como IBM, Intel e Cisco. Conforme noticiou a revista *Exame* em seu site, Max também abriu mão de seu cargo.[3] Ele explicou que estava deixando seu posto para ficar mais próximo dos três filhos – à época com 9, 12 e 14 anos – e que iria procurar uma ocupação em que trabalharia também em tempo integral, "mas não em um tempo integral que seja completamente insano". Max Schireson também lamentava ter perdido momentos importantes na vida da família, como a ocasião em que o cachorro deles foi atropelado por um carro.

Talvez, depois de ler sobre esses dois casos, possamos pensar que para Mohamed El-Erian e Max Schireson trocarem empregos de tamanha responsabilidade e pesadas cargas horárias por opções menos exigentes seja mais fácil do que para meros mortais como nós. Afinal, eles eram profissionais que estavam entre os mais bem remunerados do mundo. Certamente tomaram a decisão de ter uma vida integrada depois de já terem formado um belo pé-de-meia. À época da saída de

Mohamed da Pimco, a mídia especulava que seu salário chegava aos 100 milhões de dólares ao ano. Só os rendimentos de apenas 12 meses de trabalho já seriam suficientes para afastar o perigo de Mohamed e sua filha serem obrigados a se apertar em um apartamento de quarto e sala por não terem como pagar o aluguel de um imóvel mais confortável, ou mesmo de fazerem aquela viagem de sonho a bordo de um ônibus caindo aos pedaços.

Acredito, no entanto, que não é esse tipo de ponto que deve ser levado em conta quando tomamos conhecimento dos esforços como os de Mohamed e Max para conseguir integrar vida profissional e pessoal. O que devemos tomar como inspiração é a confirmação de que a dedicação exagerada ao trabalho não traz verdadeira felicidade. Mesmo se você ganhar 100 milhões de dólares por ano ou estiver à frente de uma organização internacional com clientes riquíssimos, não comparecer a uma apresentação da filha na escola ou não estar presente quando os filhos estão chorando porque o cachorro da família foi atropelado é algo que pode doer mais do que fechar um balanço com prejuízo ou perder um negócio milionário. Para aqueles dois CEOs, o sofrimento da família foi mais forte do que toda fama e sucesso que pudessem ter em suas carreiras.

Precisamos de apoio emocional

Coisas como essas acontecem porque praticamente todos nós só nos sentimos reconhecidos e seguros quando estabelecemos relações de amor e afeição com outras pessoas, em especial com nossa família. Da mesma maneira que devemos ser capazes de gestos altruístas para preservar essas relações amorosas, como abrir mão de um emprego se este interfere nesse relacionamento, precisamos decididamente do apoio emocional dos nossos entes queridos quando sofremos com a falta de integração em nossa vida pessoal e profissional. É essa relação com as pessoas mais próximas que será capaz de nos levar ao sucesso ou determinará nosso fracasso em conseguir superar uma vida desintegrada. É junto da família que as decisões devem ser tomadas.

Muitas das pessoas que atendo como coach ou mentor vêm contaminadas pela crença de que o trabalho é algo duro, que quanto mais se trabalha melhor. Ou citam outras daquelas "frases de caminhão": que só o trabalho dignifica o homem, das mãos ociosas nasce o pecado, Deus ajuda quem cedo madruga ou para descansar temos a eternidade. Todas elas traduzem concepções muito arraigadas em nossa mente, nas quais o trabalho surge como um mal necessário e que qualquer um que questione sua carga pesada é um aproveitador do esforço alheio, um preguiçoso. E aqui vai mais um caminhão: a preguiça é a mãe de todos os vícios.

Não é para menos que pensamos assim. Quando pequenos, sempre ouvíamos, dia após dia, coisas como estas: "Seus pais sempre trabalharam muito duro, você tem de fazer o mesmo". Se algum filho reclama da ausência dos pais, a resposta é que é por causa dele que os pais trabalham tanto, para lhe dar conforto, escola, roupas e comida. Ou seja, além de não ter a atenção que precisaria dos pais, o filho ainda se sente culpado por toda aquela situação.

Afinal, não é difícil uma mente infantil fantasiar que todo aquele esforço e cansaço dos pais não existiriam caso ele, o filho, não tivesse nascido. A criança imagina que é ela quem impede os pais de viajar, ir para a praia, ao cinema, enfim, de serem felizes. Diante disso, desde cedo, solidifica-se e confirma-se a ideia de que o trabalho é algo ruim, uma prisão, um castigo e uma fonte de infelicidade.

Esse talvez seja mais um motivo para que o questionamento dessa concepção sombria sobre o trabalho se dê dentro da dimensão familiar. O que se espera do núcleo familiar, portanto, é a compreensão de que os tempos mudaram e que é possível estabelecer outra relação entre vida profissional e pessoal.

Um bom exemplo de que isso é possível é o que acontece com a publicitária Ana Couto, da Ana Couto Branding, cuja entrevista está no capítulo 5. Mãe de dois filhos e dividindo seu tempo entre o escritório de São Paulo e sua casa no Rio de Janeiro, Ana sempre contou com o apoio do marido, Pedro, para manter integradas as esferas pessoal e profissional. Embora sua saúde tenha sofrido as consequências de seu trabalho intenso, Ana conseguiu harmonizar sua agenda com a de Pedro para garantir uma vida familiar de qualidade. Acadêmico renomado, Pedro tem uma carga horária mais tranquila do que a de Ana e então tomou para si a maioria das tarefas de casa.

Atualmente os filhos do casal já são adultos, e o casamento deles já atravessou, com sucesso, situações desafiantes, como problemas de saúde e mudanças de país. Por conta da sólida parceria que existe entre eles, tais situações tiveram impacto direto sobre a integração entre o pessoal e o profissional.

Crianças desencorajadas

Infelizmente, o caso de Ana e Pedro é uma exceção. A integração entre as esferas pessoal e profissional ainda é um grande desafio entre as famílias que têm os dois cônjuges no mercado de trabalho. Quando reflito sobre quais seriam as causas iniciais desse descompasso, fico tentado a acreditar que ele tem raiz na nossa infância. São poucos os pais que se preocupam em dar conhecimento e instrumentos para que seus filhos possam caminhar com as próprias pernas, fazer suas próprias escolhas e ter, inclusive, a oportunidade de cometer os erros que lhes ensinarão a conviver e superar as inevitáveis adversidades da vida.

Estou certo de que o leitor deve ter ouvido com insistência de seus pais, tios, avós ou de outras pessoas que têm influência sobre nós sugestões incisivas de qual carreira deveriam seguir. E quase todas as vezes o "conselho" era dado depois de uma desestimulante crítica sobre nossos sonhos profissionais: "Engenheiro? Mas você é péssimo em matemática"; "Arquitetura? Do jeito que você é desajeitado, as casas que você projetar vão cair em dois dias!"; "Música? Minha filha, você quer morrer de fome?"; "Médico? Você quase desmaia só de ver uma agulha".

Em um cenário como esse, de tanto desencorajamento, como alguém pode considerar que é possível ter uma carreira que seja gratificante e capaz de proporcionar prazer e felicidade?

Por outro lado, já conheci muitas pessoas que tiveram a boa sorte de ter vivido uma experiência bem diferente dessa, com pais que respeitaram sua escolha, mesmo quando esta ainda era um desejo infantil, como ser bombeiro, astronauta ou médico de gatinhos. O que fizeram foi oferecer-lhes uma base, com cursos de inglês, intercâmbios e boas escolas que dessem ênfase à criatividade e à experiência com atividades e pessoas diversificadas.

Talvez como uma reação à minha experiência pessoal, prometi a mim mesmo que nunca incentivaria minha filha a trabalhar na minha empresa ou em uma firma familiar. Não acredito que a melhor opção seja dar coisas prontas aos filhos, muito menos passar a vida inteira tomando conta do que eles fazem. No meu caso, meu pai sabia quanto eu ganhava, onde eu gastava, em que eu gastava, o que eu queria fazer, o que eu não queria e onde eu passava minhas férias. No fim das contas, meu chefe e meu pai, que eram a mesma pessoa, sabiam absolutamente cada passo que eu dava. Pode haver algo mais sufocante do que isso?

Eu quero dar para minha filha todas as ferramentas para que ela decida o que ela quer ser. Quer ser dona de casa? Que seja. Uma alta executiva, trabalhando sete dias por semana? Talvez isso não a deixe feliz, mas a escolha é dela. Ser uma nômade digital e sair pelo mundo sem criar raízes em qualquer lugar? Só espero que ela se sinta plena em qualquer escolha que vier a fazer.

Ter desejos é da nossa natureza

A linha que separa o amor acolhedor do amor superprotetor, que sufoca, é muito tênue, e nem sempre os pais sabem exatamente como estabelecer o limite entre um e outro. À primeira vista, parece ser uma grande sorte alguém nascer em uma família que tem o poder de garantir o seu futuro. Antes mesmo de aprender a andar, as crianças já têm definido o cargo que ocuparão na empresa da família. Mas, na maioria dos casos, as coisas não funcionam assim. Faz parte da natureza das pessoas ter desejos próprios e tornar-se infelizes quando tolhidas ou pelas circunstâncias econômicas ou pela imposição da vontade de outros, como acontece nas famílias nas quais os pais passam como tratores por cima das aspirações dos filhos, impondo seus próprios desejos.

A intenção dos pais pode até ser boa, mas os divãs dos psicanalistas estão cheios de filhos de pais bem-intencionados. Se alguém lhe diz que seu futuro já está assegurado, você não se sente incentivado a procurar por nada, e seus sonhos apagam-se como a chama de uma vela. A frustração ou a apatia serão suas eternas companheiras de viagem. A forma que eu e várias outras pessoas que conheci encontramos de superar essa situação foi sempre buscar se relacionar com gente fora do ambiente da empresa da família.

No meu caso, ajudei a fundar associações de empreendedores, participei de congressos e sempre me esforçava para conhecer outros profissionais. Em uma circunstância em que a família faz grande pressão no âmbito profissional de uma pessoa, fazer cursos e especializações é sempre uma boa opção para contra-argumentar a exigência de que você abra mão de seus interesses e dedique-se inteiramente aos interesses da família. Entretanto, a reação dos pais, de modo geral, é de desmerecer esse esforço feito pelos filhos em procurar conhecimento em um lugar fora do círculo familiar. Afinal, eles costumam dizer, aquilo não passa de perda de tempo e nada tem a ver com os negócios para os quais os filhos foram designados.

Conheci uma pessoa, inclusive, que, de tanto ouvir que tudo o que havia aprendido em cursos no exterior não tinha qualquer serventia para aquilo que fazia na empresa da família, desenvolveu uma grande dificuldade em se valorizar. Mais tarde, depois de já ter se afastado da empresa do pai e aberto um negócio próprio, não conseguia sequer determinar qual preço iria cobrar pelos serviços que prestava. Ela me dizia que, por ter sempre escutado que o que havia aprendido não tinha serventia alguma, não conseguia acreditar que seus serviços tivessem qualquer valor.

Se é verdade que todos esses malefícios que acabei de abordar podem advir de uma intervenção desastrada da família sobre as escolhas de uma pessoa, também é certo que, na direção contrária, a família é fundamental para facilitar a vida de quem está passando por um processo de integração da vida pessoal e da profissional. E o apoio da família para que um de seus membros tenha uma vida integrada deve começar muito antes que a pessoa chegue ao mercado de trabalho. É importante que os pais incentivem os filhos a procurar seu propósito de vida. E não há problema nenhum se esse propósito for completamente diferente daquele que a família valoriza. E, ainda que seja difícil, os pais devem estar com olhos e mentes abertos para a possibilidade de que os princípios que eles sempre consideraram de suprema importância já não tenham mais relevância para a nova geração.

Um exemplo singelo é o sonho da casa própria. Ter uma casa para chamar de sua já foi considerado o suprassumo da estabilidade. Hoje não é mais assim. Estamos em tempos em que as necessidades de posse estão sendo questionadas. Cada vez mais estamos optando por opções coletivas ou compartilhadas. Carros, bicicletas e até mesmo casas. As pessoas agora querem morar em barcos, não em coberturas. O mundo nunca girou com tanta rapidez. E, consequentemente, os desejos e sonhos das novas gerações são outros. Se as pessoas mais velhas não tiverem flexibilidade para se adaptar a isso, é bem provável que tenham de enfrentar problemas e sofrimentos.

Cultura machista

Como vivemos em uma sociedade na qual o machismo ainda é dominante, quando falamos de relações familiares surge na nossa cabeça uma família que tem, numa pirâmide hierárquica, a figura do homem como o provedor e aquele que tem a última palavra sobre as decisões de maior importância. Isso é muito mais uma herança cultural do que um retrato da realidade. Hoje, mesmo no Brasil, um país onde ainda não é incomum que as esposas obedeçam às ordens dos maridos e estes se sintam no direito de proibi-las de fazer certas coisas, o número de mulheres presentes no mercado de trabalho aumenta a uma velocidade muito maior do que a de homens entrantes no mercado.

De 2004 a 2014, de acordo com dados constantes da Síntese de Indicadores Sociais, divulgados pelo IBGE e reproduzidos pelo jornal *Folha de S.Paulo* em 4 de dezembro de 2015,[4] a quantidade de lares chefiados por mulheres aumentou 67% – 11,4 milhões de mulheres passaram a essa condição no período. A estatística de homens cresceu apenas 6% nesse intervalo, com a entrada de 2,4 milhões de pessoas nessa situação. A população feminina empregada cresceu 21,9% na última década e atingiu 42,4 milhões em 2014, quando os homens empregados eram 55,7 milhões.

Entretanto, a forte entrada das mulheres no mercado de trabalho, principalmente na média e alta gerência, ainda gera discussões em todo o mundo, não apenas no Brasil. Esse é um assunto que ainda está em processo de digestão.

Uma amostra disso é dada por um artigo publicado na revista *Harvard Business Review* em 1989, com o título "Management Women and the New Facts of Life" [Mulheres gestoras e os novos fatos da vida], escrito pela americana e feminista Felice Schwartz. Ela gerou grande polêmica ao afirmar que as empresas deveriam estabelecer duas políticas distintas para as mulheres trabalhadoras: uma para aquelas mulheres cujo objetivo principal de vida é a carreira e que, portanto, teriam uma ascensão rápida assegurada; e outra para aquelas que consideravam mais importante integrar sua vida profissional com a família. Para este segundo grupo, os arranjos profissionais incluiriam meias jornadas e horários de trabalho flexíveis.

Felice Schwartz foi cruamente criticada em público, tanto por feministas de grande influência na época, como Betty Friedan e Ellen Goodman, que afirmavam que sua proposta abria espaço para que as empresas tratassem a carreira das mulheres como um artigo de segunda classe,[5] como pelo jornal *The New York Times*, que ridicularizou sua proposta apelidando-a de "mommy track" (algo como "carreira da mamãezinha"). A polêmica e o epíteto mommy track acompanharam Felice Schwartz até nos obituários que comentaram a sua morte em 1996, aos 71 anos.[6] Em 1992, em entrevista dada ao jornal *The Boston Globe*, a escritora comentou sobre tal controvérsia: "Eu violei o politicamente correto ao dizer que as mulheres não são iguais aos homens. O que eu disse na ocasião, e ainda insisto em dizer, é que as mulheres enfrentam muito, muito mais obstáculos do que os homens no mercado de trabalho".

Só amor não dá

Sei que não é nada romântico colocar as coisas nessa perspectiva, mas os casamentos deveriam ser vistos mais ou menos como um contrato de negócios. É preciso que as duas pessoas que pretendam construir uma parceria – que a princípio tem como meta durar toda uma vida – tracem juntas um projeto de vida. O grande problema é que muitas das pessoas que se casam, principalmente se são ainda jovens, consideram que o amor é suficiente para sustentar essa união para o resto da vida.

Mas eu tenho plena convicção de que só amor não constrói nada. É preciso, acredito, fechar um acordo que tenha "cláusulas" que respondam às seguintes perguntas: o que nós queremos para nossa vida enquanto um casal? O que nós dois vamos construir juntos? Os projetos de vida individuais de cada um entram em algum conflito? Se sim, então quem vai abrir mão do que e como podemos ajustar esses pontos conflitantes? E, se tudo der errado, qual será o plano B? Qual é o desconforto máximo que estamos dispostos a enfrentar? Qual é nosso objetivo econômico?

Não há muita poesia nisso, não é? Mas acredito que é a partir daí que se desenvolve um amor verdadeiro e sólido. Esse é um projeto de vida a dois. E não é maravilhoso que duas pessoas consigam se entusiasmar com um projeto feito em conjunto e, de fato, se apoiar na alegria e na tristeza? Isso é um grande passo para se alcançar a integração entre vida pessoal e profissional. Descobrir alguns anos depois, talvez já com filhos, que houve "um erro essencial de pessoa", como consta na legislação, certamente não trará felicidade para ninguém.

Casais que têm a boa fortuna de conseguir enxergar seu casamento como um projeto de vida em comum têm uma vantagem a mais sobre aqueles que não preveem os altos e baixos da união. Em uniões construídas dessa forma, ainda que existam momentos de dedicação exagerada e desbalanceada ao trabalho por parte de um cônjuge ou mesmo dos dois, existem maiores chances de as dificuldades serem enfrentadas com tranquilidade e superadas com sucesso.

Vamos imaginar que os dois saiam de casa às 7 horas da manhã e voltem entre 8 e 10 horas da noite. Resta-lhes o tempo de comer alguma coisa, trocar duas palavras e, então, a exaustão física e mental faz rapidamente com que os dois desfaleçam. Uma situação como essa é bastante nociva, tanto para a saúde quanto para a convivência dos dois. No entanto, se ambos estiverem de acordo que irão enfrentar essa pedreira por um determinado período e esses tempos mais difíceis tiverem sido previstos em seu projeto de vida, o esforço valerá a pena por significar um ganho futuro. Mas é preciso que os dois estejam plenamente conscientes de que isso tem de ser, obrigatoriamente, uma fase passageira.

O que poderia ser um projeto material comum de um casal? O que nós queremos juntos? Ah, uma casa própria. Ótimo! Por que queremos uma casa própria? Porque vai nos trazer segurança. Que tipo de casa queremos ter? Qual tamanho, em que cidade e em que bairro?

Qual o valor que queremos investir? Vamos ter carros? Quantos? Conta conjunta? Quem paga o quê? Quantas vezes vamos viajar para o exterior? Que tal uma casa na praia?

Para além do mundo exclusivamente material, a participação dos dois também é imprescindível para os projetos mais subjetivos. Vamos ter filho? Biológico ou adotado? Quando? Que valores vamos passar para ele? Em que tipo de escola vamos colocá-lo? E a nossa vida espiritual, como vamos cultivá-la? Iremos à missa, ao culto, a um templo budista, praticaremos a umbanda ou meditaremos? Vamos juntos à academia?

Para que o casamento siga sólido, é preciso que tudo isso esteja bem claro para os dois cônjuges. Só assim eles conseguirão ultrapassar as dificuldades que certamente enfrentarão.

Por que não a presidência?

Este livro não tem por objetivo dar conselhos sentimentais para aqueles que pretendem casar ou garantir que seu relacionamento seja duradouro. O que listei acima são exemplos de itens que podem compor um projeto de vida a dois, o que, tenho convicção, é algo de grande importância para uma vida em família significativa e para a integração da vida pessoal e da profissional.

Uma piada que corria pelas redes sociais tendo Barack e Michelle Obama como personagens tratava, de maneira divertida, de até onde um projeto de vida em comum poderia levar um casal. Ao chegarem a um posto de gasolina para abastecer o carro, Michelle aponta, de dentro do carro, para um homem que está no caixa da loja de conveniência e diz para o marido: "Querido, está vendo aquele homem, de boné vermelho? Ele foi meu namorado na época em que estudei na Universidade de Princeton". Barack Obama dá uma risadinha e diz: "Olha só do que você escapou, Michelle. Se você tivesse se casado com ele, hoje estaria ali fritando hambúrgueres". Michelle também dá uma risadinha, olha Obama de alto a baixo e diz: "Não, querido, se eu tivesse me casado com ele, hoje ele seria o presidente dos Estados Unidos".

Quando o casal tem projetos em comum, eles têm mais chances de serem realizados. E a falta de projetos, em contrapartida, tem a propriedade de acelerar a desconexão das vidas profissional e pessoal dos cônjuges. Uma pesquisa realizada pelo professor de administração Fernando Bartolomé no Instituto de Empresa em Madri, capital da Espanha, chegou à curiosa conclusão de que muitos executivos casados, homens e mulheres, que ficavam horas excessivas no trabalho o faziam simplesmente por não quererem voltar para casa, onde teriam de conviver com uma vida familiar insatisfatória.

Seu trabalho foi publicado com o título "The Work Alibi" [O álibi do trabalho] na revista *Harvard Business Review*.[7] Nele, Bartolomé, que estuda a questão da integração entre a vida pessoal e a profissional, entrevistou vários executivos, que, em média, afirmavam consumir entre 60% e 70% do seu tempo útil – ou seja, as horas em que não estavam dormindo – trabalhando, o que os impedia de ter tempo para seus familiares. No entanto, quando Bartolomé aprofundou as conversas com esses executivos e fez algumas contas, ficou evidente que o tempo que gastavam com o trabalho, incluindo aí o percurso entre a casa e a organização, não era tão grande assim. Somava 50% do tempo útil dessas pessoas, cerca de nove horas. Isso permitia, portanto, que eles dedicassem essas mesmas nove horas à sua vida pessoal.

Falta de tempo, portanto, não era o que impedia esses executivos de ter uma vida privada de qualidade. Bartolomé, sempre a partir das entrevistas que fez, concluiu então que há três fatores normalmente responsáveis por gerar uma vida sem integração. O primeiro deles são as suposições incorretas a respeito de como lidar com o cônjuge. "As pessoas se casam sem ter ideia nem de quais problemas poderão surgir na vida a dois, nem de que habilidades eles precisam desenvolver para enfrentar esses desafios", escreveu ele. "Elas simplesmente acreditam que poderão ser bons cônjuges, e ponto final, não acham que precisam refletir a respeito disso". E isso se aplica também ao amor pelos filhos, que corresponde ao segundo fator responsável por gerar falta de integração. O professor afirma que, "da mesma maneira que é fundamental conhecer que tipo de qualidades terão de ser reforçadas, ou mesmo adquiridas, para lidar com o cônjuge, o mesmo se aplica aos filhos".

Mesmo que sejam executivos destemidos, sempre prontos para decisões que envolvam milhões e definam a sobrevivência da organização, essas pessoas têm medo de enfrentar os conflitos que surgem em família, compondo o terceiro fator. "As razões que em geral surgem para explicar isso são os medos de ser rejeitado pelo parceiro ou parceira; de enfrentar uma situação desconhecida, pois nunca se sabe onde um confronto pode terminar; de ter de tomar decisões dolorosas; e de precisar mudar seu comportamento e mostrar vulnerabilidade", diz ele.

Diante dessas situações conflitantes, explica, os casais tendem a procurar "distrações legitimadas" para evitar o confronto. Além de se enfurnar no escritório, quando voltam para casa transferem toda sua atenção e energia para, por exemplo, falar das questões envolvendo um filho. "Os dois cônjuges podem conversar por horas sobre assuntos que dizem respeito ao filho e, se um não é o bastante, podem até ter um segundo filho que certamente vai lhes proporcionar assunto, adiando o enfrentamento dos conflitos do casal por um tempo indefinido", afirma. Até que chega um dia em que não há mais sobre o que falar, e a falta de conexão entre os dois, infelizmente, torna-se evidente.

Conversar e se divertir

A conclusão do artigo de Bartolomé é que os mais importantes fatores que podem assegurar uma feliz vida a dois são a habilidade do casal em manter um diálogo constante sobre seus sentimentos; envolver os filhos, quando estes estiverem presentes; perguntar de maneira clara e aberta sobre as reais necessidades de um e de outro; e, por fim, se divertirem juntos.

A afirmação do professor espanhol de que muitos pais usam os filhos como um álibi para não tratar das tensões que vivem entre si, enquanto cônjuges, costuma chocar aqueles que têm uma visão idealizada do amor que temos pelos filhos. No entanto, devemos sempre nos lembrar de que eles são seres que, talvez muito mais cedo do que imaginamos, vão desenvolver sua própria personalidade e serão capazes de nos enxergar de maneira crítica, mesmo se a sua pouca idade não lhes permita dizer isso claramente.

Crianças-termômetro

Filhos são como termômetros do grau de integração entre nossa vida pessoal e nossa vida corporativa. E, por serem muitas vezes transparentes, eles podem nos ajudar efetivamente a perceber o quanto estamos exagerando e produzindo um ambiente que não é favorável para ninguém, nem para eles nem para nós.

As crianças costumam verbalizar quando nossas ausências estão passando do limite saudável. Com certeza, suas mentes infantis não conseguem entender as imposições do mundo corporativo e o fato de que, na vida, nem sempre é possível fazer só o que é divertido e estimulante. É importante lembrar-se do conselho de Bartolomé nessa hora e estabelecer um diálogo claro sobre o que está acontecendo.

Minha filha, a Duda, já se queixou várias vezes: "Papai, você vai viajar de novo? Eu sinto tanto a sua falta". O que eu faço, nesses casos, é explicar que estou em um momento em que preciso levar a vida dessa maneira, mas que em breve isso deverá mudar. Mesmo tendo 7 anos, eu sinto que minha filha entende. Entretanto, tenho o cuidado de nunca dizer que um dia não vou mais viajar e passar a ficar com ela em tempo integral. Eu criaria uma falsa expectativa, pois isso não aconteceria, e, sobretudo, não é esse meu desejo.

Mas o que diz o professor Bartolomé é uma grande verdade. Para alguns pais, sair de casa é um verdadeiro alívio. Afinal, evitam lidar com problemas como a babá que faltou, o bebê que chora de madrugada, o filho que quer brincar toda hora ou o cônjuge que anda muito estressado. Muita gente acaba por encarar o trabalho como uma válvula de escape mesmo. E não adianta criarmos falsas ilusões, as crianças sentem isso.

No próximo capítulo, dando continuidade ao tema das crianças, falaremos sobre a passagem do mundo atual do status 1.0 para 2.0. Ou seja, as tendências e as novas gerações que vêm por aí.

11
Conflitos de geração

Aos 22 anos, o americano Tim Ferriss era um péssimo empregado na empresa que acabara de o contratar, que vendia placas de memória para computadores. Frustrado com seu salário e desanimado com o que ele considerava ser falta de eficiência na empresa, Tim empurrava o trabalho com a barriga. No escritório, passava o horário de trabalho navegando pela internet. Um ano mais tarde, foi demitido. Mas não chegou a ficar desempregado por muito tempo. Naquelas horas em que surfava pela web, Tim Ferriss havia montado sua própria empresa, uma loja especializada em suplementos alimentares para esportistas. O negócio criou músculos rapidamente e, em 2004, com apenas três anos de existência, a loja rendia cerca de 40 mil dólares por mês para Tim, conforme ele contaria, mais tarde, em uma entrevista para o jornal *The New York Times*.[1]

Mas Tim Ferriss não estava satisfeito. Ganhava um bom dinheiro, é verdade. Por ter seu próprio negócio, não dependia de ninguém. Mas trabalhava muito, até altas horas da noite. Sua namorada também não se sentia feliz. Via o namorado muito menos do que queria e achava uma loucura que ele trabalhasse tanto. Um dia, ela mandou fazer uma placa na qual estava escrito: "O horário de trabalho termina às 17 horas!", e a entregou para Tim.

Aquele protesto acertou fundo a alma de Tim Ferriss. Tão fundo que ele decidiu mudar radicalmente sua vida. Aliás, resolveu que faria mais do que isso. Tim decretou que iria mudar muitas vidas. E, para fazer isso, em 2007 escreveu um livro: *Trabalhe 4 horas por semana*. Foi um sucesso mundial, traduzido para 33 idiomas.

Durante mais de quatro anos, a obra figurou na lista dos mais vendidos do *The New York Times*. Resenhas sobre o livro de Tim Ferriss surgiram em veículos de prestígio mundial como *The Economist*, *TIME*, *Forbes*, *Fortune*, CNN, CBS. Calcula-se que tenha vendido mais de 20 milhões de cópias em todo o mundo. A obra é comentada, criticada e elogiada em inúmeros sites até hoje.

Uma vida mais feliz

De maneira resumida, Tim Ferriss propõe aos leitores que revejam seu estilo de vida, principalmente no que tange à sua vida profissional, e avaliem como estão empregando o tempo no trabalho. Ele sugere, ainda, que façam uma reflexão sobre o que eles de fato querem para sua vida e que se libertem das expectativas tradicionais que costumamos ter para esta existência – ou seja, basicamente ganhar cada vez mais dinheiro e ter poder.

Tim afirma que em 80% do nosso tempo no trabalho estamos entregues a distrações e fazendo coisas que não agregam nada às nossas tarefas obrigatórias. Propõe, portanto, aumentarmos nosso foco e ressalta a importância de aprender a dizer não para coisas que não agreguem valor à nossa vida. Também afirma que devemos controlar nosso impulso compulsivo em achar que precisamos ter informações sobre qualquer assunto, o tempo todo. Segundo ele, elas pouco acrescentam. Finalmente, sugere que contratemos alguém para fazer por nós as tarefas menores do dia a dia e que aumentemos nossa mobilidade, o que significa trabalhar em casa ou em países que tenham uma vida mais barata do que o nosso. Tomando todas essas providências, segundo o autor, poderíamos trabalhar apenas quatro horas por semana e mesmo assim ter recursos suficientes para levar uma vida decente. Além, claro, de nos sentirmos mais felizes.

Não deixa de ser um livro interessante. Mas eu considero ainda mais relevante o que o próprio Tim Ferriss disse ao jornal *The New York Times* ao explicar o grande sucesso que sua obra alcançou. Para ele, a causa principal foi o timing do seu livro, ou seja, o momento em que ele foi lançado. Era uma época em que o Twitter estava bombando, trazendo consigo centenas de informações e distrações que não só perturbavam o trabalho como faziam que a jornada se estendesse infinitamente, já que o chefe poderia alcançar você em qualquer lugar e a qualquer hora (isso há uma década, imagine hoje com WhatApp, Facebook, Instagram, YouTube, blogs...). Portanto, as considerações feitas por Tim encontraram forte eco entre os jovens trabalhadores, em particular aqueles mais antenados do Silicon Valley, como é chamada a região na Califórnia, próxima a São Francisco, que concentra muitas startups e empresas já estabelecidas de alta tecnologia. Em resumo, Tim estava falando algo que parecia correto, no momento certo.

Ainda mais esclarecedor, o *The New York Times* comentava que as considerações levantadas por Tim Ferriss expunham "rachaduras no modelo sagrado de vida dos baby boomers", que, como já vimos, acreditam que o trabalho é supremo e viagens e hobbies devem ser prorrogados até a aposentadoria. Tim Ferriss seria, então, um dos pioneiros em expor a disparidade de visões que diferentes gerações têm a respeito do trabalho. De quebra, chamava a atenção para a falta de integração entre a vida profissional e a pessoal por parte dos que estavam no mercado de trabalho.

Nos dias de hoje, falar desse desequilíbrio não é exatamente uma novidade, mas, em meados da segunda metade da década de 2000, o assunto era visto quase como uma esquisitice. Coisa de gente louca e irresponsável. Afinal, a vida era mesmo assim e todos tinham que trabalhar, não é? Não foi por acaso que o livro de Tim Ferriss foi recusado por 26 editoras antes de ser finalmente publicado.[2]

Gerações baby boomers, X, Y e Z

Esses embates entre gerações, que já estavam começando a ser expostos há uma década, são hoje conhecidos por todos e estão dentro de praticamente todas as empresas. À época em que Tim Ferriss lançou seu livro, os baby boomers tinham uma presença numérica muito maior no mercado de trabalho do que têm atualmente. Mas mesmo hoje eles ainda estão presentes nos cargos de alta gerência de grande parte das empresas. Eles têm logo abaixo de si, na hierarquia, os integrantes da geração X, aqueles nascidos entre o final dos anos 1960 e a década de 1970, e se relacionam também com os integrantes da geração Y, que vieram a este mundo entre 1980 e 1995, e os da geração Z, nascidos a partir de 1995. Estes últimos têm idade, em muitos casos, para serem seus netos e netas.

É claro que toda generalização comete injustiças e é imprecisa, mas podemos dizer que, para o conjunto dos baby boomers, o que mais importa é a atenção que se dá à carreira, é a ideia de subir dentro da empresa, ter prestígio, reconhecimento e deixar uma marca pessoal na sua área de atuação. Esses mesmos baby boomers foram aqueles, que ao longo dos anos 1960, mudaram a face do mundo quando, como hippies no estilo de Woodstock, pregaram a paz e o amor, o sexo livre e o uso de drogas "para abrir a mente". Eles foram ainda contra a guerra do Vietnã, protagonizaram as revoltas estudantis de 1968, que tomaram todo o planeta e modificaram para sempre a relação entre professores e alunos, e lutaram contra as ditaduras militares na América Latina.

Mas, curiosamente, o mundo corporativo foi girando e empurrou esses antigos jovens revolucionários para o lado conservador das relações de trabalho. Assim, os baby boomers valorizam muito mais a experiência do que a inovação. Por pensarem assim, dão pouca importância à formação profissional contínua e à busca de novos conhecimentos. Para eles, mudar de emprego, dar guinadas profissionais ou recomeçar do zero são eventos provocados por forças externas e, muito raramente, por sua própria escolha. Além do mais, como já foi dito anteriormente, qualquer possibilidade de uma vida mais livre e com realizações pessoais é algo que só pode acontecer depois da aposentadoria.

Em pista diferente à dos baby boomers corre a geração X, que tem uma certeza: o sucesso é o trabalho, o dinheiro e a família. Sua crença é a de que se deve trabalhar duro para ter sucesso e dinheiro, e aí pode ser que você alcance a felicidade. Mas na direção contrária dessa geração X vem a geração Y. Seu mote de vida é de que o verdadeiro sucesso é a liberdade: possuir controle sobre o próprio tempo, poder trabalhar em casa ou em qualquer outro lugar que lhes pareça apropriado, sendo que esse lugar não precisa ser de forma alguma o escritório da empresa. Para os Ys, o trabalho tem importância, sim, e eles não se recusam a encarar longas e exaustivas jornadas quando necessário. Mas o compromisso que eles assumem é de entregar a tarefa, e não de necessariamente ter a mesma vida institucional que seus pais tiveram, na qual a hierarquia é rígida, os horários não podem ser desobedecidos e a presença física na empresa é obrigatória. Eles se perguntam qual a necessidade disso uma vez que hoje a tecnologia permite o contato em tempo real, com som e imagem, mesmo entre pessoas que estão em lados opostos na Terra.

O grande conflito que ocorre hoje dentro das organizações é entre as gerações X e Y. Os profissionais da geração X acreditam que é preciso trabalhar muito. Ou você trabalha 20 horas por dia ou está fora. O professor livre-docente da Faculdade de Economia e Administração da Universidade de São Paulo Joel Dutra, que já citamos no capítulo 9, afirma que a geração X também considera importante manter a integração entre a vida pessoal e a profissional, "no entanto, eles não têm isso como um valor", explica. "Esse pessoal acaba trabalhando exageradamente e não tem um limite para o total de horas trabalhadas. Isso acaba produzindo endorfina, um neurotransmissor produzido pelo organismo que desperta uma sensação de euforia e bem-estar, gerando prazer. Então as pessoas acabam se entregando totalmente ao trabalho e desequilibrando outros aspectos de sua vida."

Distribuição das diferentes gerações no mercado de trabalho (em 2014)

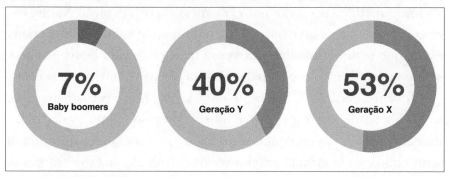

Fonte: PwC Saratoga, Benchmarking de Capital Humano, 2014.

Dificuldade com diversidade

O que torna a relação entre os Xs e os Ys ainda mais tensa é o fato de que os Xs têm dificuldade em lidar com diversidade, com pessoas diferentes deles. Como o mercado de trabalho está com uma variedade racial, de origem e de gênero cada vez maior, os Xs que hoje estão em cargos de liderança não conseguem lidar bem com todas essas diferentes posturas e tipos. O resultado é que se tornam líderes intolerantes e tóxicos, em conflito com aqueles que estão abaixo deles na hierarquia.

O conflito então está claro: de um lado, as pessoas da geração X, que acreditam que têm que trabalhar que nem loucos para ter sucesso e dinheiro; do outro, os integrantes das gerações Y e Z, que valorizam a entrega de resultados e não a hierarquia, o tempo de serviço e as horas obrigatórias de presença no escritório. Eles estão mais ligados em viver a vida, em ter senso de propósito e em ter orgulho do que podem trazer para a comunidade. Querem trabalhar em um ambiente colaborativo, no qual as pessoas não compitam entre si e em que todos trabalhem para o bem comum.

Para eles, aquela figura do chefe autoritário, que manda e você tem que obedecer, é algo tão desejável quanto uma injeção no olho. Líder, eles acreditam, é alguém que inspira confiança entre seus liderados e que encoraja que as decisões sejam tomadas de forma colaborativa e compartilhada. Não se discorda da necessidade de ter um líder que possua a palavra final na tomada de decisões, mas o que eles desejam é que essa pessoa seja alguém que os oriente, os ouça e garanta a harmonia do ambiente. Ys e Zs estão de acordo que dentro de uma organização as pessoas escutem umas às outras de maneira verdadeira.

É preciso deixar registrado que obviamente as diferentes visões das gerações sobre como levar a vida não torna uma melhor do que a outra. Ou seja, eu jamais diria que os baby boomers e os Xs são maus, autoritários e não sabem como viver, enquanto os Ys e Zs são boas pessoas que querem um mundo melhor. Há pessoas exemplares e pessoas que se comportam de maneira questionável em todas as gerações. O que se coloca aqui são visões de mundo diversas, determinadas por experiências e conjunturas históricas que implicam em comportamentos diferenciados. Por proporem modos de vida diversos, essas gerações muitas vezes entram em conflito entre si. Eu, particularmente, tenho um ponto de vista que coincide com grande parte dos anseios das gerações Y e Z, mas não me acho alguém melhor do que aqueles que têm pontos de vista diferentes ou mesmo contrários aos meus.

Basta um pequeno toque

Há mais gente já despontando neste mundo que se transforma de maneira tão rápida. Falo da geração T, a geração *touch*, aqueles meninos e meninas nascidos depois de 2007 que se relacionam com a tecnologia touchscreen (telas sensíveis ao toque). Eles tiveram contato com as mídias sociais e com tecnologias que permitem formas imediatas de comunicação e pesquisa do conhecimento antes mesmo de aprender a falar.

Como eles se relacionarão com o trabalho é uma incógnita. Mas tenho um pequeno palpite. Quem é pai de filhos pequenos, como eu sou da Duda, que no início de 2018 tinha 7 anos de idade, já deve ter presenciado como eles, ao pegarem qualquer aparelho eletrônico, passam o dedo sobre a tela para tentar interferir no seu funcionamento. É porque estão habituados a tablets e smartphones em que um pequeno toque dos dedos os faz funcionar.

Acredito que a familiaridade com esses aparelhos incentive na mente delas uma personalidade imediatista. A postura é a de que por que deveriam esperar algo se as coisas podem ser resolvidas instantaneamente? Basta um rápido toque, uma pitada de intuição, e pronto, tudo pode ser resolvido ou transformado. Será que levarão essa postura para sua vida profissional, lá para 2035 ou 2040? Ou conseguirão, sem angústia e impaciência, passar 30 anos trabalhando duro em um mesmo lugar, repetindo tarefas e obedecendo ordens do mesmo chefe anos a fio para só depois usufruírem a vida? Difícil acreditar que poderá ser assim, não?

De volta ao presente, acredito que o que devemos buscar é a integração entre a nossa vida pessoal e nossa vida profissional, mantendo-as equilibradas de maneira a evitar problemas de saúde e psicológicos, possibilitando uma vida mais feliz conosco e com as pessoas que estão ao nosso redor. Considero a postura da geração Y, de que o verdadeiro sucesso está em ser feliz e não ter coisas, mais próxima a essa integração entre os planos privado e profissional, que eu defendo ao longo deste livro.

Uma visão contagiosa

Temos de concordar que o projeto de vida da geração Y, e com certeza também de seus irmãos mais novos da geração Z, ainda é disruptivo, mesmo que a discussão tenha se tornado mais conhecida desde 2007, quando Tim Ferris colocou seu livro, *Trabalhe 4 horas por semana*, sobre a mesa. É certo que nem todos os jovens que entrarem no mercado de trabalho a partir de agora terão como lema que "ter sucesso é ser livre". Muitos ainda se sentirão mais à vontade nas estruturas mais tradicionais de trabalho.

Mas acredito que essa nova visão da geração Y, que prioriza a integração entre a vida no trabalho e em casa, é contagiosa, ou seja, atingirá cada vez mais pessoas. Estou certo disso porque essa maneira de enxergar a relação com o trabalho não é uma mera invenção sem fundamento. Muito pelo contrário, é consequência direta da grande transformação imposta pelos avanços tecnológicos no nosso dia a dia. Como já comentamos, tal progresso trouxe uma facilidade e uma instantaneidade na comunicação entre as pessoas que a humanidade nunca havia experimentado antes. E, além disso, esses avanços não só eliminaram totalmente as barreiras físicas para trocarmos experiências uns com os outros, mas também tornaram ilimitado o acesso a praticamente todo conhecimento acumulado por nós.

Essas duas novidades – sim, novidades, pois em termos de mudanças na história surgiram há pouquíssimo tempo – abriram incontáveis possibilidades para as pessoas em todas as dimensões de sua vida: no trabalho, na escolha de onde morar, com quem se relacionar, como se educar, o que ler, o lazer, os horários em que vão exercer seus afazeres, uma lista sem fim. É por essas razões que essa nova maneira de viver a vida tem grandes chances de se estabelecer como uma realidade inevitável para todas as pessoas em pouco tempo.

A ruptura se dará, como consequência, em vários níveis. Os modelos de trabalho considerados engessados serão cada vez mais questionados. Esses jovens não querem mais trabalhar da maneira como se fazia antes. Eles querem efetivamente desfrutar a vida, produzindo o que têm de produzir e ganhando o dinheiro que lhes permita viver bem. Eles irão considerar que não precisam comprar aquele mundo de coisas como faziam as gerações anteriores

Porque sempre foi assim: eu preciso ter o melhor carro, o melhor relógio, o melhor sapato, a melhor calça, o melhor tudo, e para isso tenho que trabalhar que nem louco, senão não vou conquistar o melhor de nada. Qual o impacto que abandonar esse furor consumista acarretará sobre os fabricantes desses artigos de grife ou itens de luxo? Ainda é muito cedo para saber. Os setores produtivos e de serviços estão tentando entender qual é a nova tendência que está surgindo no horizonte e o que podem fazer para tirar proveito dela, ou evitar que seus produtos se tornem supérfluos nessa nova era. Mas ainda há pouca luz, e ninguém consegue identificar uma tendência bem delineada dos novos tempos.

Um novo tipo de relação com o consumo

Se antes gastava-se muito dinheiro comprando coisas, agora as pessoas querem adquirir vivências, experiências. Elas desejam viajar, experimentar novas comidas, novos vinhos, novas cervejas, novos ambientes, conhecer novas pessoas, escrever livros, manter contato com outras culturas, aprender a dançar, viver em barcos e em outros países. Os fornecedores desses bens certamente terão bons anos pela frente.

Além dessas experiências, muitos são os jovens Y e Z que também querem comprar produtos e serviços convencionais, mas seus objetos de desejo são mais específicos. Querem comprar o melhor notebook disponível, que possua a maior velocidade de processamento. Desejam uma conexão de internet mais rápida, o melhor smartphone capaz de deixá-los conectados com o mundo.

Mas na sua lista de compras não cabe pagar 10 mil reais em um terno de grife, só para dizer que o terno é daquela marca italiana famosa. Muitos menos sonharão em ter 100 mil reais para investir em um relógio cheio de pedras preciosas como alguns milionários gostam de ostentar. Por que eu teria um relógio tão caro assim, se por um centésimo desse valor eu terei um relógio tão eficiente quanto esse, além de medir meus batimentos cardíacos, funcionar como celular, ter um GPS, WhatsApp etc.?

Em um artigo publicado na versão online da revista *Forbes* em junho de 2015,[3] a jornalista Blake Morgan confirma essa tendência dos millennials – que correspondem às gerações Y e Z – ao citar um estudo feito pela Harris Corporation, uma fornecedora de sistemas de comunicação e informação, a respeito de hábitos de consumo desse grupo de pessoas. De acordo com o estudo, esses millennials "estão cada vez investindo mais tempo e dinheiro em experiências que vão de concertos e eventos sociais a disputas esportivas e atividades culturais, entre outros". O estudo diz ainda mais: "Para esse grupo, a felicidade não está focada em possuir coisas ou no status profissional; mas em criar, dividir e conquistar experiências que tenham o poder de ampliar as oportunidades oferecidas pela vida".

De acordo com Morgan, desde 1987 a fatia de gastos que os consumidores americanos dedicam a essas experiências e eventos cresceu 70%. E ela pergunta: por que os hábitos de consumo mudaram tanto nestes últimos anos? Por que as pessoas não querem mais ter coisas, abrindo caminho para essa "economia das experiências"?

Para a jornalista, um fato que pode ter acelerado essa mudança foi a crise financeira de 2008, também chamada de crise das hipotecas, iniciada nos Estados Unidos e que logo atingiu todo o sistema financeiro global. A crise, recorda Blake Morgan, fez com que muitas pessoas perdessem economias feitas em toda uma vida, fossem obrigadas a devolver suas casas e a adiar sua aposentadoria.

"Os millenials, como eu mesma, assistiram a essa tragédia e nunca conseguiram se esquecer disso", escreveu ela. "Por não querer sofrer como seus pais e avós, transformar-se em alguém que não possui coisas tornou-se uma opção muito atraente para muitos de minha geração." Afinal, seus pais e avós eram pessoas que valorizavam ter coisas, e enfrentaram enormes dificuldades por esse motivo. Ter acesso e não posse sobre as coisas passou a ser o lema dessas gerações.

Economia do compartilhamento

Tais considerações não saíram apenas da cabeça de Blake Morgan, como ela mesmo mostra em seu artigo na *Forbes*. Ela cita uma pesquisa da Goldman Sachs Global Investment que mostra que os millennials não se tornaram desconfiados apenas na hora de comprar casas, cujas hipotecas provocaram tantos problemas para os americanos em 2008. "Os millennials também ficaram relutantes na hora de comprar carros e itens de luxo. No lugar disso, procuram contratar serviços que permitam acessar produtos sem o ônus de possuí-los pessoalmente, o que vem fazendo surgir a chamada 'economia de compartilhamento'".

O dinheiro, não se pode ter dúvidas a respeito, vai continuar fazendo o mundo girar. Mas será gasto de outra forma, diferente da atual. O sucesso do Uber, um bom exemplo dessa economia de compartilhamento da qual fala a Goldman Sachs, indica isso. O que as pessoas estão pensando hoje? "Eu moro em São Paulo. Tenho três carros, um é meu, o outro do meu marido e o terceiro para os dias de rodízio [como é chamada a regulamentação de trânsito da cidade que obriga os automóveis a não circularem um dia da semana nos horários de pico]. Vou ter um carro só. Eu posso vender dois e andarei de Uber."

E o processo de "uberização" está atingindo vários fornecedores. Além do próprio Uber, há o aluguel online de casas para férias, a prestação de serviços, que vai desde aqueles a cargo de encanadores e faxineiros, até redes que mobilizam pessoas para fazerem pequenos favores umas às outras: comprar pão, ração para o cachorro, pegar uma encomenda, devolver o aspirador de pó que alguém pegou emprestado. As possibilidades são enormes, e estamos ainda no começo.

Essa nova relação com o trabalho e entre as pessoas irá transferir parte considerável do dinheiro que antes era aplicado na compra de bens fixos, ou ativos imobilizados, para a aquisição de serviços. É uma tendência mundial. Hoje, não faz mais sentido eu fazer um forno de pizza na minha casa se tem pizza gourmet sendo entregue a qualquer hora. Não me parece, portanto, que haverá uma falência em massa dos fornecedores tradicionais. As pessoas continuarão ganhando e gastando dinheiro, mas em coisas diversas, como os já citados serviços, ou em artigos que descompliquem a vida e que tragam experiências significativas e bem-estar. O consumidor será mais seletivo. Produtos que respeitem o meio ambiente e não utilizem trabalho escravo estarão em alta. A qualidade e o significado da experiência passarão a ser itens fundamentais para os consumidores.

Existe, portanto, uma tendência muito grande do compartilhamento das coisas. Isso terá impacto nos custos, que ficarão menores, e os produtos e serviços que forem consumidos terão um preço mais justo. A empregabilidade, mesmo que em certos setores venha a diminuir inicialmente, deverá aumentar conforme a demanda por serviços também aumentar.

Tais mudanças terão um amplo impacto, claro, sobre a economia e a vida das pessoas, mas deverão ocorrer em um prazo mais longo, e de maneira mais gradativa, do que aquelas que terão lugar dentro das empresas atuais. A primeira dessas transformações deve surgir em uma forma de embate entre o estilo de decisão dos líderes atuais, a maior parte deles da geração X, e a maneira como os empregados das gerações Y e Z entendem que devem receber ordens.

Líderes têm de se conectar

Atualmente, é raro que os líderes ouçam de forma genuína às ideias que vêm de seus subordinados. Por "ouvir genuíno" entenda-se a escuta real do que é proposto durante reuniões, com a mente aberta e disposta a abrir mão de suas opiniões, caso surja alguma melhor sobre a mesa. Muitos fingem que ouvem, mas no final fazem o que querem, sem dar importância a qualquer outro argumento.

Uma amiga, médica conceituada em um importante hospital de São Paulo, me fez um relato que exemplifica os efeitos nocivos causados por uma liderança que atua de maneira desconectada com seus subordinados. Segundo minha amiga, a equipe médica vinha batendo meta atrás de meta todos os meses do ano. O tempo de espera dos pacientes havia sido reduzido, todos eram atendidos e saíam satisfeitos. Eram feitas 273 cirurgias mensais na instituição. "Agora o líder mudou", me contou ela. "E hoje não conseguimos fazer nem 180 cirurgias por mês, e as pessoas passaram a se sentir extremamente desmotivadas." Perguntei o porquê de a situação ter piorado daquela maneira. Minha amiga explicou, usando uma palavra impublicável para definir o estilo da nova líder. Esta não ouvia ninguém, não conseguia fazer conexão com a equipe. Em decorrência disso, a entrega dos empregados caiu dramaticamente. Com certeza essa líder tóxica teria uma vida curta à frente daquele hospital.

Nas empresas inovadoras que estão surgindo, valoriza-se a troca de ideias e o convencimento, exatamente o contrário do que parecia estar acontecendo naquele hospital. Ninguém fica feliz em fazer algo "só porque o chefe falou", mas questionar essas decisões tomadas de cima para baixo pode parecer arrogância dos "meninos" para os que estão acostumados com as estruturas de comando e controle de antigamente. No entanto, é assim que estão as coisas hoje em dia. E, cá para nós, "esses meninos" estão falando coisas bem interessantes, não é mesmo?

E quando eles se veem em uma estrutura de poder em que não enxergam um processo genuíno de compartilhamento de ideias e sugestões, o que acontece é o desencanto. Nas reuniões de equipe, não se sentem incentivados a dar suas ideias, pensar conjuntamente em soluções. Irão, com certeza, falar assim: "na próxima reunião, eu não vou. Ir para quê? Não vai resolver nada, e o que eu disser não vai ser ouvido, nem levado em consideração. Então, dane-se, eu não vou!".

O que se defende aqui não é que haja reuniões intermináveis e que se convoque uma assembleia geral para decidir se o cafezinho será servido em copos descartáveis brancos ou cinza. Quando uma empresa possui uma cultura já bem estabelecida e que passou por definições e debates entre os empregados, os participantes são liberados de deliberarem o tempo todo sobre decisões necessárias. Subentende-se que, em uma empresa com esse histórico, quando é tomada uma resolução, ela certamente estará alinhada com essa cultura interna. Não fica aquela coisa de cada um tentar puxar a sardinha para o seu lado e degladiar-se para ser aquele que vai ter a palavra final. Esse tipo de comportamento é muito comum em empresas em que há forte politicagem interna e disputa entre grupos. É algo tóxico, que afasta os talentos e esgarça a coesão interna.

Já me perguntaram se esse sistema de gestão colaborativo nas organizações não poderia gerar um impacto negativo sobre o processo de tomada de decisão. Se há tanta gente colaborando e dando opinião, como seria possível conciliar tantas opiniões na hora de tomar uma resolução crítica para a empresa? Caso isso acontecesse, seria, de fato, uma incontrolável bagunça. Mas a gestão se faz por temas, e esses vão ser distribuídos a pessoas que tenham competência para tomar decisões naquela especialidade que domina. Não é pegar todo mundo e jogar numa sala para decidir sobre todos os assuntos. O que terá de ser feito é dividir as competências. No entanto, sempre vai ter alguém que toma decisões, não tenhamos dúvidas quanto a isso.

Empregados não serão empregados

Essas novas estruturas de gerência mudarão o conceito do que é ser funcionário, empregado, colaborador e outros nomes que são dados aos que trabalham nas empresas. Eu arriscaria dizer que serão chamados coparticipantes, ou parceiros, talvez associados, coworkers. Não é apenas uma questão de nomenclatura. Eu acho que o conceito de ser funcionário não vai colar mais porque não atenderá à nova realidade das relações.

Na sua etimologia, a palavra funcionário significa aquele que exerce uma função. Mas essas novas gerações são movidas por propósitos e nunca se sentirão como pessoas feitas para cumprir funções. Sentem o impulso de fazer algo efetivo, que tenha uma conexão profunda com suas crenças.

Esse estado de espírito é algo que pode ser visto nas startups. Em geral, elas surgem organizadas de uma forma diversa das empresas tradicionais. Já nascem voltadas para esse ambiente colaborativo, no qual o foco são as pessoas. Não passa pela cabeça dos seus participantes investir fortunas para construir sedes nababescas, ou terem ativos extraordinários. O foco é estar voltado para pessoas e resolver seus problemas, como faz o Uber. Seu propósito é prover um sistema de transporte individual no qual motoristas e passageiros possam ser avaliados e desenvolver uma reputação. Os preços cobrados devem ser justos e seguir a lógica de mercado da oferta e procura, e o trajeto deve ser passível de ser controlado através da tecnologia, evitando burlas e má-fé.

Ter as pessoas como foco gera um senso de propósito de grande relevância para essa galera mais nova. Acredito que esse seja o motivo pelo qual muita gente está saindo do mercado de trabalho tradicional e atravessando a rua para este lado de cá. Aqui há um objetivo do bem, um ambiente colaborativo, há a flexibilidade que é necessária para conseguir viver a vida. Porque, na cabeça dos Ys e Zs, a vida não é só trabalhar, trabalhar, trabalhar até chegar aos 65 anos e aí, depois de se aposentar, tentar curtir a vida.

Roupas que duram a vida toda

Em uma das vezes que estive em um curso em Harvard, fizemos um estudo de caso sobre uma empresa americana chamada Patagonia. O que estava em discussão era o fato de que o CEO da empresa, especializada na confecção de vestimentas para esportes outdoor, se propunha a produzir roupas que durassem toda a vida. Seu pessoal de marketing questionava tal missão: "se as roupas durarem toda a vida, não teremos clientes, eles comprarão uma vez e nunca mais". O CEO contra-argumentava dizendo que, caso os clientes se encantassem com uma nova coleção ou com novas cores para os modelos que já possuíam, a empresa compraria as roupas de volta por um valor simbólico. Elas seriam recicladas e vendidas novamente.

Me lembrei desse caso porque este é um excelente exemplo de uma empresa que tem um propósito. O que era verbalizado pelo CEO da Patagonia é que importava ter o cliente feliz com uma roupa feita para durar. A empresa era capaz de fazer vestimentas que durassem toda a vida, portanto não usaria de nenhum truque para fazer as roupas terem um prazo determinado de uso apenas para que pudesse vender mais. Isso é um propósito. E honesto.

Esse tipo de empresa é a empresa do futuro, porque os jovens conseguirão identificar que ela tem um propósito e, então, se tiverem que comprar uma roupa de esportes, irão comprar da Patagonia, e não de uma outra qualquer que tem como objetivo me vender a mesma coisa cinco vezes, pensando apenas em ganhar dinheiro, sendo que ela também poderia fazer um produto durável. "É em uma empresa assim que eu quero trabalhar", ele diria.

Visões como a desse CEO, que está mais preocupado em proporcionar uma experiência feliz para os clientes do que em fazer que sua empresa fature cada vez mais, causam medo e preocupação em muita gente, por conta da possibilidade desse novo modo de gestão levar à perda de foco do negócio e acabar por conduzir a empresa à ruína diante da concorrência. Pelo menos era o que parecia dizer o departamento de marketing da Patagonia. Não acredito que esse estilo de trabalho vá afetar a qualidade da entrega.

Outra tendência que causa estranhamento e desconfiança diz respeito à possibilidade de se ter horários flexíveis de trabalho. Também não acredito que isso possa provocar qualquer mal. Esses novos talentos serão autogerenciáveis, ou seja, eles terão, obviamente, objetivos e metas a serem cumpridos e certamente os cumprirão. Por que não o fariam? Se a pessoa vai passar três dias na praia e três dias trabalhando 24 horas por dia, o problema é dela. Mas ela não vai se esquecer do que foi combinado com quem a contratou. As carreiras serão muito mais administradas pelos próprios indivíduos do que por terceiros. E, quando penso nisso, vejo pela frente a criatividade e a inovação surgindo com muito mais liberdade, não uma empresa que vá à falência porque seus empregados vão para a praia ao invés de para o escritório.

Temos essa dificuldade natural de mudar e nos abrirmos para o que é novo. Olhamos desconfiados para as novas formas de trabalho quando elas surgem. Imagino que o leitor tenha alguém na família, em geral pessoas mais velhas e conservadoras, que ainda hoje se recusa a usar inovações tecnológicas, mesmo as que já nem são tão novas assim, como os celulares. Ou que preferem telefonar a mandar um e-mail e acham que WhatsApp, Facebook e internet são desperdício de tempo.

Cinto-guarda e cinto-morte

Por mais que haja resistências, não dá para escapar dessa nova maneira como o mercado de trabalho irá funcionar, como aconteceu com a internet, os celulares e as mídias sociais. A presidente nacional da Associação Brasileira de Recursos Humanos (ABRH), Elaine Saad, em entrevista concedida especialmente para este livro, fez uma reflexão certeira de como as inovações são irresistíveis. "É como aconteceu com o cinto de segurança, que se tornou obrigatório no Brasil em 1994. No começo, a gente só colocava o cinto se houvesse um guarda de trânsito por perto; hoje, se você entra no carro com uma criança de 6 anos de idade e não coloca o cinto, ela vai dizer: 'mãe, coloca o cinto, senão você morre!'. Levou 25 anos para que a visão 'cinto-guarda' evoluísse para a visão 'cinto-morte', no Brasil", afirma Elaine Saad.

"Outra transformação que ocorre no nosso cotidiano é a das relações de trabalho. Elas também vão levar tempo para ser absorvidas. Ainda persiste a tendência a dividir de maneira formal a hora do trabalho da hora pessoal. Só que hoje as coisas imbricaram um pouco, e você faz coisas pessoais no horário de trabalho, por exemplo. E trabalha em horários que seriam da sua vida privada. Então imagino que em 20, 25 anos, quando as pessoas das gerações Y e Z chegarem à posição de líderes, todas essas mudanças serão vistas como naturais."

Eu também penso assim, e acredito que, da mesma maneira que colocar um cinto de segurança tornou-se um gesto tão automático quanto fechar a porta do carro antes de dar a partida, ter uma vida pessoal e uma vida profissional integradas parecerá algo tão natural como o próprio trabalho em si. No entanto, eu apostaria que a mudança na forma de trabalhar virá mais rápido do que nos 25 anos previstos por Elaine Saad.

Digo isso porque vejo cada vez mais exemplos de pessoas, mais velhas inclusive do que os Ys e Zs, que estão compreendendo que uma vida baseada naqueles valores tradicionais de ter cada vez mais e querer cada vez mais não leva exatamente à felicidade. Vejam, por exemplo, o que aconteceu com um amigo, com mais ou menos 55 anos de idade, que era dono de um dos maiores frigoríficos do país. Um belo dia, por questões de mercado, seu frigorífico foi à falência. Tempos depois, encontrei-me com ele, que me disse: "Fredy, para manter meu relacionamento com meus amigos, quando eu ia para alguma fazenda, eu os levava no meu avião. Sentados nas poltronas, a gente ia batendo papo. Quando chegava na fazenda, eu ia trabalhar e eles iam se divertir. Depois, à noite, a gente tomava umas cervejas. Quando eu fui à falência, só sobraram dois desses amigos. E eles me disseram: 'Meu caro, nós preferimos muito mais você como está hoje do que antes, quando tinha todo aquele dinheiro'". Meu amigo me contou isso e acrescentou: "Eu perdi um tempão da minha vida só trabalhando, trabalhando, trabalhando. Acumulei um dinheiro fabuloso e depois perdi muito desse dinheiro. Entre uma coisa e outra, eu acabei me esquecendo de viver. Agora eu quero recuperar esse tempo perdido, não quero mais ser o que eu era".

O que aconteceu com esse ex-milionário é mais uma amostra do valor relativo que o acúmulo de dinheiro tem para as pessoas, principalmente quando isso é feito às custas de uma carga insana de trabalho. Sejam elas baby boomers, Xs, Ys ou Zs. E assim também será para a geração T. A consultora de altos executivos e psicóloga Vicky Bloch também chama a atenção para um equívoco que costumamos cometer: "As pessoas acham que depois de fazer uma carreira de sucesso é que elas irão fazer o que de fato gostam. Isso é um absurdo, uma contradição".

Vida integrada dá dinheiro

Vicky Bloch, que também assina uma coluna no jornal *Valor Econômico* e é professora na FGV, entende que sucesso não é ascensão social e aumento do patrimônio, como se costuma pensar. "Sucesso é felicidade. É quando você está vivendo de forma integrada. As pessoas acham que primeiro precisam ralar e ganhar dinheiro e depois serem felizes. Eu acho que ninguém ganha dinheiro e tem uma vida bacana se não faz coisas das quais gosta e nas quais acredita. Para mim isso é tão óbvio", disse, em entrevista exclusiva para este livro.

Vicky entende que uma vida levada de maneira integrada traz ganhos financeiros. "Se nós dois vamos fazer uma coisa e eu amo aquilo e você faz porque tem que fazer, com absoluta certeza eu serei mais competente do que você. Eu vou me diferenciar pelo brilho no olho, pelo interesse, porque vou pesquisar, vou me interessar. Porque vou fazer tudo de maneira integral. Portanto, como decorrência disso, no mundo capitalista, eu vou ganhar mais do que você. Então eu vou fazer um bom patrimônio. E sendo feliz."

Essa afirmação de que grande parte de nosso sucesso depende da maneira como nos portamos diante do mundo é preciosa, pois é uma garantia de que, se formos realizados e, portanto, competentes, seremos pessoas sempre habilitadas a ter trabalho e sucesso em qualquer lugar. Mais do que nunca, o mundo hoje sorri para pessoas competentes, talentosas e entusiasmadas pelo que fazem. Não existem mais medos e barreiras que impeçam você de seguir em frente. Se você tem uma habilidade específica, se você é bom no que faz e está se sobressaindo de alguma forma, não será surpresa se alguém, digamos, da Índia, olhar para você e dizer: "Tudo bem, eu contrato você, quero trabalhar com você".

Obviamente, essas oportunidades estão à espera de pessoas com alguns pré-requisitos, como uma formação acadêmica razoável, bom domínio de outro idioma além do português, talento e, principalmente, o entusiasmo e o destemor sobre o qual falamos no parágrafo anterior. Em um país como o nosso, com oportunidades tão desiguais, não são todas as pessoas que podem usufruir dessa conjuntura favorável, embora eu acredite que as pessoas capazes de brilhar sejam mais numerosas do que possa parecer.

Sair da concha

É inegável que o mundo nunca esteve tão aberto às pessoas. Há duas décadas, uma viagem para fora do país demandava de dois a três meses de preparação. Documentos complicados, dúvidas em relação à quantidade de roupa para levar, dificuldade em conseguir informações acuradas sobre hotéis e transporte. Hoje em dia, se está com passaporte válido e tem os vistos necessários, de hoje para amanhã você está em um avião. E viajará sabendo se estará chovendo ou não no seu destino, a temperatura local, o preço do táxi e pode até reservar um lugar em um restaurante para ir direto do aeroporto para o almoço. Isso tudo graças à internet.

O que há relativamente pouco tempo parecia inatingível, hoje está ao alcance de cada vez mais pessoas. Essas facilidades tornam as gerações Y, Z e, em breve, T cidadãos do mundo. As antigas barreiras afetavam significativamente o mercado de trabalho e, de maneira mais profunda, a nós, brasileiros, já que, por uma questão geográfica, estamos bastante afastados das oportunidades que sempre foram maiores nos Estados Unidos, na Europa e em alguns lugares da Ásia. Essa distância era um fator a mais que nos obrigava a ficar restritos ao país, nos fazia alienados do que acontecia no mundo e dificultava o aprendizado de outras línguas. Afinal, o Brasil tem o tamanho de um continente, e do Oiapoque ao Chuí todos se entendem em português. Nessa paisagem, qual seria a urgência de falar outra língua?

Hoje em dia, crianças de 5 anos já estudam em escolas bilíngues. Portanto, falar duas ou três línguas será o básico do básico no futuro. Não será mais um diferencial falar inglês, por exemplo. Na minha época era diferente. Eu precisei me esforçar para aprender a falar inglês e, quando passei a dominar o idioma, foi um diferencial. Hoje já não é mais. Foi um sacrifício fazer uma pós-graduação nos Estados Unidos. Era um diferencial que hoje em dia já não é mais.

Então, na ponta do lápis, conclui-se que, sim, o mundo hoje está dando boas-vindas a uma gente talentosa, e os brasileiros estão incluídos nesse olhar de boa vontade. Mas sair da concha obrigará essas gerações mais jovens a se qualificarem mais, pois a concorrência, que antes estava em um país de mais de 200 milhões de habitantes, passou para um planeta com bilhões de pessoas. E temos alguns pesos amarrados aos pés que retardam nossa caminhada. Parte considerável deles está na nossa legislação trabalhista, que impede práticas profissionais bastante comuns no exterior.

A síndrome dos portões

Uma dessas formas de trabalho, que na minha opinião é uma vantagem aos que trabalham fora do Brasil, é a do profissional multiqualificado, que é aquele capaz de "bater o martelo, apertar uma porca e fazer a chapa de aço", caso seu trabalho seja, por exemplo, fazer portões. Aqui no Brasil não se pode fazer isso, pois esse profissional cairia na figura jurídica do acúmulo de funções, que é vetado por lei. Se o empregado se chateia com o patrão, entra na Justiça do Trabalho e prova que apertava parafusos, ajustava porcas e soldava portões, a empresa levará uma multa pesada.

Sendo assim, a empresa tem, então, de contar com alguém para apertar o parafuso, outro para atarraxar a porca e outro para fazer a chapa, todos na sua folha de pagamentos. Isso encarece o valor final dos portões, o que faz com que menos pessoas possam comprar portões. Como a empresa venderá pouco, também lucrará pouco. Isso faz com que ela pague baixos salários e, caso se veja diante de alguma crise, pode acabar promovendo uma grande demissão. Com as pessoas recebendo baixos salários ou desempregadas, a economia não anda e o país fica pobre, assim como seus cidadãos.

Já em outros países, como os Estados Unidos, o soldador chega ao local de trabalho, na caminhonete dele, com seu tubo de acetileno, argônio e oxigênio na carroceria. Desce do carro e, com a tocha e a vareta de solda na mão, prepara as placas. Também traz uma parafusadeira elétrica para apertar porcas e parafusos. Vai lá, faz o trabalho e vai embora fazer outra coisa. A empresa paga pelo seu trabalho e o chama de novo quando precisar. Com menor gasto com mão de obra, os portões ficam mais baratos. Um número maior de pessoas pode comprar portões. A empresa lucra, paga seus impostos e remunera de maneira mais digna o soldador multiqualificado, e a vida fica menos miserável para todos.

A presidente da ABRH, Elaine Saad, também fala sobre os obstáculos que a legislação trabalhista nacional coloca para as mudanças nas relações de trabalho. O home office é uma das tendências atuais que é afetada. "Se um funcionário contratado por uma empresa trabalha em regime de home office e tem seus serviços dispensados, ele entra na Justiça do Trabalho e ganha contra o empregador", afirma.

"Ele pode dizer algo como: a internet era da minha casa, eu que pagava, o computador também era meu, assim como a cadeira em que eu me sentava, a mesa em que estava o computador e a energia elétrica que mantinha tudo ligado. O juiz pode multar a empresa, alegando que é obrigação dela fornecer os meios para que o empregado exerça suas funções."

Diante de situações como essa, o dono da organização acaba por desistir de ter pessoas trabalhando em regime de home office, optando por trazer todos os funcionários de volta para o escritório. Mas isso custará caro, pois ele terá de alugar um espaço para acomodar todos, disponibilizar a internet, comprar computadores etc. Com gastos maiores, sua empresa não terá lucro. E aí tem início a mesma síndrome do fabricante de portões, com perdas para toda a sociedade.

No início de 2017, quando eu estava quase finalizando este livro, a legislação trabalhista brasileira começou a sofrer alterações. Talvez as futuras gerações encontrem um ambiente mais adequado, e mais afinado com as práticas no resto do mundo, para poderem exercer em toda a plenitude suas habilidades e talento.

Ys, Zs e Ts viverão mais

Algumas vezes fico imaginando como se comportarão os integrantes dessas gerações Y, Z e T quando chegarem próximos à idade que tenho hoje. Como será que, entre os 40 e 50 anos, olharão para suas carreiras, para sua vida pessoal, para a convivência com a família? Tenho o forte palpite, e torço para isso, de que eles terão uma vida muito mais integrada e feliz do que aquela dos contemporâneos meus e do meu pai. Para isso, eles têm a seu favor a evolução biológica. Esses jovens trabalhadores, e os que hoje ainda estão se preparando para o mercado, certamente terão vidas muito mais longas. Chegarão saudáveis e com facilidade aos 100, 110 anos de idade.

Portanto, mesmo quando estiverem nos seus 40 anos, já profissionalmente maduros, os Ys, Zs e Ts poderão fazer novas escolhas, percorrer novos caminhos com a tranquilidade de quem não chegou nem mesmo à metade da vida. O que eu penso é que a vida para esses jovens terá vários ciclos de mudança. Eles terão tempo, experiência e energia para encontrar caminhos cada vez mais satisfatórios. E, junto com essa melhor qualidade de vida, também virá o sucesso profissional e os recursos para uma vida digna.

Da mesma maneira, as empresas que irão prosperar a partir de agora e as organizações que ainda surgirão no futuro terão uma estrutura que incentivará a inovação, a flexibilidade de horários e a criação de um ambiente de trabalho que convide os empregados a se sentirem coparticipantes e os torne dispostos a compartilhar seus propósitos. A hierarquia e a estrutura de mando nessas empresas serão completamente diferentes do emaranhado de líderes diretos, sublíderes e gerentes que se batem em disputas internas nas empresas atuais. No topo dessas organizações estarão líderes genuínos que praticarão um modelo de liderança mais colaborativo, mais voltado para as pessoas, mais transparente e mais honesto. As empresas vão efetivamente se preocupar com a qualidade de vida, o bem-estar e a felicidade de seus funcionários e ter propósitos bem definidos e alinhados com as melhores expectativas da sociedade.

O conceito de que a felicidade é uma meta a ser perseguida também dentro do mundo corporativo será aceito por todos, mesmo porque ficará claro que pessoas felizes vão produzir mais e melhor. A felicidade passará a ser vista, portanto, como um bom negócio. Será um novo mundo.

Conclusão

O tempo dos unicórnios felizes

"Até 2022, um unicórnio vai nascer aqui no Brasil." Essa previsão circulou em novembro de 2016 durante a segunda edição da São Paulo Tech Week, na capital paulista, considerada a maior conferência de startups da América Latina. Unicórnio, entretanto, é como os economistas chamam uma startup com valor de mercado acima de 1 bilhão de dólares. Essas companhias passaram a ser conhecidas pelo nome da figura mitológica do cavalo com um único chifre na testa porque a chance de atingirem esse valor é considerada tão improvável quanto encontrar um desses animais lendários passeando por aí.

. No entanto, cavalgam orgulhosamente pelo mundo dos negócios musculosos e saudáveis unicórnios como Uber, Airbnb, Dropbox, Pinterest, Facebook e Google. De que cor será o unicórnio brasileiro, em qual campo da economia ele irá se movimentar e quando irá exatamente chegar, nenhum dos 50 mil participantes da conferência soube informar. Mas posso apostar minha coleção de cards de motos famosas que esse unicórnio será saudável e feliz. Por quê? Porque é muito provável que a startup brasileira que atingir esse patamar seja formada por aqueles profissionais que se sentem atraídos pelo desafio de criar coisas que façam sentido para eles e que tenham um propósito muito bem definido.

Serão pessoas que se sentirão felizes por estarem em um ambiente que prioriza a troca de experiências e no qual os líderes são autênticos e todos os funcionários, encorajados a contribuir para que o empreendimento tenha cada vez mais valor. E o melhor: nessa empresa, o comportamento burocrático, com hierarquias e horários rígidos, não terá lugar. Os colaboradores trabalharão com alegria, disposição e compromisso. Este é o retrato do novo mundo, sobre o qual tanto já falamos ao longo deste livro. E está ao alcance de todos nós. O tempo dos unicórnios felizes já começou.

É claro que uma mudança cultural como essa não acontece da noite para o dia. As empresas tradicionais até podem ter ainda uma vida longa pela frente, mas os novos empreendimentos já estão surgindo com essa nova cara. Eles estão nascendo de um modelo de gestão fluido e baseado na integração. E, mesmo nas empresas mais conservadoras, uma nova relação de trabalho, inevitavelmente, irá se estabelecer com o tempo. Aquele organograma tradicional de caixinha sobre caixinha ligadas por linhas em breve não será mais o padrão de gestão dominante.

Esse novo modelo de gestão é formado por uma estrutura integrada, cujos componentes fundem-se uns com os outros. Logicamente, a partir do momento em que as empresas crescem, seus processos têm de ficar mais robustos, até para que seja possível ter um controle interno – mas é um controle da geração de caixa, não o controle das pessoas. Sem serem controladas, como se um grande Big Brother estivesse a todo momento de olho nelas, as pessoas terão chances muito maiores de integrar suas vidas pessoal e profissional.

Elefantes brancos

Uma coisa é haver processos claros, objetivos, transparentes e diretos; outra, bem diferente, são procedimentos e rotinas que só servem para burocratizar a estrutura das empresas. Muitas das grandes corporações brasileiras, sobretudo aquelas que foram um dia estatais ou nas quais o Estado ainda tem alguma participação, são elefantes brancos com processos que só fazem engessar seu funcionamento e as deixam lentas quando precisam, na realidade, reagir diante das reviravoltas do mercado. Essas empresas gastam bilhões de reais para movimentar suas estruturas de decisão, que são excessivamente centralizadas e formais. Entre os elefantes e os unicórnios, estes últimos são muito mais ágeis.

Os elefantes, entretanto, não se limitam a empresas de grande porte. Também é igualmente paquidérmica qualquer organização que ainda não tenha repensado a maneira de tratar o cliente interno, ou seja, os empregados e fornecedores que trabalham ali, na empresa. Também são elefantes cada vez mais lentos e pesados as companhias que não conseguem se adaptar à flexibilidade de horário de trabalho, que não entendem as reais necessidades dos funcionários e que continuam a se valer de uma hierarquia exageradamente vertical.

Já está em curso um forte movimento que tenta dividir a estrutura de gestão dos grupos maiores em pequenos núcleos gerenciais. Algo similar à administração pública de uma grande cidade, como São Paulo, que divide a gestão em subprefeituras capazes de entender e administrar os desafios da cidade dentro daquele grupo de bairros específicos. Na minha opinião, essa descentralização, quando aplicada às empresas, pode criar as condições necessárias para um gerenciamento mais voltado às necessidades e anseios particulares dos empregados, flexibilizando horários e local de trabalho, diminuindo a disputa interna e permitindo que eles tenham um número maior de oportunidades de influir no rumo das organizações. Dessa maneira, os propósitos individuais e os da instituição ficarão cada vez mais próximos. São mudanças que estão sendo impostas pelos novos ventos que vêm soprando sobre o mundo corporativo. A empresa que não mudar sua gestão corre o risco de encalhar e afundar, sem chance alguma de ser salva.

As pessoas não estão mais conseguindo trabalhar nesse esquema infeliz. E a boa notícia é que elas estão conseguindo se juntar e criar ambientes de trabalho cooperativos muito mais interessantes e eficientes do que muitas empresas que ainda operam no estilo antigo. A visão que predomina agora é a de uma vida feliz e integrada. As pessoas querem fazer o que gostam e, lógico, ganhar dinheiro e obter sucesso com isso. Mas antes de tudo querem ser felizes. O sucesso passou a ser entendido como uma consequência de se fazer o que gosta e com prazer.

Desapego em alta

Outro fenômeno que vem surgindo no mercado de trabalho é o desapego das pessoas às posições que atingiram no mercado de trabalho – mesmo quando foram elas próprias que criaram seu negócio e este vem apresentando bons resultados. Uma conversa que tive com um amigo reforçou essa minha percepção. Ele era um programador e havia criado uma startup que apresentava um excelente desempenho no mercado. Seu sucesso chamou a atenção de uma grande multinacional da área de comércio eletrônico, que comprou sua empresa por um excelente valor e acabou por contratá-lo.

Depois de algum tempo, no entanto, meu amigo passou a se sentir desconfortável, conforme me contou à época: "Eu estou meio perdido, Fredy. Não sei mais o que quero fazer. A empresa que me contratou é excelente. Eu decido qual vai ser o meu horário e não sofro com cobranças. Apenas apresento meus resultados e está tudo bem. Estão felizes comigo. Mas não sei se quero ficar ali, fechado em uma sala". Passado algum tempo, eu o encontrei novamente. Dessa vez, estava animado e feliz, e ele me contou o porquê: "Saí da multinacional e voltei a fazer meus aplicativos. Já fiz três novos e os vendi para a Apple". Depois de todo aquele percurso, meu amigo voltou a ser um programador autônomo, e estava superfeliz com a sua decisão, sentindo-se livre, realizado e, é claro, com uma bela grana no bolso.

Outro conhecido percorreu uma trajetória parecida. Ele também havia criado uma startup, e investidores-anjos – pessoas que financiam a operação de uma empresa que está começando e depois recebem parte de seu lucro – se interessaram pelo negócio. Algum tempo depois, a startup se consolidou e seu valor de mercado chegou a centenas de milhões de reais. No entanto, o fundador já não se sentia mais feliz e acabou por se desfazer negócio. "Meu amigo, esse negócio começou a ficar muito grande, começou a se transformar em uma empresa muito complexa. Não era nada disso que eu queria, então acabei vendendo a minha parte e vou começar a fazer outra coisa", ele me disse.

É claro que muita gente, encantada pelo sucesso financeiro da empreitada, nunca tomaria uma atitude dessas. Mas tudo indica que uma nova maneira de ver o trabalho, mais livre e leve, está se consolidando.

Integração e seus benefícios

Ao longo deste livro, falamos sobre os benefícios que uma vida equilibrada pode trazer para o próprio indivíduo, sua família e também para a empresa e a comunidade em que ele está inserido. Por que essa integração traz alegrias? Uma das respostas consiste no fato de que a pessoa que tem os vários aspectos de seu dia a dia integrados está, nesse momento, no domínio da sua inteligência emocional. E esse estado psicológico lhe proporciona uma melhor visão de si mesma e a faz entender, de maneira mais clara, como a própria mente funciona.

Alguém que se conhece, que tem uma vida integrada, é capaz de ampliar seus horizontes e de enxergar as necessidades alheias, desenvolvendo mais empatia pelos outros. Não estou dizendo que elas se transformam em santidades, mas ter a mente mais controlada faz com que as pessoas tomem decisões muito mais lógicas e sensatas do que quando tentam resolver alguma coisa em meio a rompantes emocionais.

Na vida em família

O impacto de uma vida integrada nas relações familiares também é claro. Um estudo publicado em 2015 na *American Sociological Review*, uma revista bimestral produzida pela Associação Americana de Sociologia, mostrou como as pessoas que têm sua vida pessoal e sua vida profissional integradas costumam agir em relação àqueles que têm importância emocional para elas, como parceiros, cônjuges e familiares. De acordo com o artigo, essas pessoas costumam desenvolver novos hábitos quando estão nessa situação de equilíbrio que afetam positivamente todas as suas relações. A seguir pontuo três desses hábitos apresentados pela *American Sociological Review*:

- **Ajustar agendas.** Em primeiro lugar, as pessoas que desfrutam de uma vida integrada deixam claro para os entes queridos o que consideram importante conquistar em sua vida, como pretendem alcançar esses objetivos e quanto de tempo irão investir para chegar a essas metas. Com essa atitude, elas firmam compromissos e harmonizam seu projeto de vida com o das outras pessoas com as quais estão envolvidas emocionalmente.
- **Comunicar mudanças.** Alguém que se esforce para integrar as diferentes dimensões da sua vida será obrigado a promover ajustes constantes na sua trajetória, já que as condições externas – e mesmo as visões do que é prioritário em sua vida – estão em constante transformação. Quando estão em equilíbrio, as pessoas não se furtam a conversar com seus familiares e pessoas queridas sobre o que está não dando certo ou o que precisa ser ajustado em sua trajetória. Se for preciso fazer mudanças, elas as discutirão abertamente, tentando chegar a um ponto comum que vá de acordo com os interesses de todos.
- **Reservar tempo para a família.** De acordo com a pesquisa, ao contrário daqueles que estão com a vida desbalanceada, as pessoas que têm suas vidas pessoal e profissional bem integradas

não esperam ver quanto tempo sobra depois do trabalho para se dedicar a seus entes queridos. Ao contrário, elas reservam um espaço na agenda para conviver com a família, e não abrem mão dele. Mesmo se surgir alguma situação fora do normal, que exija a sua presença, o tempo dedicado aos familiares e pessoas próximas é o último a ser sacrificado.

As relações que essas pessoas estabelecem com aqueles que estão à sua volta tornam-se mais leves, verdadeiras e prazerosas. Isso acontece porque elas não têm mais que usar as diversas máscaras que o mundo corporativo tradicional costuma lhes impor. Quando elas passam a se conhecer mais profundamente, conseguem ser fiéis aos seus sentimentos e ao que de fato é importante para elas. Costuma vir daí a compreensão de que, se agirem sozinhas, preocupadas em fazer prevalecer apenas seus desejos, não irão muito longe. Podem até alcançar fama, poder, dinheiro e prestígio, mas o preço a pagar por isso talvez seja grande demais, como a saúde em frangalhos, atritos constantes com seus pares e a vida familiar indo para o brejo. No final, só lhes sobra solidão em uma vida com pouco significado.

Na vida em comunidade

A partir do momento que você se conhece mais e passa a ter maior controle sobre seu próprio tempo, discernindo o que vale ou não a pena agregar à sua trajetória, é natural que seu compromisso com as demais instâncias ao seu redor comece a se fortalecer. A exemplo do que acontece mais frequentemente em países como os Estados Unidos, surge o sentimento de que é preciso dar um retorno à sociedade por tudo o que ela lhe proporcionou ao longo da vida. Como fez Ratan Tata, CEO do grupo indiano Tata, que doou 50 milhões de dólares para a Harvard Business School, em 2010, conforme contei no capítulo 8.

Há inúmeras maneiras de se fazer isso. Ministrar aulas de empreendedorismo em escolas, sem necessariamente ser pago por isso, e transmitir para pessoas com as quais você convive o seu conhecimento de forma gratuita, para que elas tenham a possibilidade de enxergar novos horizontes e ter as mesmas oportunidades que surgiram para você, são boas opções. É como se você adquirisse uma consciência sobre a importância de cada pessoa para a sociedade, entendesse como isso também está integrado e compreendesse que também cabe a você influir e ter relevância sobre a existência dos demais.

Na vida corporativa

As organizações também são grandes beneficiárias de colaboradores que têm vidas integradas. Por estarem felizes no trabalho, eles produzem mais, têm mais poder de venda e são mais criativos do que os colegas que estão em uma situação de infeliz desequilíbrio. Só esses já seriam motivos mais do que suficientes para que as organizações compreendessem que é fundamental ter empregados com vidas integradas e passassem a se esforçar séria e sistematicamente a promover essa felicidade interna. Afinal, isso tem reflexo direto sobre sua lucratividade.

Esse é um dos argumentos que sempre uso quando conhecidos me criticam dizendo que minhas propostas para que as empresas cuidem da felicidade de seus empregados são supérfluas e utópicas. Mas não há nada de fantasia aqui. Minha proposta diz respeito ao negócio e trata de investimentos. É fazer com que as empresas tenham o efetivo cuidado com seus funcionários, esperando que eles produzam mais e melhor, tragam resultados financeiros consistentes e colaborem para a perpetuidade da empresa. E esse certamente será um retorno muito maior do que o investimento.

Nesse novo formato das relações de trabalho, as jornadas diárias ainda poderão ser longas. Ter horários flexíveis e associar-se a organizações que tenham propósitos que coincidam com os seus nem sempre vai significar que as horas de trabalho serão menores. Mas tudo será sempre uma questão de *escolha*. As opções que estarão diante dessa pessoa serão a de manter-se fiel aos seus desejos, fiel aos seus valores, fiel aos seus objetivos de vida e também a de ganhar dinheiro. E esses objetivos podem ser os mais diversos.

Se o maior desejo de um indivíduo for fundar uma startup que se transforme em um unicórnio de 10 bilhões de dólares e ele estiver consciente de que, para isso, terá de trabalhar duro durante dez anos para só depois começar a curtir a vida, tudo bem. Desde que você saiba o que está fazendo e não torne a vida das pessoas que estão à sua volta miserável, qualquer decisão é válida. O grande problema, na minha opinião, é quando as pessoas entram em uma vida de turbulências, trabalham até enfartar, até perder a família, e, no final, não entendem nada do que estão passando; não sabem como entraram nessa situação nem como sair.

Na minha opinião, o grande obstáculo que impede a integração da vida pessoal e da profissional das pessoas é a falta de conhecimento, a ausência de um objetivo claro de vida que unifique tanto o plano privado quanto o profissional. Há inúmeros exemplos de pessoas que trabalharam duríssimo ao longo de suas vidas em nome de um objetivo maior, que extrapolava suas ambições meramente individuais e trazia benefícios para a comunidade.

Tem de planejar

A falta de um planejamento profissional prévio também é um empecilho a uma vida integrada. Quando eu falo em planejar, não significa ter um roteiro engessado e rígido de vida do qual não se pode afastar nem um centímetro. Não é nada disso. Na minha opinião, planejar é traçar grandes linhas e direções para a sua vida pessoal e profissional, verificar em que pontos elas terão uma interseção e prever como criar o equilíbrio entre as duas. Mas tudo isso deve estar em perspectiva. Qualquer planejamento que queira ter uma taxa mínima de sucesso deve ter flexibilidade para se adequar às inevitáveis marchas à frente e a ré que esse mundo nos impõe.

Quando temos esse planejamento, somos capazes de exercer um razoável domínio sobre nossa vida, ao invés de deixar que os desejos e prioridades dos outros nos joguem de um lado para o outro ao seu bel-prazer. Com planejamento, nós temos total controle sobre nossas escolhas, mesmo que elas signifiquem experimentar alguma dose de sofrimento em algum momento. "Eu tenho consciência de que tenho algumas deficiências que devo enfrentar, sei do que gosto e do que não quero para mim", nós podemos dizer. E isso se aplica ao trabalho: "Mesmo que hoje eu tenha de fazer por algum tempo algo que eu odeie, no final de um período eu sei que serei recompensado ao sentir que todo esse esforço trouxe algo em que acredito e que faz com que eu e outras tantas pessoas sejamos felizes".

Podemos nos perguntar se essas pessoas que trabalham tão duro assim não estariam, no final das contas, levando a mesma vida que aquelas que têm uma relação infeliz com o trabalho. Mais uma vez, eu insisto: o que é insustentável é ser tomado pela loucura de trabalhar só para atender a ambições individuais deixando de lado a felicidade das pessoas que nos rodeiam, tanto no trabalho quanto, principalmente, na família. Matar-se de trabalhar apenas para fazer fortuna ou ter prestígio sem se importar se alcançar essas conquistas significará infelicidade e problemas para os outros é não ter tempo para as pessoas que dependem de você emocionalmente. É descuidar da própria saúde física e mental.

Uma vez que essas ações nocivas sejam evitadas, trabalhar horas a fio não será, portanto, tão negativo assim. No começo deste capítulo, falei dos jovens que hoje buscam seguir seus sonhos com suas start-ups bilionárias, e se olharmos para o dia a dia deles veremos que são muitos os que trabalham loucamente. Eles sonham em ser o próximo Mark Zuckerberg ou um Steve Jobs. Trabalham muito, quase não dormem e não têm uma vida totalmente integrada. Mas o que percebo neles é que, quando têm algum momento livre, buscam a diversão de forma plena. "*Work hard, play hard*" [Trabalhe muito, divirta-se muito], como diz a expressão em inglês.

Esses jovens estão em busca dos sonhos que eles próprios sonharam e fazem isso do seu próprio jeito, sem se submeterem aos jogos nocivos que são praticados nas corporações, mas ainda assim levam uma vida desbalanceada. Então também para eles chegará o momento em que seu corpo e mente cobrarão por isso. Mas o importante aqui é que eles não deixam de viver a vida e de buscar tudo aquilo que mais querem: felicidade e liberdade.

Neste ponto, já nas últimas páginas deste livro, espero que meus leitores tenham se convencido de que, se até agora vivemos muito mais na companhia de elefantes pesadões e lentos, temos a boa sorte de que há cada vez mais unicórnios entre nós. Elefantes, todos nós conhecemos, são reais, mas talvez ainda não saibamos como enxergar os unicórnios. Muitos de nós estão muito habituados com a ideia de que no mundo do trabalho há pouco espaço para se sentir realizado, ser feliz e fazer os outros felizes. Podem até achar que unicórnios não existem. Mas o que eles ilustram aqui – a possibilidade de o trabalho e a vida pessoal conviverem em harmonia – é uma verdade. Talvez o que precisamos para acreditar nisso de uma vez por todas é olhar para nós mesmos e honestamente analisar até que ponto a nossa vida está em harmonia.

Ao final das palestras que ministro, costumo propor um pequeno exercício de reflexão aos participantes. Deixo no ar três perguntas. Minha intenção é que elas sirvam ao mesmo tempo como uma ferramenta de autodiagnóstico e o catalisador de uma tomada de decisão.

- Quando foi a última vez que você dormiu sorrindo depois de um dia de trabalho?
- Quando foi a última vez que você dedicou tempo para ouvir o que seu filho ou sua filha fizeram durante o dia ou para conversar com alguma outra pessoa que tem importância para você?
- Quando foi a última vez que você colocou a sua vida pessoal como prioridade na decisão sobre o que fazer neste ano, ou neste mês, ou amanhã?

Reflita sobre isso. Dependendo da resposta que você der, lembre-se de que nunca é tarde para mudar de direção e investir em seu autoconhecimento. De acordo com as sábias palavras do psiquiatra Carl Gustav Jung: "É importante fazer as pessoas refletirem que precisam se conhecer melhor. O trabalho do autoconhecimento faz com que tenhamos mais convicção do que queremos e, com isso, maior poder de análise do que queremos e não queremos para nossa vida".[1]

Notas

Capítulo 1

1. DWIVED, Grisih e DWIVED, Shidhar. "Sushruta – the Clinician – Teacher par Excellence". *The Indian Journal of Chest Diseases and Allied Sciences*, 2007, v. 49, pp. 243-244. Disponível em: <http://medind.nic.in/iae/t07/i4/iaet07i4p243.pdf>.

Capítulo 2

1. Escola de Administração de Empresas de São Paulo da Fundação Getulio Vargas & PricewaterhouseCoopers. *O futuro do trabalho: Impactos e desafios para as organizações no Brasil*. Brasil, 2014. Disponível em: <https://www.pwc.com.br/pt/publicacoes/servicos/assets/consultoria-negocios/futuro-trabalho-14e.pdf>.

2. "Ricardo Darin se recusa a trabalhar em Hollywood". *Geekness*, nov. 2013. Disponível em: <http://geekness.com.br/ricardo-darin-e-sua-recusa-para-hollywood/>.

3. "Uma crise na agenda". *Época Negócios*, jan. 2009. Disponível em: <http://epocanegocios.globo.com/Revista/Common/0,,EMI24476-16380,00-UMA+-CRISE+NA+AGENDA.html>.

Capítulo 3

1. ABDALLAH, Ariane. "Vicky Bloch – Para onde estamos indo, mesmo?" *Época Negócios*, dez. 2012. Disponível em: <http://epocanegocios.globo.com/Informacao/Visao/noticia/2012/12/vicky-bloch.html>.

Capítulo 4

1. NISHIYAMA, K. e JOHNSON, J. V. "Karoshi-Death from overwork: Occupational health consequences of the Japanese production management". *Sixth Draft*

for International Journal of Health Services. Estados Unidos e Japão, fev. 1997. Disponível em: <https://web.archive.org/web/20090214232217/http://workhealth.org/whatsnew/lpkarosh.html>.

2. "Como o suicídio de funcionária exausta levou à renúncia do presidente de gigante japonesa". *G1*, dez. 2016. Disponível em: <http://g1.globo.com/mundo/noticia/como-suicidio-de-funcionaria-exausta-levou-a-renuncia-do-presidente-de-gigante-japonesa.ghtml>.

3. "Work style in Japan: Overdoing it". *The Economist*, out. 2016. Disponível em: <http://www.economist.com/news/business/21708721-new-report-shows-how-badly-japan-needs-labour-reform-overdoing-it>.

4 . SILVA, Juliana Américo L. "Brasil tem a população que mais troca de carro". *InfoMoney*, jul. 2014. Disponível em: <www.infomoney.com.br/minhas-financas/carros/noticia/3462560/brasil-tem-populacao-que-mais-troca-carro>.

5 . CANÇADO, Patricia. "Saraiva perto de comprar a Siciliano". *O Estado de S. Paulo*, ago. 2008. Disponível em: <http://economia.estadao.com.br/noticias/geral,saraiva-perto-de-comprar-a-siciliano,36289>.

Capítulo 5

1. "Bill Gates Profile". *Forbes*, dez. 2017. Disponível em: <https://www.forbes.com/profile/bill-gates/>.

2. CALEIRO, João Pedro. "10 países que Bill Gates poderia comprar e você nem imagina. *Exame*, set. 2016. Disponível em: <https://pt.wikipedia.org/wiki/Lista_de_pa%C3%ADses_por_PIB_nominal>.

3. MARTIN, Emmie. "Meet Laurene Powell Jobs, the mysterious woman who inherited Steve Jobs' fortune". *Business Insider*, mar. 2016. Disponível em: <http://www.businessinsider.com/laurene-powell-jobs-inherited-steve-jobs-fortune-2016-2/#laurene-powell-jobs-was-born-in-west-milford-new-jersey-in-1963-to-a-teacher-and-a-marine-pilot-her-father-the-pilot-died-in-a-plane-collision-when-she-was-3-years-old-and-her-mother-later-remarried-1>.

4 . CANTRELL, Amanda. "Gates to leave day-to-day role at Microsoft". *CNN Money*, jun. 2016. Disponível em: <http://money.cnn.com/2006/06/15/technology/microsoft_news/index.htm?iid=EL>.

5. "Mark Zuckerberg – Profile". *Forbes*, dez. 2017. Disponível em:<https://www.forbes.com/profile/mark-zuckerberg/>.

6. "Mark Zuckerberg's awkward afternoon with Morgan Freeman". *CNN Money* (via YouTube), dez. 2016. Disponível em: <https://www.youtube.com/watch?-v=ZGLPxEv_EWo>.

7. "Mark Zuckerberg anuncia nascimento da filha Max e publica foto do bebê". *G1*, dez. 2015. Disponível em: <http://g1.globo.com/tecnologia/noticia/2015/12/mark-zuckerberg-anuncia-nascimento-da-filha-max-e-publica-foto-do-bebe.html>.

Capítulo 6

1. GOODELL, Jeff. "O Steve Jobs que ninguém conheceu". *Rolling Stone*, nov. 2011. Disponível em:<http://rollingstone.uol.com.br/edicao/edicao-62/o-steve-jobs-que-ninguem-conheceu#imagem0>.

2. KAUFMAN, Micha. "Five reasons half of you will be freelancers in 2020. *Forbes*, fev. 2014. Disponível em: <https://www.forbes.com/sites/micha-kaufman/2014/02/28/five-reasons-half-of-you-will-be-freelancers-in-2020/#387e783a6d39>.

3. WASSERMAN, Todd. "Digital nomads travel the world while you rot in your office".*Mashable*,nov.2014.Disponívelem:<http://mashable.com/2014/11/09/digital-nomads/#zAamkj94WGqH>.

4. RENNÓ, Joel. "Diferenças cerebrais entre homens e mulheres justificam habilidades e comportamentos distintos?" *Estadão*, jan. 2014. Disponível em: <http://emais.estadao.com.br/blogs/joel-renno/diferencas-cerebrais-entre-homens-e-mulheres-justificam-habilidades-e-comportamentos-distintos/>.

Capítulo 7

1. MENDONÇA, Alba V. e BOECKEL, Cristina. "Família é encontrada morta em condomínio na Barra, no Rio". *G1*, ago. 2016. Disponível em: <http://g1.globo.com/rio-de-janeiro/noticia/2016/08/familia-e-encontrada-morta-em-condominio-na-barra-no-rio.html>.

2. "Charles Robert Darwin". *Psychology Encyclopedia*. Disponível em: <http://psychology.jrank.org/pages/162/Charles-Robert-Darwin.html>.

3. "Holocracia – Sistema que busca eliminar hierarquias". *Destino Negócio*, set. 2015. Disponível em: <http://destinonegocio.com/br/gestao/holocracia-sistema-que-busca-eliminar-hierarquias/>.

Capítulo 8

1. PERKIN, Neil. "Is the life expectancy of companies really shrinking?" *Only Dead Fish* (blog), set. 2015. Disponível em: <http://www.onlydeadfish.co.uk/only_dead_fish/2015/09/is-the-life-expectancy-of-companies-really-shrinking.html>.

2. Harvard Business School receives $50 million gift from the Tata Trusts and Companies (press release). *Harvard Business School*, out. 2010. Disponível em: <http://www.hbs.edu/news/releases/Pages/tatagift.aspx>.

3. Maré Negra causada pelo petroleiro Exxon Valdez foi há 20 anos. *Público*, mar. 2009. Disponível em: <https://www.publico.pt/2009/03/23/ciencia/noticia/mare-negra-causada-pelo-petroleiro-exxon-valdez-foi-ha-20-anos-1370491>.

Capítulo 9

1. "Samsung suspende venda e paralisa produção do Galaxy Note 7". *G1*, out. 2016. Disponível em: <http://g1.globo.com/tecnologia/noticia/2016/10/samsung-suspende-venda-e-paralisa-producao-do-galaxy-note-7.html>.

2. "The science behind the smile". *Harvard Business Review*, jan./fev. 2012. Disponível em: <https://hbr.org/2012/01/the-science-behind-the-smile>.

3. ACHOR, Shawn. "Positive Intelligence". *Harvard Business Review*, jan./fev. 2012. Disponível em: <https://hbr.org/2012/01/positive-intelligence>.

Capítulo 10

1. EL-ERIAN, Mohamed. "Father and daughter reunion". *Worth*, jun. 2014. Disponível em: <http://www.worth.com/father-and-daughter-reunion/>.

2. RO, Sam. "Mohamed El-Erian's daughter made him a list that only a loving father could truly understand". *Business Insider*, abr. 2014. Disponível em: http://www.businessinsider.com/mohamed-el-erians-daughters-list-2014-4>.

3. MELO, Luísa. "Conheça o CEO que abandonou o posto para ser um pai melhor". *Exame*, ago. 2014. Disponível em: <http://exame.abril.com.br/negocios/conheca-o-ceo-que-abandou-o-posto-para-ser-um-pai-melhor/>.

4. VETTORAZZO, Lucas e VILLAS BÔAS, Bruno. "Cresce número de mulheres chefes de família no Brasil". *Folha de S.Paulo*, dez. 2015. Disponível em: <http://www1.folha.uol.com.br/mercado/2015/12/1714906-proporcao-de-familias-chefiadas-por-mulheres-chega-a-40-em-2014.shtml>.

5. KIM, Angie. "The mommy track turns 21". *Slate*, mar. 2010. Disponível em: <http://www.slate.com/articles/double_x/doublex/2010/03/the_mommy_track_turns_21.html>.

6. NEMY, Enid. "Felice N. Schwartz, 71, dies; Working Women's Champion". *New York Times*, fev. 1996. Disponível em: <http://www.nytimes.com/1996/02/10/world/felice-n-schwartz-71-dies-working-women-s-champion.html?pagewanted=all&src=pm>.

7. BARTOLOMÉ, Fernando. "The work alibi – When it's harder to gó home". *Harvard Business Review*, mar. 1983. Disponível em: <https://hbr.org/1983/03/the-work-alibi-when-its-harder-to-go-home>.

Capítulo 11

1. ROSENBLOMM, Stephanie. "The world according to Tim Ferriss". *The New York Times*, mar. 2011. Disponível em: <http://www.nytimes.com/2011/03/27/fashion/27Ferris.html>.

2. ROSENBLOMM, Stephanie. "The world according to Tim Ferriss". *The New York Times*, mar. 2011. Disponível em: <http://www.nytimes.com/2011/03/27/fashion/27Ferris.html>.

3. MORGAN, Blake. "NOwnership, no problem – Why millennials value experiences over owning things". *Forbes*, jun. 2015. Disponível em: <http://www.forbes.com/sites/blakemorgan/2015/06/01/nownershipnoproblem-nowners-millennials-value-experiences-over-ownership/#62a8ec921759>.

Conclusão

1. JUNG, Carl Gustav. *Livro Vermelho*. 4. ed. Petrópolis: Vozes, 2017.

Referências bibliográficas

Capítulo 1

Livros

GEORGE, Bill e SIMS, Peter. *Confie em você – Sua história de vida define sua liderança.* São Paulo: Saraiva, 2008.

Capítulo 2

Livros

BORGES, Jorge Luis. *Livro dos sonhos – História dos dois que sonharam.* São Paulo: Difel, 1976.

CHRISTENSEN, Clayton M.; ALLWORTH, James e DILLON, Karen. *Como avaliar sua vida? – Em busca do sucesso pessoal e profissional.* Rio de Janeiro: Alta Books, 2012.

Pesquisas

ESCOLA DE ADMINISTRAÇÃO de Empresas de São Paulo da Fundação Getúlio Vargas & PricewaterhouseCoopers. *O futuro do trabalho: Impactos e desafios para as organizações no Brasil.* Brasil, 2014. Disponível em: <https://www.pwc.com.br/pt/publicacoes/servicos/assets/consultoria-negocios/futuro-trabalho-14e.pdf>.

LINKEDIN. *What Women Want @ Work.* Estados Unidos, 2013. Disponível em: <https://blog.linkedin.com/2013/02/28/linkedin-what-women-want-study>.

STAUT RH. *Equilíbrio entre vida pessoal e vida profissional.* Brasil, ago. 2011. Disponível em: <http://www.stautrh.com.br/site/archives/noticias/pesquisaequilibriovidapessoaleprofissional-13147077067356-phpapp01-110830073557-phpapp01.pdf>.

PRICEWATERHOUSECOOPERS. *Geração do Milênio no emprego – Reformulando o ambiente de trabalho.* Brasil, 2012. Disponível em: <https://www.pwc.com.br/pt/10minutes/assets/10-min-nextgen.pdf>.

Revistas

GROYSBERG, Boris e ABRAHAMS, Robin. "Manage your work, manage your life". *Harvard Business Review*, mar. 2014.

Capítulo 3

Revistas

FRIEDMAN, Stewart D.; CHRISTENSEN, Perry e DEGROOT, Jessica. "The end of the Zero-Sum Game". *Harvard Business Review*, nov./dez. 1998.

Matérias

RAMPTON, John. "The 6 causes of professional burnout and how to avoid them". *Forbes*, maio 2015. Disponível em: <https://www.forbes.com/sites/john-rampton/2015/05/13/the-6-causes-of-professional-burnout-and-how-to-avoid-them/#31e4b4961dde>.

Capítulo 6

Livros

DEUTSCHMAN, Alan. *A segunda vinda de Steve Jobs.* São Paulo: Globo, 2001.

Matérias

BORT, Julie. "SAP CEO Bill McDermott lost his left eye in a freak accident that almost killed him". *Business Insider*, set. 2015. Disponível em: <http://www.business-insider.com/sap-ceo-bill-mcdermott-lost-his-left-eye-2015-9>.

"Harald Krüger: novo executivo chefe da BMW tem colapso durante apresentação em Frankfurt". *Mottors*, set. 2015. Disponível em: <http://www.mottors.com.br/2015/09/15/harald-kruger-novo-executivo-chefe-da-bmw-tem-colapso-durante-apresentacao-em-frankfurt/>.

Capítulo 7

ERLICH, Paul. "De onde realmente vem a palavra 'mentor'?" *Erlich Pessoas & Organizações*, maio 2016. Disponível em: <http://www.erlich.com.br/2016/05/03/de-onde-realmente-vem-a-palavra-mentor/>.

Capítulo 8

Pesquisas

STAUT RH. *Equilíbrio entre vida pessoal e vida profissional.* Brasil, ago., 2011. Disponível em: <http://www.stautrh.com.br/site/archives/noticias/pesquisaequilibriovida-pessoaleprofissional-13147077067356-phpapp01-110830073557-phpapp01.pdf>.

Ernst Young. Work-life challenges across generations – Millenials and parents hit hardest. Estados Unidos, 2015. Disponível em: <http://www.ey.com/us/en/about-us/our-people-and-culture/ey-work-life-challenges-across-generations-global-study>.

INNOSIGHT. Creative Destruction Whips through Corporate America. Estados Unidos, 2016. Disponível em: <https://www.innosight.com/insight/creative-destruction-whips-through-corporate-america-an-innosight-executive-briefing-on-corporate-strategy/>.

Capítulo 9

Livros

HAILEY, Arthur. *Automóvel.* São Paulo: Nova Fronteira, 1971.

IACOCCA, Lee e NOVAK, William. *Lee Iacocca – Uma autobiografia.* São Paulo: Cultura, 1985.

Revistas

"The value of happiness: How employees well-being drives profit". *Harvard Business Review,* jan./fev. 2012.

Capítulo 11

Livros

FERRIS, Tim. *Trabalhe 4 horas por semana.* São Paulo: Planeta, 2008.